Parler de sexualité aux ados

Une éducation à la vie affective
et sexuelle

Groupe Eyrolles
61, bd Saint-Germain
75240 Paris cedex 05

www.editions-eyrolles.com

Le code de la propriété intellectuelle du 1er juillet 1992 interdit en effet expressément la photocopie à usage collectif sans autorisation des ayants droit. Or, cette pratique s'est généralisée notamment dans l'enseignement, provoquant une baisse brutale des achats de livres, au point que la possibilité même pour les auteurs de créer des œuvres nouvelles et de les faire éditer correctement est aujourd'hui menacée. En application de la loi du 11 mars 1957, il est interdit de reproduire intégralement ou partiellement le présent ouvrage, sur quelque support que ce soit, sans autorisation de l'Éditeur ou du Centre Français d'Exploitation du Droit de copie, 20, rue des Grands-Augustins, 75006 Paris.

© Groupe Eyrolles, 2006
ISBN : 978-2-7081-3620-5

Dr Nicole Athéa

Avec la participation d'Olivier Couder

Centre régional d'information prévention
sida d'Île-de-France

Parler de sexualité aux ados

Une éducation à la vie affective et sexuelle

Quatrième tirage 2009

Remerciements

Je tiens à remercier chaleureusement les personnes qui m'ont aidée directement ou indirectement dans l'élaboration de cet ouvrage, et tout particulièrement les stagiaires qui ont participé aux sessions de formation organisées sur les thèmes abordés ici par le Crips. Leur expérience a été un enrichissement considérable.

Merci au Crips, grâce auquel j'ai acquis peu à peu, au contact des groupes d'adolescents, toute l'expérience dont je fais part ici.

Merci à Olivier Couder, qui m'a accompagnée durant les sessions de formation, m'a permis d'approfondir la réflexion, et a largement collaboré à l'écriture de cet ouvrage.

Merci à nos amis et relecteurs, pour leurs conseils précieux et leur soutien : Dominique Rolland, Caroline Rey-Salmon et Hervé Touboul. Leurs critiques amicales ont permis à cet ouvrage de trouver sa forme et d'étayer sa voix.

Merci à Antonio Ugidos, directeur du Crips Île-de-France, pour son amitié fidèle, sa confiance toujours renouvelée, et sa mobilisation pour la parution de ce livre.

À mes enfants, Anne et Léopold, pour tout ce que
je n'ai pas su leur dire.

« La sexualité n'est pas un objet en dehors du sujet,
mais une dimension du sujet qui s'apprend. »
(Faire l'éducation sexuelle à l'école, *Marie-Paule Desaulniers.*)

Table des matières

Préface XIII
Introduction 1

PREMIÈRE PARTIE
**Aider les adolescents à acquérir une maturité
sexuelle et affective**

Chapitre 1 – Pour une nouvelle approche
de la prévention 13
« Réfléchir sur la sexualité » plutôt que « faire de la prévention » ... 14
L'aide à la maturation sexuelle et affective : un besoin aujourd'hui
reconnu 21
Pourquoi parler de sexualité ? 25

Chapitre 2 – La maturité sexuelle chez les adolescents 27
Qu'est-ce que la maturité sexuelle ? 27
Les adolescents face à leur propre maturité sexuelle et affective 30
La précocité sexuelle 33
Des premières relations sexuelles vécues différemment
par chacun 37

Chapitre 3 –   Repenser la manière de s'adresser
                aux adolescents   45
    Informations nécessaires et suffisantes pour faire de la prévention ..   45
    S'interroger sur ses propres représentations de la sexualité   48
    Gare aux positions moralistes ou moralisantes !   51

DEUXIÈME PARTIE

Ce qu'il faut savoir sur la puberté et le développement psychosexuel des adolescents

Chapitre 4 –   La puberté   57
    Les filles et le processus pubertaire   58
    Les garçons et le processus pubertaire   65
    Vigilance avec les chiffres !   69
    Le vécu commun aux deux sexes   70

Chapitre 5 –   Le développement psychosexuel   73
    De 0 à 3 ans : la découverte   75
    De 3 à 6 ans : la curiosité   77
    De 6 à 10-11 ans : la curiosité intellectuelle   80
    Entre 12-15 ans (garçons) et 11-14 ans (filles) : le passage   81
    Vers 15-18 ans (garçons) et 14-18 ans (filles) : la découverte
    de l'autre   85

Chapitre 6 –   L'information sexuelle reçue
                par les adolescents   91
    Le rôle des parents   91
    Le rôle des copains   97
    Le rôle de la société et des médias   99

TROISIÈME PARTIE
Parler de sexualité avec les adolescents

Chapitre 7 – Le décalage pubertaire entre les filles
et les garçons : les 12-14 ans 109
Faire face aux provocations immatures des garçons 110
Identifier les thèmes qui les préoccupent 111
La recherche d'autonomie 111

Chapitre 8 – Du corps anatomique au corps
de plaisir… 117
Le sexe féminin et le plaisir féminin 117
L'hymen et les représentations de la virginité............... 123
Les interdits sexuels 127
Les représentations du corps masculin 134

Chapitre 9 – L'engagement des corps dans la relation 137
Des enjeux différents selon les sexes.......................... 137
À chacun sa façon de se sentir prêt 139
Avoir des relations sexuelles pour être
« comme tout le monde » 144
Apprendre à dire clairement « oui » et « non » 150
La « carte du tendre » 152
La rupture 161

Chapitre 10 – La construction de l'identité sexuelle............ 169
Les méfaits du discours « bien pensant » sur l'homosexualité........ 170
L'orientation sexuelle ne se choisit pas....................... 174
Rassurer sur l'ambivalence homosexuelle.................... 175
Définir l'identité sexuelle.. 180
L'influence des stéréotypes sexuels 182

QUATRIÈME PARTIE
Les risques liés à la sexualité

Chapitre 11 – Les violences entre sexes................................. 189
   Comprendre les mécanismes qui poussent à la violence................. 190
   Comment prévenir la violence ?....................................... 194
   De la violence au viol... 200
   Identifier un inceste et soutenir les victimes...................... 205
   Les risques de viols en situation de vulnérabilité................... 211
   Viols et victimisation.. 215

Chapitre 12 – Grossesses et contraception........................... 221
   Les méthodes de contraception locale................................ 223
   La contraception hormonale.. 227
   La contraception d'urgence.. 234
   Le stérilet... 238
   Informer ne suffit pas.. 239

Chapitre 13 – Les grossesses et leur devenir
             à l'adolescence... 249
   Reconnaître aux adolescentes leur désir d'enfant.................... 249
   Le désir de grossesse à l'adolescence............................... 251
   L'avortement : un rite de passage avorté............................ 255
   Les grossesses poursuivies.. 261

Chapitre 14 – Pornographie et performances
             sexuelles... 267
   Comment traiter de la pornographie ?................................ 269
   Les performances sexuelles.. 273

Chapitre 15 – IST et préservatifs 281
  Les infections sexuellement transmissibles (IST)............................. 282
  L'infection à VIH 288
  La prévention des IST 291

Conclusion 301

Annexe
  Adresses utiles... 305
  Bibliographie 309

Préface

Les adolescents sont devenus, à juste titre, un enjeu de santé publique et la prévention un objectif prioritaire. S'il est relativement aisé de définir les risques à prévenir, il est en revanche beaucoup plus difficile de s'entendre sur le comment. Et ce d'autant plus que si on parle beaucoup d'évaluation, les résultats probants tardent à venir et restent – quand on en dispose – difficiles à interpréter. Il est dès lors assez logique que chacun s'autorise de lui-même et fasse finalement la prévention qui correspond à ses propres attentes et à ses convictions, sinon à ses préjugés. C'est particulièrement vrai concernant l'association sexualité et adolescence.

Avec cet ouvrage, les intervenants disposent désormais d'une base de réflexion unique en son genre, à partir de laquelle ils pourront construire une intervention documentée, sur le fond comme sur la forme. Nicole Athéa, avec la participation entre autres d'Olivier Couder, a réussi la performance de proposer bien plus qu'un guide un véritable outil de réflexion sur ce que sont les enjeux de la prévention à cet âge et sur ce sujet, carrefour de la sexualité.

Cette réflexion s'appuie sur l'expérience personnelle de l'auteur, mais aussi sur les groupes de réflexion dont elle s'est entourée, permettant ainsi, sinon l'évaluation des expériences passées, du moins l'analyse approfondie de celles-ci et de leurs limites, voire de leurs impasses. Repartant de cet impératif que les programmes d'éducation à la sexualité répondent aux interrogations des adolescents, Nicole Athéa propose un véritable renversement du contenu des interventions. Ce n'est plus le risque et le comportement qui définissent le contenu, mais les enjeux personnels des sujets concernés, qui en retour influenceront les comportements de prévention.

On comprend l'importance accordée par l'auteur à la nécessité de « réfléchir sur la sexualité » avant de « faire de la prévention ». Réfléchir à ce que représente la sexualité pour ces adolescents, mais aussi pour les intervenants en fonction de leur histoire et de leur vision personnelle et par rapport aux modèles culturels ambiants. En somme briser les stéréotypes qui risquent de faire écran entre les intervenants et le groupe des jeunes auxquels ils s'adressent pour aider ceux-ci à entrer en contact avec leurs attentes et à se représenter les véritables enjeux de cette sexualité qui s'ouvre à eux. Il apparaît alors plus facile de percevoir ce que peut représenter la prévention par rapport à ces attentes et ces enjeux.

Cette ouverture à la réflexion s'étaye constamment sur des exemples concrets comme autant de questionnements qui servent de levier à une réflexion justement, plus qu'à une théorisation qui n'est là que comme un éclairage de la pratique. Des exemples de scenarii pour l'animation des groupes viennent opportunément illustrer les principales situations auxquelles les intervenants sont confrontés.

Avec ce texte, nous avons enfin un document aussi complet que possible sur tout ce qui concerne la sexualité des adolescents. Il me paraît indispensable à tous ceux concernés par le sujet : les adultes bien sûr, intervenants ou parents, mais aussi les adolescents eux-mêmes. Ce dernier point constitue à mes yeux l'indice le plus sûr de sa qualité. Il sait être informatif tout en guidant les adolescents, comme les adultes, vers un questionnement personnel qui les aide à inscrire la sexualité dans une perspective individuelle d'image de soi et de projet de vie. Les sujets abordés le sont de façon directe, sans détour, mais avec un souci constant du respect de chacun. Sur un sujet qui touche de si près l'intimité de chacun, c'était essentiel. Il nous faut remercier Nicole Athéa et ses collaborateurs d'avoir réussi un ouvrage si beau et si utile.

Pr Philippe Jeammet
Professeur de psychiatrie, chef de service de l'unité
de psychiatrie de l'hôpital Montsouris, Paris

© Groupe Eyrolles

Introduction

Depuis toujours, l'éducation sexuelle est une tâche assignée aux parents. Jusqu'alors les normes sociales, longtemps cohérentes en matière de sexualité, étayaient leurs discours. Aujourd'hui, les valeurs véhiculées au sujet de la sexualité varient beaucoup en fonction des cultures, des traditions et des valeurs familiales, et se confrontent aux valeurs d'un monde occidental dans lequel la sexualité, dite libérée, s'affiche partout. Dans ces conditions, trouver des mots pour transmettre leurs valeurs n'est pas toujours simple pour les parents. Dans le monde multiculturel qui est le nôtre, les différences et les différends s'expriment particulièrement au travers des représentations de la sexualité. Ils peuvent mettre bien des adolescents en difficulté, lorsqu'ils sont pris en conflit entre la loyauté envers leurs familles et les normes sociales adolescentes.

Quant à l'éducation sexuelle à l'école (si tant est qu'on puisse parler d'*éducation sexuelle* dans ces conditions…), elle s'est longtemps limitée à l'étude de la reproduction animale, puis humaine. Le contenu de cette approche était essentiellement biologique et informatif, et des recommandations morales s'y ajoutaient parfois, lorsque la reproduction humaine était abordée. L'intervention prenait la forme d'un cours et était animée par le professeur de sciences naturelles. Les élèves qui y ont assisté, aujourd'hui adultes, sont nombreux à évoquer le sentiment, au mieux d'indifférence, au pire de malaise, engendré par ces interventions.

Cette tâche avait en effet de quoi mettre les enseignants à rude épreuve, car elle soulevait chez eux trois types de réticences :

- une réticence professionnelle : ces interventions abordaient un domaine en connexion étroite avec l'intimité et la vie privée, sphère dans laquelle les professionnels de l'éducation trouvaient difficilement une légitimité pour intervenir. Leur travail se limitait au seul apport de connaissances et n'intégrait aucune mission éducative dans un domaine aussi privé que celui de la sexualité ;

- une réticence morale : certains craignaient qu'en parlant de sexualité, ils incitent les élèves à multiplier les relations sexuelles et les rendent plus précoces ;

- une réticence personnelle : parler de sexualité à un groupe d'adolescents, dans lequel l'enseignant lui-même est confronté à des phénomènes de séduction et d'implication émotionnelle n'est pas toujours facile. En effet, une érotisation latente des relations existe souvent entre un professeur et ses élèves (en rapport avec la réactivation de la problématique œdipienne à l'adolescence). Par ailleurs, nombre de personnes ne sont pas à l'aise pour parler de sexualité, sujet qui les confronte à leur histoire et à leurs inhibitions personnelles.

Afin d'éviter un débat par rapport auquel ils avaient du mal à se situer et se sentaient mal préparés, les professeurs firent souvent le choix de limiter leur propos à l'aspect biologique, le restreignant même parfois à la reproduction de la grenouille ou de la fougère, comme les y autorisaient les programmes scolaires. Ce choix permettait d'éviter toute forme d'implication affective et réduisait la sexualité à des phénomènes biologiques, dont la présentation objective ne pouvait prêter à aucune discussion sur un versant affectif.

Premières tentatives pour replacer l'éducation sexuelle dans le rapport à l'autre

Dès 1975, des intervenants extérieurs issus des centres de planification, en majorité des femmes, ont cherché à informer les adolescents sur la contraception et à dénoncer les dangers des grossesses non planifiées. Ces informations accompagnaient le mouvement de libération sexuelle, les premières lois sur la contraception.

Le moyen de prévention prôné était la pilule, qui participait à la libération des femmes et leur offrait la possibilité de vivre leur sexualité sans craindre une grossesse. Le préservatif, oublié, était considéré comme un objet « ringard » appartenant à la sexualité des parents. On pouvait enfin commencer à parler de sexualité à l'école. Nombre d'interventions ont adopté un contenu purement informatif, centré sur le cycle menstruel et la promotion de la contraception orale, et celle-ci s'est en effet largement répandue dans la société et dans la population adolescente. Cependant, dès cette période, d'autres intervenants ont eu tendance à associer au contenu informatif un discours ancré sur l'importance de la relation à l'autre et sur des valeurs comme le respect ou l'amour. Leur présentation peignait souvent une sexualité idéalisée, donnant une valeur prépondérante aux liens affectifs, aux sentiments, à l'instauration d'une relation de confiance.

Aujourd'hui, les jeunes ne réalisent plus le rôle extrêmement important des mouvements féministes, à l'origine des lois qui ont assuré aux femmes le droit à la contraception orale et à l'avortement... Ces droits font partie de leur environnement comme une évidence. Ce différend peut rendre difficile la communication avec des intervenants qui ont vécu ces luttes dans leur jeunesse. Pour ces derniers, la pilule est synonyme de liberté, alors que pour de nombreux jeunes, elle est vécue comme une contrainte.

3

L'arrivée du sida et d'une vision hygiéniste de l'éducation sexuelle

À partir des années quatre-vingt-dix, l'épidémie du sida a profondément modifié la problématique de la prévention. Les intervenants des centres de planification, qui avaient adopté un discours préventif « tout pilule », ont eu du mal à accepter le préservatif comme outil de protection pouvant avoir aussi un rôle contraceptif. La peur engendrée par l'infection au VIH, infection dont on a pu craindre un moment qu'elle n'échappe à tout contrôle, a eu pour effet d'encourager les interventions de prévention liées au VIH dans les lycées et les collèges. Le sida a ainsi transformé le domaine de la prévention dans les lieux scolaires, comme il a transformé, dans bien d'autres domaines, les relations médecins/malades, les représentations socioculturelles de la sexualité et de la maladie... Il a ainsi participé largement à la reconnaissance sociale de l'homosexualité, grâce au travail associatif organisé autour du VIH – travail de prévention, d'accompagnement et de soutien –, effectué par des associations majoritairement gays.

À peu de choses près, les interventions sur le VIH ont été construites sur un modèle emprunté aux campagnes de prévention déjà existantes, sur la contraception, le tabac, l'alcool ou la prévention routière. Il s'agissait avant tout d'informer sur cette nouvelle affection, de la décrire, d'en dénoncer les dangers, et de promouvoir le seul moyen de prévention jugé efficace, le préservatif.

Les associations et les institutions spécialisées dans la lutte contre le sida ont eu tendance à se concentrer sur les risques de transmission liés aux pratiques sexuelles et sur le préservatif comme seul moyen de prévention. Plus souvent animées par des hommes que celles concernant la contraception, ces interventions ont fait passer un message que l'on pourrait résumer ainsi : « Faites tout ce que vous voulez – car c'est votre liberté individuelle et nous ne voulons, ni ne pouvons, intervenir dans vos choix de vie – mais avec un préservatif. » Les préoccupations concer-

4

nant la vie sexuelle des adolescents étaient plutôt entendues et traitées sous l'angle « comment faire l'amour » (avec ou sans préservatif) et non « pourquoi faire l'amour ». À la recherche de sens sur les comportements se substituait une attitude hygiéniste du point de vue de la santé et permissive du point de vue de la sexualité.

L'éducation sexuelle en milieu scolaire

Aujourd'hui, dans la majorité des cas, la prévention est organisée dans les établissements scolaires : des intervenants extérieurs animent des séances d'une à deux heures sur des thèmes tels que la contraception, les IST (infections sexuellement transmissibles), le sida… L'objectif est ici clairement limité, et prête parfois à confusion, par exemple lorsque le thème de l'intervention est ainsi énoncé : « sexualité, prévention, sida ». Le but est d'intervenir « avant », avant le VIH par exemple ou avant une grossesse non planifiée, et non de « prévenir contre la sexualité », ce qui peut être entendu si la sexualité n'est abordée que par ses risques…

Force est de constater qu'aujourd'hui les différents acteurs de l'éducation sexuelle à l'école n'ont pas tous les mêmes objectifs.

Ainsi, le proviseur, le médecin de santé scolaire, l'infirmière de santé scolaire, les enseignants, c'est-à-dire les « demandeurs », ne s'accordent pas toujours. Pour certains, il s'agit juste de montrer que des actions sont menées sur le sida, le tabac, le suicide… thèmes supposés importants pour les élèves, afin de prévenir la survenue de problèmes dans leur établissement. Le plus souvent, les demandes correspondent à des objectifs pratiques. L'école est toujours considérée comme un lieu dans lequel on peut informer, en vue de modifier les comportements. Parfois, les intervenants sont appelés pour venir jouer les « pompiers de service », quand un événement traumatique a eu lieu, par exemple le viol ou la grossesse d'une élève. Cette situation est loin d'être facile, en particulier si l'intervenant n'a pu en discuter auparavant avec l'équipe éducative et obtenir suffisamment d'informations pour éviter de jouer « le pompier pyromane ».

Les élèves, eux, sont souvent contents d'échapper à une heure de cours traditionnel, mais n'ont pas d'attentes particulières vis-à-vis de ces interventions. Ils en ont d'autant moins qu'ils n'y sont pas préparés. Au mieux, ils ont été prévenus, mais il est exceptionnel qu'on leur ait demandé de réfléchir au thème ou de poser des questions anonymes dans une boîte à questions. Par ailleurs, nombre d'entre eux ont déjà eu des cours d'information sur le sida et pensent que c'est « encore de ça » qu'on va leur parler.

Quant aux intervenants, leurs objectifs dépendent de leur formation et de leur lieu de pratique. Certains considèrent qu'ils ont une information à donner, information qui devrait permettre aux adolescents de modifier leur comportement. Cette conception implique que les comportements à risque sont dus à un manque d'information. Ce type d'intervention se déroule la plupart du temps sous la forme d'un cours magistral, avec un intervenant *qui sait* et des élèves auxquels il *apporte son savoir*. Les informations sont ici souvent centrées sur un savoir médical ou biologique. Si ce type d'intervention a pu avoir son intérêt à une période où le manque d'informations était important, il paraît aujourd'hui obsolète. Cette inadéquation a grandement favorisé l'évolution des pratiques de prévention et la volonté des intervenants de modifier leur mode d'approche et leurs pratiques.

Des interventions décalées par rapport aux attentes des jeunes

Ainsi, l'apparition de groupes de réflexion sur la sexualité a lieu actuellement, au moment où une double insatisfaction se manifeste : insatisfaction de nombreux élèves et insatisfaction des intervenants eux-mêmes.

Du côté des élèves, le « ras-le-bol » est fréquent. Les réflexions couramment entendues aujourd'hui en début d'intervention se résument ainsi : « On en a marre, on sait déjà tout ce que vous allez nous dire, ce que vous répétez en permanence : mettre des préservatifs, prendre la pilule. »

Du côté des intervenants, la lassitude apparaît aussi, avec parfois un doute sur la validité des messages délivrés sur le mode injonctif. Cette insatisfaction est la cause de nombreuses demandes de formation qui s'expriment ainsi :

• « Je voudrais éviter le ronron de l'habitude » ;

• « Je me demande si cela vaut vraiment la peine de répéter en permanence les mêmes messages ; il faudrait s'y prendre autrement. Je m'y essaie, mais je ne sais pas comment faire. »

Les adolescents qui espéraient pouvoir aborder les multiples questions qu'ils se posent par rapport à leur sexualité ont en effet souvent été déçus. Au lieu d'entendre parler de leurs préoccupations intimes concernant l'engagement du corps, leurs désirs, leurs peurs et leur besoin de se sentir normaux, ils ont entendu discourir de biologie, de lymphocytes, de cycles ovariens, par des intervenants apportant leurs propres solutions comportementales, sans ouvrir de véritables espaces de parole sur la sexualité. Au discours sur la reproduction s'est ajouté un autre discours, tout aussi informatif, sur les modes de transmission des IST et la fertilité, accompagné de propos injonctifs sur les moyens de prévention.

Aborder la prévention sur le mode informatif/injonctif conduit, nous l'avons vu, à une grande lassitude, tant des élèves que des intervenants. Ces méthodes sont d'ailleurs remises en cause par le nombre d'IVG ou de comportements non protégés encore observés chez les jeunes, pourtant largement informés sur les moyens de protection, ce qui explique le malaise ressenti aussi par un nombre croissant d'intervenants.

Les adolescents ont des besoins en matière d'éducation à la sexualité. Ce qu'ils disent au cours des consultations ou des espaces de parole qui leur sont ouverts nous le confirme. Les images à connotation sexuelle, au milieu desquelles ils vivent, diffusent des messages implicites qui, s'ils ne sont jamais décodés, sont cependant absorbés. Nous nous devons, en tant qu'adultes, de faire contrepoids à ces messages, car ils véhiculent de nouvelles normes sociales d'autant plus dangereuses qu'elles risquent d'être intégrées sans recul par les adolescents. Ces derniers peuvent prendre pour argent comptant les modèles proposés et penser qu'ils doivent reproduire les performances sexuelles dont les abreuve la pornographie.

Cette société de l'image et du sexe omniprésent est à l'origine d'un nouveau conformisme sexuel (et social), au moins aussi implacable que l'était celui dicté par les religions. Il semble, en effet, que les individus puissent plus facilement s'opposer aux normes sexuelles de nature religieuse, explicites, qu'à des normes sociales implicites, qui sont constitutives de la façon dont ils se voient et dont ils pensent.

L'éducation à la vie « affective et sexuelle »

Il convient donc de définir un autre mode d'approche de la prévention, qui passerait par la prise en compte des préoccupations des adolescents liées à leur entrée dans la sexualité avant d'envisager tous les risques liés. L'école a ici vraiment son rôle à jouer. Comme l'explique Marie-Paule Desaulniers, « si l'école doit apprendre à penser, elle doit aussi apprendre à penser sa vie sexuelle [...], elle doit permettre de réfléchir à ce que la sexualité a signifié et continue de signifier pour l'humanité. Elle doit prendre en compte les créations culturelles qui expriment la sexualité humaine et le large éventail de sentiments qui y sont pris[1]. »

---

1. DESAULNIERS M.-P., *Faire l'éducation sexuelle à l'école*, Éditions nouvelles, 1995.

Certes, l'éducation à la sexualité est partie prenante de ce qu'on appelle l'« éducation à la vie », et aucun programme ne saurait l'envisager dans sa totalité. La pédagogie de l'éducation sexuelle peut néanmoins être définie comme « un travail qui permet d'apprendre à penser sa vie sexuelle[1] », comme une prise de conscience des enjeux qui la traversent. Elle dépasse largement une simple éducation à la santé, et plus encore une éducation qui correspondrait à une vision hygiéniste de prévention de risques. Elle ne saurait se limiter à un simple apport de connaissances ou d'informations sur les risques liés à la sexualité, et les réponses ne peuvent être des recettes valables pour tout le monde. Cette vision de l'éducation à la sexualité, telle que la définit Marie-Paule Desaulniers, constitue le fondement de la pensée et le fil éthique de tout travail de prévention.

- Quel serait le champ de cette nouvelle approche ?
- Quels seraient les problèmes qui devraient y être abordés ?
- Comment définir les liens entre cette pratique, telle qu'elle se définit, et la prévention ?
- Cette nouvelle approche modifie-t-elle les objectifs jusqu'alors fixés pour ces interventions ? Et tout d'abord, de quoi prétendons-nous parler lorsque le thème de l'intervention concerne la sexualité ? Comment la définir ?
- Quels sont les besoins en termes de santé personnelle et de santé publique ?
- À quelles difficultés nouvelles seraient confrontés les intervenants qui feraient le choix de cette approche ?
- Quels seraient les bénéfices, mais aussi les risques éventuels encourus par les adolescents qui y participeraient ?

Telles sont les questions auxquelles nous allons tenter de répondre.

---

1. *Ibid.*

PREMIÈRE PARTIE

Aider les adolescents à acquérir une maturité sexuelle et affective

Chapitre 1

Pour une nouvelle approche de la prévention

Dans notre monde occidental, qui a pour objectif la consommation, le sexe constitue le support essentiel de la publicité et de la vente. Il est réduit à être le moteur de désirs à assouvir en consommant. Pour les jeunes, qui ont une curiosité sexuelle importante et qui vivent de grandes tensions liées à l'envahissement de leur corps par des pulsions sexuelles, le fait d'évoluer dans un climat d'excitation permanent ne favorise pas l'intégration sereine de leurs pulsions. En effet, ce contexte renforcerait plutôt les passages à l'acte et les comportements impulsifs.

Par contamination, de stimulateur de consommation, le sexe devient aussi un objet de consommation comme les autres et perd beaucoup de sa capacité à créer du lien. Dans les images qui nous entourent, il est ainsi de plus en plus dissocié de l'affect. Parallèlement à une banalisation de l'engagement des corps, c'est-à-dire de la relation sexuelle, tout se passe comme si la jouissance sexuelle, qui n'est après tout qu'un plaisir parmi d'autres, devenait le seul plaisir convoité. Les adolescents, qui sont à la fois un miroir et une éponge des valeurs que la société leur propose, ne manquent pas de nous y renvoyer. Les intervenants responsables de séances de prévention sont souvent heurtés par cette vision du sexe très crue et sans investissement affectif qu'ont les garçons. Ce faisant, notre société, qui valorise cette représentation de la sexualité, renforce les adolescents dans leur comportement. Pour un jeune en recherche d'autonomisation, l'aspect affectif d'une relation peut être vécu comme dangereux, car il le renvoie à la tendresse, donc à l'enfance, au petit enfant en recherche de tendresse qu'il a été et dont il veut se séparer. Et pourtant, c'est bien là un enjeu essentiel de la démarche de prévention que de rétablir le lien entre le sexe et la personne, et d'aider les adolescents à sortir de cette image d'une sexualité morcelée, réduite à un phallus en érection qui éjacule.

Paradoxalement, jamais la sexualité n'a été autant investie et idéalisée, et elle tend à représenter aujourd'hui l'unique champ dans lequel le bonheur est pensé.

S'il est essentiel pour les adolescents de lier le sexe et la personne, il ne s'agit pas de lier le sexe et l'amour, du moins l'amour tel que les adultes peuvent le définir et l'idéaliser. Il faut se garder de projeter notre vision d'adulte sur les adolescents, qui sont en pleine construction psycho-sexuelle. L'adolescence est nécessairement une période d'expérimentations, durant laquelle le jeune est à la recherche de lui-même : l'autre est un miroir, et les sensations partagées permettent de se découvrir soi et de s'éprouver. Le papillonnage est alors nécessaire.

« Réfléchir sur la sexualité » plutôt que « faire de la prévention »

Nous avons vu en introduction que certains messages de prévention délivrés au moment du début de l'épidémie de sida se résumaient à « Faites ce que vous voulez de votre corps, dans la mesure où vous utilisez un préservatif. » Ainsi, la question du « comment le faire » – avec préservatif, avec pilule, ou les deux – a été essentielle. Une question anonyme, posée par un adolescent, traduit bien cette approche : « À quel âge faut-il faire l'amour avec préservatif ? » En effet, en répondant directement aux questions sur l'âge moyen des premiers rapports, on donne une moyenne statistique qui induit une norme sociale associée à une norme comportementale, l'utilisation du préservatif. C'est une façon très opératoire de traiter la prévention, sous prétexte de liberté individuelle : « Chacun fait ce qui lui plaît… », dit la chanson. Les questions du « pourquoi je le fais, à qui ça sert, à quoi ça sert, est-ce que cela va m'apporter quelque chose ? », c'est-à-dire les questions du *sens*, ont été totalement occultées. La conception de l'amour, comme une relation de respect, de confiance et d'acceptation de l'autre et de soi, qui impose des concessions bilatérales, n'est pas compatible avec la possibilité de « faire tout ce qui nous plaît »…

L'importance de l'estime de soi

On ne cesse de répéter qu'il faut *respecter l'autre*. Or cela n'a de sens que si nous sommes capables de nous accorder à nous-mêmes un peu de valeur. Comment l'autre mériterait-il le respect si nous-mêmes, en tant qu'êtres humains, ne valons rien ? Comment considérer que l'espèce humaine mérite une quelconque attention si nous-mêmes nous considérons comme une « ordure » (propos tenus sur eux-mêmes par certains adolescents).

Par ailleurs, de façon plus pragmatique, le message qui dit « fais ce que tu veux, mais avec un préservatif » ne sera pas efficace dans la durée. Si l'estime de soi se dégrade au fil des expériences du corps, la prévention ne pourra plus prendre de sens. Si une jeune fille pense qu'elle est devenue « un trou », le fait de se protéger n'a plus de sens pour elle, agresser son corps à travers une sexualité à risque pourrait même devenir pour elle un but. Si nous voulions oublier la morale, la culpabilité, elle, n'épargnera pas les adolescents et les conduira à des comportements à risque que nous pouvons aussi comprendre comme des pratiques autopunitives.

Nous ne pouvons pas penser une éducation à la sexualité, et envisager la prévention des risques liés, sans considérer la transgression des interdits et les sentiments de culpabilité que les jeunes peuvent vivre. Cela ne signifie pas que la prévention doive reposer sur la culpabilisation, comme elle l'a longtemps fait – et comme elle le fait parfois encore –, bien au contraire. Il est donc tout à fait indispensable de réintroduire les questions de *sens* en matière de prévention. Chacun doit pouvoir s'aimer suffisamment pour prendre soin de sa vie et respecter son corps. Pour préserver sa propre estime, un adolescent doit comprendre ce qui le conduit à agir et les enjeux dans lesquels il a été pris, pour pouvoir éventuellement se pardonner s'il s'est senti coupable d'avoir transgressé certaines règles, notamment des interdits édictés par ses parents.

Tenir cette position morale, qui étaye l'estime de soi, n'a rien à voir avec un discours moralisateur ou moralisant. Par ailleurs, en tant qu'adultes référents, nous devons résister et aider les adolescents à s'opposer aux impératifs d'une société matérialiste, dans laquelle seuls le « faire » et la « quantité » comptent. Si « combien ? » et « comment ? » sont devenues aujourd'hui les questions essentielles, rendant obsolète l'interrogation « pourquoi ? », ces questions ne sont pas pertinentes en matière d'être et de sexualité.

Personne ne fait impunément n'importe quoi de son corps :

- à travers des relations sexuelles multiples et peu investies, une fille qui ne va déjà pas bien psychologiquement peut par exemple perdre un peu plus l'estime d'elle-même et intérioriser l'image de « pute » que ses copains ou ses parents peuvent lui renvoyer… ;
- un garçon *a priori* hétérosexuel, qui veut faire l'expérience d'une relation homosexuelle, peut être déstabilisé dans son identité et son orientation sexuelles par ce passage à l'acte ;

- un garçon homosexuel qui s'engage dans une relation hétérosexuelle pour se prouver qu'il n'est pas homosexuel peut en sortir un peu plus désorienté ;
- une fille qui s'engage dans des relations sexuelles sous la pression des normes édictées par son groupe de copines, alors qu'elle n'a pas acquis la maturité psychoaffective suffisante, peut se sentir perdue, débordée émotionnellement, déçue d'elle-même, des garçons, et de la sexualité.

« Ce n'est que ça » est une parole qui revient souvent, dans la bouche des filles comme dans celle des garçons…

Une bonne estime de soi est une condition indispensable à tout comportement de prévention. Il est donc indispensable que nous nous préoccupions de cette question. Un adolescent ne pourra vouloir préserver que ce qui est digne d'intérêt et respectable à ses yeux. Renforcer, comme nous le verrons plus tard, l'estime de soi des personnes homosexuelles, ou des personnes vierges par exemple, c'est aménager les conditions essentielles pour que la prévention prenne pour elles un sens.

Un exemple de comportement à risque

Pour nouer une relation affectivement et positivement investie, il faut avoir une image de soi suffisamment bonne. Le fait de se percevoir comme une personne digne d'être aimée est essentiel dans le développement d'une maturité psychosexuelle positive, comme dans l'acquisition d'une capacité de prévention. Ce n'est qu'à cette condition que l'on peut ensuite respecter l'autre, parce qu'on peut le considérer comme un « humain autre », un *alter ego*, ou pour certains « un plus que moi-même parce qu'autre[1] » et de ce fait, autant digne d'attention que soi-même.

---

1. Emmanuel Levinas.

—— Comment en parler ? ——————

Thème

Les origines d'un comportement à risque et le pouvoir du groupe sur la marginalisation d'un adolescent.

Scénario

Un exemple parmi de nombreux autres, tiré d'une expérience de médecin auprès d'adolescents, peut permettre de mieux comprendre cette problématique essentielle. Une jeune fille d'origine maghrébine, complètement perdue, enlisée dans des comportements à risque multiples, a de nombreux partenaires sexuels.

Dans un premier temps, elle dit d'elle, lors d'une consultation : « Je pense que je suis une nymphomane. » Ce que l'on peut entendre derrière ce mot est déjà différent du « je suis une pute », souvent prononcé. *Nymphomane* fait davantage référence à la maladie, en particulier à la maladie mentale. La nymphomanie implique aussi une certaine compulsion « j'en ai besoin et je ne peux pas m'arrêter », donc quelque chose de l'ordre du comportement addictif, avec les ambivalences de l'addiction quant aux notions de plaisir et de dégoût. La drogue, comme le sexe, est censée être associée au plaisir ; or dans une situation d'addiction, le plaisir a disparu : il ne reste plus que le besoin et le dégoût. De plus, comme pour l'addiction, le comportement de cette jeune fille constitue une transgression sociale, la plus grande transgression possible dans ce cas précisément, compte tenu des valeurs parentales concernant la virginité des filles. C'est ainsi qu'en décryptant avec le médecin le mot nymphomane durant cette consultation, elle se pose des questions qui lui permettront de mesurer l'intérêt d'une psychothérapie (elle la débutera quelques mois plus tard).

Dans un deuxième temps, elle pourra dire, lors de son travail psychothérapique, toute la souffrance qui l'a conduite vers ces comportements, toute la violence et toute la haine qu'elle éprouve vis-à-vis de ses parents. Elle pourra aussi dire sa culpabilité par rapport à eux. C'est quand elle se sera pardonnée, et qu'elle leur aura pardonné, qu'elle pourra sortir de ces comportements qui avaient un sens dans son histoire. Pour de nombreux analystes, la réussite d'une cure est la possibilité du « nécessaire pardon à ses parents », c'est dire l'importance de travailler sur le sens de l'acte avec les adolescents, qui constitue leur premier mode d'expression, en consultation duelle comme en travail collectif.

Questions pour le débat

La compréhension permet l'empathie. Raconter une histoire comme celle-ci à des adolescents peut permettre de les aider à se projeter dans une situation : suffisamment proche d'eux pour qu'ils puissent s'identifier aux personnages, suffisamment loin d'eux pour qu'ils puissent penser, se penser et penser les autres. Cela leur permettra aussi de comprendre et d'identifier ce qui conduit les protagonistes à agir, à travers des questions qui leur permettent cette élaboration, par exemple :

- Que ressent cette fille ?
- Que recherche-t-elle dans ces relations multiples : du plaisir sexuel ou autre chose ?
- Que signifie être « nymphomane » ? Est-elle vraiment nymphomane ?
- En quoi le fait qu'elle soit musulmane peut jouer un rôle dans cette histoire ? Comment est-elle perçue par ses parents, par ses voisins, par les élèves de son école ?

À partir des réponses à ces questions, on peut effectuer une synthèse conduisant à mieux comprendre ce qui conduit la jeune fille à se comporter ainsi. On aide ainsi les adolescents à sortir d'une position de premier degré, critique et stigmatisante, et on les oriente vers la recherche de solutions d'aide :

- Que va devenir cette jeune fille ?
- Comment peut-elle s'en sortir ? Quelles aides pourrait-elle trouver ?
- Ce type de comportement peut-il avoir un lien avec la toxicomanie, c'est-à-dire avec l'addiction ?

Ces réflexions vont permettre de modifier leur regard sur les comportements de cette jeune fille et de susciter de l'empathie envers elle. Si les adolescents peuvent d'abord la traiter de « pute », ils réalisent ensuite qu'il s'agit surtout d'une fille qui souffre, qui est malheureuse. Ils pourront ainsi réfléchir à leur pouvoir :

• Quel rôle un groupe rejetant et stigmatisant a-t-il ?

• *A contrario*, ont-ils envie d'aider une jeune fille dans cette situation et que pourraient-ils faire pour elle ?

Cette façon d'envisager une sortie positive de l'exclusion permet de réintégrer des jeunes en difficulté dans leur groupe de pairs.

Par ailleurs, si une jeune fille se sentait proche de cette histoire, le comportement étayant du groupe et la modification de son regard l'aideraient à retrouver un peu d'estime d'elle-même. Une telle intervention devrait aussi lui permettre de penser à des issues, et d'identifier des personnes et des structures auprès desquelles elle pourrait trouver de l'aide.

En amenant des adolescents à réaliser qu'ils peuvent participer à la marginalisation de l'un des leurs, nous pouvons les aider à réintégrer ceux qu'ils excluent, ce qui constitue un travail essentiel de prévention. Si cette fille reste « une pute » aux yeux de son groupe scolaire, elle en sera exclue, et n'aura pas d'autre choix que de se rapprocher d'autres adolescents encore plus marginaux et plus en difficulté qu'elle. Les nouvelles normes de ce groupe marginalisé ne l'aideront pas à sortir de ses problèmes, bien au contraire, et elle risque de rencontrer d'autres comportements à risque à imiter, notamment la consommation de toxiques... La modification du regard de l'autre sur soi, la possibilité d'être réintégré dans un groupe de pairs est aussi un autre mode d'étayage de l'estime de soi. Ce dernier point est particulièrement important à l'adolescence, période durant laquelle le regard de l'autre est si crucial.

Il est essentiel de montrer à un groupe toute la puissance destructrice qu'il peut avoir sur une personne fragilisée, et donc sa responsabilité vis-à-vis d'elle. Faire appel à la générosité et au sens de la justice des adolescents n'est jamais vain : il n'y a pas d'âge plus sensible aux injustices. Montrer aux adolescents leur capacité de générosité, c'est aussi leur donner une meilleure image d'eux-mêmes, ce dont ils ont bien besoin, si l'on considère le véritable lynchage médiatique dont ils font souvent l'objet.

Nous voyons avec le scénario précédent comment une réflexion sur une histoire de ce genre peut donner du sens à certains comportements, restaurer l'estime de soi et prévenir l'exclusion. Ces trois moteurs essentiels de la prévention ne peuvent être dissociés.

Peut-on légitimer le travail de prévention en l'abordant ainsi ? Si la jeune fille en question était contaminée par le VIH ou une autre IST, elle serait certainement incapable de penser à la transmission possible, compte tenu de la situation dramatique et de la culpabilité qui lui « prennent la tête », comme l'expriment si justement les adolescents. Elle pourrait même vouloir se venger des garçons par lesquels elle s'est sentie utilisée.

L'aide à la maturation sexuelle et affective : un besoin aujourd'hui reconnu

L'Éducation nationale reconnaît aujourd'hui la nécessité d'une nouvelle approche des questions relatives à la sexualité. Elle a défini un cadre clair et large à ces interventions. Les circulaires, et notamment celle du 17 février 2003 (n° 2003-027) invitent à « développer l'éducation à la sexualité en milieu scolaire comme une composante essentielle de la construction de la personne et de l'éducation du citoyen. » La circulaire ajoute qu'elle « est constitutive d'une politique nationale de prévention et de réduction des risques de grossesses précoces non désirées, infections sexuellement transmissibles, VIH, et légitimée par la protection des jeunes vis-à-vis des violences ou de l'exploitation sexuelles, de la pornographie ou encore par la lutte contre les préjugés sexistes ou homophobes. » Le texte se charge d'ailleurs de rappeler explicitement la limite de ces interventions quelques lignes plus loin : « Il est fondamental qu'en milieu scolaire l'éducation à la sexualité repose sur une éthique dont la règle essentielle porte sur la délimitation entre l'espace privé et l'espace public, afin que soit garanti le respect des consciences, du droit à l'intimité et de la vie privée de chacun. Aussi, les objectifs cités plus haut ne doivent pas excéder ces buts et ne pas empiéter sur "le respect des consciences", et le "droit à l'intimité et de la vie privée de chacun" ».

Ces objectifs ainsi définis ne peuvent qu'emporter l'adhésion de tous :

- « comprendre comment l'image de soi se construit à travers la relation aux autres ;
- « analyser les enjeux, les contraintes, les limites, les interdits, et comprendre l'importance du respect mutuel ; se situer dans la différence des sexes et des générations ;
- « apprendre à identifier et à intégrer les différentes dimensions de la sexualité humaine, biologique, affective, psychologique, juridique, sociale, culturelle, et éthique ;
- « développer l'exercice d'esprit critique notamment par l'analyse des modèles et des rôles sociaux véhiculés par les médias, en matière de sexualité ;
- « favoriser des attitudes de responsabilité individuelle et collective, notamment des comportements de prévention et de protection de soi et de l'autre ;
- « apprendre à connaître et à utiliser les ressources spécifiques d'information, d'aide et de soutien dans et à l'extérieur de l'établissement. »

Les enjeux de prévention ont partie liée avec une éducation à la sexualité. On ne peut plus les aborder de façon directe, frontale, en traitant la sexualité à travers ses risques. Le traitement de la prévention nécessite aujourd'hui un *décalage* vis-à-vis des anciennes pratiques, puis un *recentrage* :

- un *décalage* : il faut envisager les enjeux essentiels pour la personne (identité, orientation sexuelle, engagement du corps, etc.), qui vont jouer un rôle primordial dans la façon dont elle va vivre sa sexualité ;
- un *recentrage* : c'est à partir de cette réflexion, qui lui permet de repérer ce qui est essentiel pour lui, que l'adolescent pourra articuler ces enjeux avec la problématique tout aussi essentielle de la prévention, et rendre ces différents enjeux compatibles.

Si les intervenants disposent d'un cadre conceptuel et administratif précis proposé par l'Éducation nationale pour intervenir, qui les légitime dans leur action tout en leur imposant des limites, il reste à l'organiser, ce qui demandera du temps. Il va notamment falloir donner une cohérence aux multiples interventions qui se sont développées à partir de structures différentes, avec des acteurs aux formations très diverses, et souvent marqués par un certain militantisme. L'arrivée dans les classes des acteurs de la prévention s'est effectuée le plus souvent sans qu'ils aient reçu de formation spécifique, et leurs objectifs ont été souvent trop particuliers. Il n'était pas rare ces dernières années de voir se succéder dans une classe des intervenants des centres de planification familiale, qui se préoccupaient avant tout de la prévention de la grossesse et prônaient un discours « tout pilule » (le préservatif étant alors présenté comme pourvoyeur de grossesse, par « manque d'efficacité »), puis des intervenants d'associations sida, qui se préoccupaient avant tout de la prévention de l'infection à VIH et prônaient un discours « tout préservatif », sans se préoccuper du problème de la grossesse ou de la parentalité.

Par ailleurs, pour éviter à juste titre la stigmatisation des homosexuels, groupe majoritairement concerné par cette infection à cette époque, traiter de l'homosexualité était exclu : on parlait exclusivement de *pratiques sexuelles à risque.* Si la thématique de l'orientation sexuelle et de l'homo-sexualité était tue (ce qui est paradoxal pour des associations qui avaient par ailleurs à cœur de légitimer socialement l'homosexualité), en revanche, des pratiques sexuelles très rares et assez spécifiquement homosexuelles pouvaient être présentées aux jeunes. En témoigne cette intervention à laquelle ont assisté des élèves de quatrième, lors d'un 1er décembre, journée mondiale de lutte contre le sida. Elle était menée par une infirmière d'une unité sida et un militant de l'association Aides. On y parla du « *fisting* » (pratique qui consiste à mettre son poing dans l'anus de son partenaire), comme s'il s'agissait d'une pratique banale. Pendant ce temps, dans la salle, les élèves chuchotaient à propos du jeune militant de l'association Aides : « T'as vu le pédé ?! » Il n'aura jamais cependant été question de l'homosexualité durant la séance, sujet qui était ce jour-là la véritable préoccupation des élèves confrontés à un jeune homme homosexuel.

Cet exemple démontre de façon caricaturale que l'objectif ne doit pas être de promouvoir un discours militant ou une idéologie de la sexualité. Cela suppose que chacun soit conscient de son idéologie et de son système de valeurs. Il faut savoir que si les interventions dans le cadre scolaire abor-dent le thème de la prévention de manière « éclatée » (on distingue les interventions « planning », les interventions « sida », les interventions « drogues », les interventions « tabac », les interventions « prévention du suicide »...), l'adolescent, lui, est entier : tous ces risques vont se jouer pour lui en même temps.

Les soirées sont par exemple un lieu privilégié de rencontres et de drague. Dans ces moments-là, le rôle de l'alcool et du haschich est déter-minant. Les adolescents recherchent en effet leurs effets désinhibants, qui leur permettent de se lancer dans la rencontre. Le tabac est une façon de se poser pour jouer aux grands, contenir son émotion et donner une image de soi « libérée » : l'adolescente montre ainsi qu'elle n'est pas une « oie blanche », et l'adolescent qu'il est un « vrai mec ». Dans les statistiques, on voit bien que consommation de tabac et entrée précoce dans la sexualité sont liées. Ainsi, le découpage artificiel de la prévention est un réel problème. Il correspond à une logique institutionnelle de lignes de crédit, qui n'a rien à voir avec les besoins des populations à protéger. Il favorise également la dispersion et le manque de cohérence des discours de prévention en matière de santé.

Pourquoi parler de sexualité ?

Nous pouvons maintenant définir les objectifs des discussions sur la sexualité :

- fournir aux jeunes la possibilité de mieux comprendre les dimensions de leur sexualité et de les intégrer positivement dans leur personnalité ;
- les aider à accepter les modifications dues à la puberté qui transforment leur vie relationnelle et les confrontent à leurs pulsions ;
- faire en sorte que les processus d'estime de soi et d'estime de l'autre participent au mieux chez eux à cette maturation ;
- les accompagner dans le repérage de leur identité sexuelle : ils ont à se construire une identité qui respecte leurs propres valeurs, culturelles et religieuses, tout en ménageant le plus grand espace possible à la satisfaction de leurs désirs ;
- leur permettre de réfléchir à cette identité sexuelle et de l'accepter afin qu'elle ne soit pas fondée sur des principes rigides, notamment ceux qui font référence aux stéréotypes sociaux ;
- faire en sorte que la construction de leur identité et de leur orientation sexuelles s'effectue dans le respect des identités et des orientations différentes des leurs. Cet objectif a des conséquences particulièrement importantes en termes de prévention ;

- tenter qu'ils puissent accorder au mieux des enjeux qui sont à la fois pulsionnels, affectifs et relationnels et articuler ces enjeux dans une relation où « quelque chose » de l'autre, même de façon ténue, puisse être reconnu ;

- leur apprendre à concilier au mieux les enjeux inhérents à la relation sexuelle et les enjeux de préservation de la santé morale et physique (IST, IVG) ;

- leur permettre de repérer les lieux ressources dans lesquels ils pourront trouver une aide médicale ou psychologique adaptée : centres de planification, CDAG (centres de dépistage anonyme et gratuit), PIJ (points information jeunesse), numéros verts... Pour de nombreux adolescents, la possibilité d'identifier, lors des interventions en milieu scolaire par exemple, des interlocuteurs qualifiés qu'ils peuvent ensuite revoir et avec qui une relation d'aide plus approfondie peut se créer, est tout à fait essentielle.

Pour une relation hétérosexuelle, ces enjeux seront centrés sur la reconnaissance de l'autre sexe et de ses caractéristiques psychoaffectives :

- pour les garçons : comment exprimer leurs sentiments et vivre un investissement affectif sans s'éloigner pour autant de leurs pulsions ;

- pour les filles : comment reconnaître et prendre à leur compte les enjeux liés aux pulsions et la recherche du plaisir sexuel, tout en les intégrant à la recherche d'un épanouissement affectif et relationnel.

Pour une relation homosexuelle, ces enjeux seront centrés sur la capacité à nouer des relations positives et constructives, en évitant de se mettre en danger du fait de l'intégration d'une mauvaise image de soi, notamment liée à l'intériorisation de l'homophobie et de la honte sociale. Une réflexion sur l'accueil spécifique de ces garçons et de ces filles serait de ce point de vue souhaitable.

Chapitre 2

La maturité sexuelle
chez les adolescents

Si le but n'est plus de « faire de la prévention », mais plutôt de « réfléchir sur la sexualité », il nous faut prendre en compte le développement psychosexuel et la maturité sexuelle et affective des adolescents.

Qu'est-ce que la maturité sexuelle ?

Une première définition d'une personne *mûre sexuellement* pourrait être celle d'un individu qui choisit de façon libre, autonome, réfléchie et responsable d'avoir des relations sexuelles avec la personne de son choix, qui y consent également. Cela étant, il semble que peu d'adolescents – et même d'adultes – aient une sexualité qui réponde à cette définition. Cette dernière a les qualités de la rationalité, mais gomme tout ce que le désir peut avoir d'imprévisible, d'inconscient, de non maîtrisable. Cette imprévisibilité, cette force et cette vitalité du désir doivent être prises en compte. Le concept de maturité sexuelle ne peut pas faire abstraction des conditions d'apprentissage de l'adolescence : c'est en essayant et en commettant des erreurs que l'adolescent va pouvoir accéder à cette maturité que nous nous obstinons, nous adultes, à exiger de lui, avant même qu'il ait pu éprouver ses sentiments et son corps. La recherche de l'autre est par exemple souvent absente à l'adolescence. La recherche de soi (une recherche de soi y compris à travers l'autre, utilisé surtout comme miroir) est le moteur prépondérant des relations affectives et sexuelles, dans la quête identitaire si particulière de cette période de la vie.

Il est donc nécessaire d'adjoindre à cette première définition de la maturité sexuelle, une seconde définition, complémentaire, qui pourrait s'énoncer ainsi : une personne mûre sexuellement est une personne porteuse d'un désir qui chercherait à prendre corps dans une relation affectivement et positivement investie, dans une recherche de soi et si possible de l'autre. L'idée d'une sexualité vécue positivement, c'est-à-dire désirée par l'adolescent lui-même, pour lui-même, pour se faire plaisir, et non pour s'agresser, est ici essentielle. Une relation sexuelle réussie – si ce n'est mature – devrait permettre à l'adolescent de s'enrichir et de poursuivre son évolution de manière positive. Elle devrait lui donner du plaisir sans entraîner une obligation de jouissance. Se fixer la jouissance comme un impératif ne peut que terroriser les adolescents qui se focalisent sur l'écoute de leurs sensations, tant et si bien qu'ils passent à côté de l'essentiel (c'est-à-dire de ce qui se passe entre leurs deux corps). L'évaluation des capacités d'autonomie et de responsabilité des adolescents au cours de leurs expériences sexuelles n'est toutefois pas aisée, comme le laissent entrevoir les connaissances cliniques sur l'entrée dans la sexualité des adolescents, recueillies par les professionnels au cours de leurs consultations.

Tous les adolescents n'initient pas leur sexualité au même moment. La proportion d'adolescents, filles ou garçons, qui ont leurs premières relations sexuelles avant 15 ans est estimée à 20 %. Le taux de jeunes sexuellement actifs augmente ensuite rapidement, dans des proportions semblables dans les pays développés. À 18 ans, 80 % des jeunes ont vécu au moins une relation sexuelle avec pénétration, et plus d'un tiers déclarent avoir déjà noué une relation durable[1].

Le développement psychoaffectif ne peut se réduire à la métamorphose corporelle due à la puberté. On observe une grande variabilité de l'âge de survenue du processus pubertaire, tant chez les filles que chez les garçons, bien qu'en moyenne, il débute et s'achève plus tardivement chez les garçons. Ces variations sont également reflétées par la variabilité de l'âge des premières règles, qui sont un repère tangible de la puberté. Ainsi, pour les extrêmes, l'apparition des règles a lieu pour les plus jeunes autour de 10 ans et pour les plus âgées autour de 18 ans, alors que l'âge moyen se situe actuellement autour de 12 ans et demi.

L'âge ne permet pas non plus d'évaluer la maturité psychoaffective, même si le législateur a retenu l'âge de 15 ans comme étant celui qui permet à un adolescent d'avoir des relations sexuelles librement consenties avec la personne de son choix. Les incohérences de la loi témoignent des difficultés à établir des normes en matière de sexualité. Ainsi, la loi autorise les mineures, et ce quel que soit leur âge, à obtenir une contraception, de façon anonyme et gratuite, sans autorisation de leurs parents (et plus seulement en centre de planification depuis la loi de juillet 2001). Elle leur reconnaît aussi, quel que soit leur âge, le droit d'avorter et celui d'exercer une autorité parentale pleine et entière sur l'enfant qu'elles mettent au monde.

Force est de constater que nous ne possédons ici aucun critère de référence biologique et simplement mesurable pour évaluer la maturité psychoaffective d'un adolescent. C'est seulement en partant de son vécu au

---

1. LAGRANGE H., LHOMOND B., *L'entrée dans la sexualité : le comportement des jeunes dans le contexte du sida*, La Découverte, 1997.

moment de son entrée dans la sexualité, que nous pouvons comprendre ce qui s'y joue et à partir de là, l'aider à y réfléchir et à poursuivre sa maturation sexuelle et affective.

Les adolescents face à leur propre maturité sexuelle et affective

« Je ne suis pas prêt... »

Lorsqu'ils n'ont pas encore eu de relations sexuelles, les adolescents expriment souvent de manière très simple leur manque de maturité sexuelle, ils disent alors : « Je ne me sens pas prêt », ou encore « Ce n'est pas mon problème pour le moment », ou enfin « Je suis trop jeune. » Ces paroles peuvent être celles d'un jeune de 15 ans, comme celles d'un adolescent plus âgé. Comment les interpréter ?

Si ces propos semblent authentiques, c'est-à-dire s'ils ne sont pas soustendus par des défenses rapidement perceptibles, ils témoignent d'une évolution harmonieuse. Il n'y a pas lieu alors d'intervenir, sinon pour signifier qu'on reparlera de sexualité le moment voulu, et pour renforcer l'adolescent dans ses sentiments, qui pourraient être mis à mal par des pressions normatives issues de son environnement (groupes ou pairs, petit ami, voire... parents).

En revanche, d'autres adolescents sont à l'évidence très mal à l'aise dès que la problématique de la sexualité est abordée et vont rester silencieux ou faire dévier rapidement la conversation vers d'autres sujets. Certains jeunes ont très peur de tout ce qui se réfère à la sexualité, ce que l'on peut observer de façon caricaturale chez les filles anorexiques. Il n'est pas rare aussi de noter de telles conduites chez des adolescents atteints de maladies au long cours, notamment celles qui ont des conséquences sur le développement pubertaire.

Ces conduites d'évitement vis-à-vis de la sexualité peuvent aussi s'observer chez ceux qui n'ont aucune maladie organique, mais qui vivent dans un climat de dysfonctionnements relationnels importants, avec des parents qui les enferment dans leur enfance et ne peuvent les laisser sortir de ce statut sans mettre en péril la cellule familiale (le terme « cellule » fait ici davantage référence à son sens carcéral qu'à son sens d'unité vitale). Ces « non-précocités » traduisent parfois de réelles pathologies.

« Je n'aurais pas dû... »

Chez les adolescents qui ont déjà eu des relations sexuelles, la maturité psychosexuelle est rarement évoquée, à l'exception des filles qui, après des premiers rapports vécus dans la confusion et sans qu'elles les aient véritablement voulus, expriment des regrets. Celles-là ont souvent été contraintes par leur petit copain ou surprises par des situations imprévues ; elles n'ont pas été capables de dire non, mais n'ont pas non plus vraiment dit oui... Après coup, elles n'y voient plus clair : certaines se demandent si elles sont encore vierges, si elles ont vraiment eu des rapports complets.

Pour ce qui est des filles plus âgées, une grande majorité de celles qui ont vécu leurs premières expériences sexuelles précocement ne manquent pas de souligner que c'était trop tôt, qu'elles n'étaient pas prêtes à en affronter les conséquences, tant sur le plan affectif que sur celui de la protection des rapports.

Les regrets très fréquents exprimés par les adolescentes après leur premier rapport sexuel dépassent largement le cadre décrit ci-dessus, et font souvent référence au sentiment de s'être « fait avoir » : elles se seraient trompées sur la nature des sentiments du petit ami qui « ne voulait que ça ».

Si dans certains cas, les garçons peuvent exploiter les sentiments amoureux de leurs petites amies pour avoir des relations sexuelles avec elles, la réalité est le plus souvent très certainement différente et plus complexe, d'autant que ce sont souvent les filles qui rompent rapidement après les premières relations sexuelles. Alors que dans bien des cas les premières relations sont voulues par les deux partenaires, on observe une tendance très générale des filles à se situer paradoxalement dans une position de victimes de la sexualité des garçons. Pour elles, ce positionnement est un moyen de minimiser leur responsabilité après coup, dans la mesure où l'influence et les normes de leurs copines ont probablement joué, à leur insu, un rôle important dans leur « décision » d'avoir leur première relation sexuelle. Le sentiment « d'avoir été utilisées », ou d'être convoitées comme des objets à des fins purement sexuelles, alors que leur demande est essentiellement de nature affective, est le différend majeur qui oppose les filles aux garçons à l'adolescence.

Les garçons sont souvent plutôt satisfaits de leurs premières relations sexuelles, pour autant qu'ils aient pu « assurer » : ils ont en effet une réelle appréhension de « ne pas pouvoir ». Le fait d'avoir pu réaliser la pénétration leur apporte un soulagement et une assurance dont ils ont grand besoin à cette période.

Il est important de laisser les filles exprimer leurs regrets, pour qu'elles puissent à nouveau se sentir libres de différer leurs prochaines relations sexuelles si tel est leur souhait : ce n'est pas parce qu'elles ont eu une relation sexuelle qu'elles sont obligées d'en avoir d'autres dans l'immédiat. Il faut aussi les rassurer : ce n'est pas parce qu'un premier rapport s'est mal passé que toute leur vie sexuelle est condamnée. Elles seront capables d'avoir d'autres relations sexuelles qui pourront bien se passer, dans la mesure où elles le voudront vraiment. Reste à leur faire prendre conscience de leur responsabilité dans ce type de relations, pour les faire sortir d'un statut de victimes et empêcher la diabolisation des garçons.

La précocité sexuelle

À quel âge est-on précoce sexuellement ?

Il n'est pas simple de donner une définition de la *sexualité précoce*. Pour certains adultes, ce terme est utilisé pour désigner les adolescents qui ont des rapports sexuels, ce qui signifierait que la survenue de relations sexuelles à l'adolescence est toujours précoce. Pour d'autres, compte tenu du fait que l'âge moyen des premiers rapports est de 17 ans, pratiquement identique chez les filles et les garçons, la sexualité précoce est définie par la survenue des premières relations sexuelles avant cet âge. Faudrait-il penser que la moyenne statistique définit une norme, et si norme il y a, serait-elle censée définir une frontière entre la normalité et la pathologie ? Comme le dit si justement Annie Birraux[1], « la norme, statistiquement, c'est la loi du plus grand nombre, mais quand ce plus grand nombre fonctionne par exemple de façon totalitaire, la norme n'est-elle pas du côté de ceux qui sont repérés comme déviants ? »

Quelques exemples empruntés à l'histoire ou à d'autres cultures nous incitent à relativiser le concept de précocité en matière de sexualité. Ainsi, des filles à peine pubères étaient et sont encore mariées (avec ou sans leur consentement). À l'évidence, ce n'est pas la sexualité qui est considérée comme précoce dans certaines cultures, mais la sexualité *hors mariage*. Ces exemples démontrent bien que les références à une norme en matière de sexualité sont essentiellement de nature culturelle, ce qui permet aux sociologues de dire qu'il n'y a pas moins naturel, ni culturel que le sexe.

Par ailleurs, depuis les travaux de Michel Foucault, « l'approche socio-logique contemporaine de la sexualité se caractérise par le refus d'inter-

---

1. BIRRAUX A., *L'adolescent face à son corps*, Bayard, 1994.

prêter la conduite sexuelle comme le résultat d'une opposition entre une pulsion sexuelle naturelle et une loi sociale qui fonctionnerait comme principe répressif ; la société est moins un principe de coercition que l'indispensable principe de production des conduites sexuelles et des significations qui lui sont liées. Il n'existe pas dans l'espèce humaine de sexualité naturelle. Aucun contact sexuel, aussi simple soit-il, n'est imaginable hors des cadres mentaux, des cadres interpersonnels et des cadres historiques et culturels qui en construisent la possibilité. La transgression éventuelle n'implique pas l'ignorance des cadres, mais révèle seulement une manière particulière d'en user[1]. »

Il n'est pas rare que ceux que l'on désigne sous le terme d'*expérimentateurs précoces* aient des « biographies » plus lourdes dans l'ensemble que les initiateurs tardifs, notamment :

- des antécédents de maladies de long cours, qui peuvent jouer autant un rôle de frein qu'un rôle d'accélérateur par rapport à la sexualité ;

- des histoires familiales difficiles, notamment quand elles ont généré des situations d'abandon pour l'adolescent ;

- des violences intrafamiliales, souvent subies par l'adolescent ;

- des handicaps psychosociaux.

Chez certains, tous ces facteurs sont cumulés, et il est fréquent d'y trouver associé un échec scolaire.

Ces débuts de vie difficiles donnent souvent des adolescents en crise, qui expriment leur détresse à travers des « passages à l'acte » multiples et répétés qui, dans le langage épidémiologique, sont ramenés à des « comportements à risque ». Ces comportements à risque doivent être

---

1. Cité par BOZON M., « Les cadres sociaux de la sexualité », *Sociétés contemporaines*, n° 41/42, L'Harmattan, 2001.

considérés comme un langage, souvent le seul dont les adolescents disposent. Il leur permet d'exprimer la violence qu'ils ressentent envers le monde et envers eux-mêmes.

Pour les filles, la sexualité est un terrain privilégié de passages à l'acte : relations précoces, aventures réitérées… C'est dans ces situations que les risques de grossesse et d'IST sont les plus élevés. On peut cependant penser que les passages à l'acte de nature sexuelle ne sont pas toujours les plus négatifs, même s'ils comportent des risques. Par leur comportement sexuel, ces filles expriment un immense besoin d'amour et de reconnaissance. Dans ces conditions, le plus souvent, elles ne trouvent pas ce qu'elles recherchent. Cependant, le hasard peut faire qu'elles rencontrent un garçon (ou une fille) gentil(le), qui leur soit d'un secours infini dans des situations dramatiques, les aide à survivre et leur donne envie de s'en sortir.

Des ados bien dans leur peau

Si la précocité des relations sexuelles est repérée comme un facteur de risque important, il ne faut pas oublier que les jeunes ont des profils très différents, qui vont les conduire à avoir des comportements très différents. Pour certains expérimentateurs précoces, les risques sont limités ; il s'agit d'adolescents qui vont bien et sont plutôt satisfaits de leur vie. Bien intégrés socialement et scolairement, ils sont pressés de donner, du moins à certains égards, une image d'adulte. C'est ainsi que l'on peut observer des premiers rapports « en série » dans un groupe de copines, dus aux comportements d'imitation. Les changements de partenaires sont fréquents, et la durée des relations est brève. Les prises de risques sont à situer dans un contexte ludique ou de nouvelles normes sociales, et non dans un contexte d'auto-agression. Elles sont de toute façon limitées et souvent réduites aux premières expériences sexuelles, pour lesquelles l'utilisation du préservatif peut être irrégulière, notamment quand une relation est durable.

Ces jeunes ont un comportement d'expérimentation qui a néanmoins intégré des limites. Une majorité très large d'entre eux utilisent le préservatif. Compte tenu de ces situations, il est essentiel d'amener les adolescents à s'interroger sur ce qu'ils cherchent dans ces relations, ce qui peut parfois les conduire à vouloir modifier leur comportement sexuel. En effet, ils le disent eux-mêmes, sur le nombre de partenaires sexuels qu'ils ont eu, les partenaires dont ils ont été réellement amoureux sont peu nombreux, et avec les autres, ils ont vécu des moments agréables, mais aussi des moments sans intérêt, voire des moments qu'ils aimeraient bien oublier ou effacer. Le quantitatif et le qualitatif ne se mesurent pas de la même façon. Qu'est-ce qui est le plus important pour soi ? Cela mérite bien qu'on y réfléchisse...

Quoi qu'il en soit, très peu d'adolescents de moins de 15 ans ont une maturité psychosexuelle qui leur permette une entrée positive dans la sexualité, cependant il y a des exceptions. De fait, certains adolescents vivent très jeunes de façon volontaire et tout à fait réussie des relations sexuelles, et y trouvent un réel épanouissement.

Précoces parce que contraints

On ne doit malheureusement pas négliger celles (nombreuses) et ceux (moins nombreux) qui ont subi des premiers rapports sexuels ni choisis, ni désirés. Les adolescents sont la cible privilégiée des agressions sexuelles et des situations incestueuses, qui débutent souvent durant l'enfance. De ce fait, les filles et les garçons qui ont les rapports sexuels les plus précoces sont manifestement ceux qui ne souhaitaient pas en avoir (sauf à prendre les désirs œdipiens au pied de la lettre...). Cette collusion des fantasmes et de la réalité est une souffrance supplémentaire à laquelle ces jeunes sont confrontés.

Il convient de souligner que les adolescents porteurs de maladies chroniques, et plus encore de handicap mental, sont plus particulièrement

concernés par les agressions sexuelles, qu'elles soient ou non incestueuses. Ainsi, les statistiques issues de la consultation de gynécologie
adolescente de l'hôpital Bicêtre en 1990 montrent que 38 % des consul-
tantes étaient des malades chroniques. Dans ce groupe, 8 % des filles
avaient été victimes d'une situation incestueuse, et 15 % avaient subi
une agression sexuelle. Les antécédents de violences sexuelles perturbent
la sexualité. On peut ainsi observer chez ceux qui en font l'objet des
blocages à établir des relations affectives ou une difficulté majeure à
avoir des relations sexuelles. A *contrario*, ils peuvent aussi adopter des
comportements sexuels avec des partenaires multiples sans investissement affectif, ou avec une prise de risques délibérée dans une volonté
d'agresser leur corps, quand ils se sentent coupables des agressions qu'ils
ont subies. Les antécédents de violence sexuelle peuvent aussi être à
l'origine de comportements violents, qui répètent notamment les
violences sexuelles subies, dans un mouvement de vengeance et d'identification à l'agresseur. Aussi insistons-nous sur la nécessité de repérer le
plus tôt possible les adolescents victimes de violences, pour les orienter
vers une indispensable prise en charge psychologique.

Des premières relations sexuelles vécues différemment par chacun

Le concept de maturité sexuelle ne peut ainsi être envisagé comme un
phénomène de « tout ou rien », mais plutôt comme un cheminement,
une progression qui n'est ni droite, ni linéaire et qui comporte des allers
et retours, des tours et des détours. En effet, qui peut prétendre être
maître de lui-même et opérer des choix de façon consciente et ration-
nelle dans sa vie affective et sexuelle ? Notre travail consiste à aider les
adolescents en les amenant à comprendre ce qu'ils jouent, et ce qui se
joue, à travers la sexualité, parfois positivement, parfois négativement.

L'évaluation « de lignes de force positives et négatives[1] » peut être analysée à partir des quatre facteurs suivants :

- les motivations d'entrée dans la sexualité ;
- l'influence des partenaires ;
- la façon de vivre sa sexualité ;
- les réactions des parents.

Engager son corps dans une relation sexuelle : les motivations des jeunes

Nous l'avons vu, la problématique de la prévention des risques liés à la sexualité (grossesses, IST et VIH/sida) est devenue tellement prépondérante, que l'interrogation fondamentale vis-à-vis de la sexualité est aujourd'hui totalement absente : les adolescents ne s'interrogent plus sur les motivations qui les conduisent à faire l'amour. Quant aux adultes, ils sont surtout préoccupés de savoir comment les jeunes le font : avec la pilule ? Avec un préservatif ? Avec les deux ?

Pourtant, la question du « pourquoi on le fait » reste bien l'essentiel. On peut résumer ainsi les motivations à avoir des relations sexuelles, en distinguant :

- les relations sexuelles engagées *pour soi*, par exemple pour tester son pouvoir de séduction, pour prouver sa virilité ou affirmer sa féminité, pour trouver de l'affection, du plaisir, etc. ;
- les relations sexuelles engagées *pour les autres*, pour faire plaisir à l'autre, pour faire comme les autres, pour ne pas se sentir marginalisé.

---

1. COURTECUISSE V., « Signification et impacts comportementaux de la sexualisation », in *Les professionnels face à la sexualité des adolescents*, coll. sous la direction de HUERRE P. et LAURU D., Érès, 2001.

Pour les filles, plus spécifiquement, on observe :

- les relations sexuelles engagées *pour le petit ami* : pour lui faire plaisir, parce qu'elles l'aiment et ont envie de lui donner « ça » comme ultime preuve d'amour, ou plus douloureusement parce qu'il l'a exigé et qu'elles craignent de le perdre si elles n'ont pas de rapports avec lui ;
- les relations sexuelles engagées *contre les autres* : notamment contre des parents qui leur interdisent toute sexualité (quand des rapports sont ainsi « dédiés » et ont pour fonction essentielle de transgresser des interdits, il est rare qu'ils soient vécus positivement) ;
- et enfin les relations sexuelles engagées *contre elles-mêmes* : vécues comme l'agression d'un corps détesté, elles sont perpétuellement réitérées dans une spirale autodestructrice, les mises en actes sexuelles n'étant que l'une des formes que prennent les passages à l'acte multiples et de nature variée observés dans des situations dramatiques (usage de toxiques, tentatives de suicide…).

Ainsi, les relations sexuelles doivent être envisagées dans le cadre d'une problématique plus large et centrale à l'adolescence, celle de l'« agir ». Les premières expériences sexuelles constituent l'un des « agir » essentiels à cet âge. L'adolescent a besoin de faire, d'« éprouver », dans le double sens de *ressentir* et de *se mettre à l'épreuve*, avant de pouvoir éventuellement, après coup, en dire quelque chose. Une des finalités des premières relations sexuelles est d'éprouver la réalité de ce corps, et d'apprendre ainsi peut-être que « j'étais fait pour avoir un corps[1] », comme le dit si justement Albert Camus.

L'influence du partenaire sexuel

Partenaire sexuel, l'expression est bien peu seyante… Il s'agit de cet « autre », cet être réel, avec qui on fait l'amour et qui a heureusement sa

---

1. CAMUS A., *L'été*, Gallimard, 1954.

propre dynamique dans la relation. En fonction de sa personnalité et de son investissement affectif et amoureux, il peut faire évoluer favorablement des motivations au départ négatives, comme il peut orienter de manière négative une relation au départ positive...

Le vécu de la sexualité

Une ou des motivations positives, un petit ami aimé, aimant et tendre sont certes des atouts pour vivre une sexualité épanouissante. Cependant, si ces facteurs sont le plus souvent nécessaires à une vie sexuelle qui laisse une place au plaisir, ils ne sont pas toujours suffisants, notamment à l'adolescence, parce que les premières expériences sexuelles sont chargées de beaucoup d'appréhension.

L'absence de jouissance est une plainte fréquente de la part des filles et a souvent une tout autre signification que les situations réelles de frigidité observées chez des femmes adultes. Dans nombre de cas, le fait de rassurer les adolescents sur leur « normalité » va permettre de dénouer les problèmes. Il est utile de leur expliquer que pour tout dans la vie, il faut du temps, il faut apprendre. En matière de sexualité aussi il faut apprendre, apprendre son corps.

Chez les garçons, les problèmes d'érection sont dramatiquement vécus, et ils ont de très grandes difficultés pour en parler. Dans les consultations d'adolescents, c'est au médecin d'instaurer un climat de confiance et de « tendre des perches » pour leur permettre d'aborder le sujet. Le fait d'examiner les adolescents pour vérifier que tout fonctionne bien, de dédramatiser et de les rassurer est essentiel et souvent suffisant.

A contrario, avec des motivations négatives, ou un petit ami peu investi, les rapports sexuels ont peu de chance d'être vécus de manière épanouissante, et ce, plus souvent pour les filles que pour les garçons. Malgré ces conditions « défavorables », l'absence de plaisir ou les douleurs lors des rapports n'en inquiètent pas moins les adolescentes. Il est important de les amener à prendre conscience que les conditions affectives dans lesquelles se sont déroulées ces relations ne leur permettaient pas de les vivre autrement que négativement. Ce n'est pas elles, en tant que femmes « anormales » (terme bien trop souvent employé par les adolescentes) qui sont ici en cause.

Le vécu de la sexualité peut aussi être perturbé par l'absence de contraception, qui inquiète souvent les adolescents au moment des rapports, et peut les conduire à modifier de façon frustrante leur déroulement. C'est une bonne raison pour les inciter à trouver un mode de contraception qui leur soit adapté.

Les réactions parentales

Les réactions parentales jouent encore un rôle majeur dans la sexualité des adolescents, qui reste proscrite dans certaines familles.

Dans les cas les plus rares, cette interdiction s'appuie sur des valeurs religieuses familiales qui inscrivent de manière positive la sexualité dans le cadre du mariage. Lorsque la communication entre parents et enfants existe dans ces familles et que les adolescents reprennent à leur compte les valeurs parentales, la virginité est valorisée et l'absence de rapports est vécue positivement, sans problème.

Lorsque les interdits font davantage référence à des traditions culturelles qu'à des valeurs religieuses, lorsqu'ils sont édictés au sein de familles en difficulté, qui se défendent contre un environnement mettant à mal leurs valeurs, ou lorsqu'ils s'associent à d'autres violences, ils ont en revanche toutes les chances d'être transgressés. En effet, l'adolescent tente tout à la fois d'agresser sa famille et de s'en libérer, mais il reste finalement prisonnier puisque sa sexualité n'est pas vécue *pour lui*. Dans ces situations, il est fréquent d'observer non seulement des comportements sexuels précoces, mais aussi des grossesses, des tentatives de suicide, etc.

Plus fréquemment, les discussions concernant la sexualité au sein des familles sont possibles, voire dans certains cas imposées. S'il est important pour l'adolescent d'avoir une famille, ou plus souvent une mère, à qui « on peut parler de ça et qui peut comprendre », on rencontre aussi des parents qui autorisent une sexualité sous réserve qu'on leur en dise tout. L'adolescent n'en parlera pas alors toujours directement, mais un acte manqué, comme un préservatif oublié par exemple, viendra signaler son évolution. Ce genre de gestes vont être à l'origine de petits drames, l'adulte se sentant trahi parce qu'« on ne lui a rien dit ». Le médecin, souvent consulté ensuite pour la contraception, devrait avoir un rôle de médiateur, et permettre à la confiance d'être restaurée, en expliquant qu'il existe plusieurs façons de s'exprimer, le langage n'étant pas nécessairement le plus simple pour parler de la sexualité à ses tous débuts.

Enfin, il arrive que la discussion sur la sexualité ne soit pas possible pour les parents, qui ne se sentent pas capables d'en parler. C'est alors au médecin, souvent un gynécologue chez qui ils conduisent leur adolescente, de « dire », ou tout au moins de donner une contraception « au cas où ». Si ces consultations sont parfois difficiles, elles peuvent aussi être très utiles et émouvantes, notamment lorsqu'une mère arrive à faire part de ses difficultés et de ses limites. Cependant, chacun doit rester dans son rôle : la transmission des valeurs est dévolue aux parents et non aux intervenants en prévention, qu'ils soient ou non médecins.

La perception que les adolescents ont des réactions parentales, de ce qui est dit et non dit, a une importance majeure sur la façon dont ils vont vivre leur sexualité. Si une « libération sexuelle » a bien eu lieu, les adolescents conservent avec leurs parents une relation qui est loin d'être simple et univoque à propos du « dire » et du « faire » de leur sexualité. En effet, le « faire » pose aussi des problèmes aux adolescents (et à leurs parents), lorsqu'ils vivent au domicile de ces derniers. Certains parents acceptent les petits amis à la maison, d'autres non. Pour les jeunes, il peut leur paraître plus commode d'être autorisés à avoir des rapports sexuels à la maison, mais la cohabitation d'une sexualité adolescente et d'une vie familiale est loin d'être simple. D'une certaine façon, ce genre de situation fait aussi persister des dépendances sur un territoire, celui de la sexualité, qui est un espace d'autonomisation… Ce sont des questions tout à fait importantes, dont il faut discuter avec les adolescents ; la réponse à ces interrogations ne saurait être univoque.

La maturité psychosexuelle s'effectue ainsi grâce à un important travail d'élaboration psychique. Ce travail permet de reconnaître et d'évaluer correctement une multitude d'enjeux, certains contradictoires. Les enjeux d'identité et d'orientation sexuelles peuvent être contraires aux enjeux de prévention, comme nous le verrons plus loin. La prise de conscience de ces enjeux personnels constitue le prérequis essentiel de la prévention, pour les adolescents comme pour les adultes. Pour aborder la dynamique de la prévention, quel que soit son sujet (violences, abus, IST, IVG, etc.), il faut posséder une estime de soi suffisante, élaborer psychiquement les enjeux de la prévention et les rendre compatibles avec les autres enjeux de la vie sexuelle.

© Groupe Eyrolles

Chapitre 3

Repenser la manière
de s'adresser aux adolescents

Les préoccupations des parents redoublent souvent celles des programmes de prévention : ce n'est pas de sexualité dont on parle, mais de ses risques. Ces discours se heurtent aujourd'hui à leurs limites. Ainsi, on demande encore trop souvent aux intervenants de venir parler de « prévention, sexualité, sida ». Or à ne prendre en compte de la sexualité que le pôle négatif de ses dangers, les adolescents risquent de ne plus le supporter, et à juste titre de ne pas vouloir entendre. Leurs préoccupations liées à l'entrée dans la sexualité sont beaucoup plus vastes. Il est impératif de répondre à leurs préoccupations actuelles.

Informations nécessaires et suffisantes pour faire de la prévention

Les informations minimales, nécessaires et suffisantes pour se protéger ne sont pas nombreuses et elles sont connues d'une grande majorité des adolescents. Les adolescents de 13-14 ans qui s'engagent dans la sexualité sont les plus susceptibles d'ignorer ces messages, aussi est-il utile de vérifier qu'ils ont bien intégré ces connaissances.

Ce « test » prend peu de temps et se fait simplement. Ils doivent en effet savoir :

- que les IST (infections sexuellement transmissibles) et l'infection à VIH se transmettent lors de rapports sexuels par pénétration non protégée, et qu'une jeune fille peut être enceinte dans ces conditions ; que certaines IST se transmettent aussi par le sang ;
- que les préservatifs servent à se protéger du VIH et des autres IST et empêcher une grossesse, et qu'ils peuvent s'en procurer dans divers endroits. Ils savent en général comment les utiliser (théoriquement et souvent en pratique) ; la quasi-totalité des adolescents a déjà eu un préservatif entre les mains ;
- que la pilule existe. Rares sont ceux qui ignorent la contraception d'urgence, et ils savent le plus souvent où et comment se la procurer ;
- que le test de dépistage du VIH est accessible à tous ;
- que tout signe anormal apparaissant au niveau des organes sexuels nécessite une consultation chez un médecin, car il pourrait être provoqué par une IST.

Une grande majorité des intervenants en milieu scolaire reconnaissent que les adolescents ont ces connaissances, ce que confirme le travail récent effectué par l'équipe de Nathalie Bajos sur la sociologie des grossesses non prévues[1]. Majoritairement, ces dernières ne sont pas dues à un manque d'information. Il faut dire que ces informations sont diffusées massivement, par les médias (notamment par la télévision, les journaux et les radios destinées aux jeunes), par les parents, par les copains, à l'école…

1. BAJOS N., FERRAND M. *et al.*, *De la contraception à l'avortement : sociologie des grossesses non prévues*, Inserm, 2002.

Bien sûr, d'autres renseignements pourraient leur être utiles :

- Comment le cycle menstruel fonctionne-t-il ?
- Quelles sont les IST existantes ?
- Quel est le principe de fonctionnement de la pilule ?
- Comment l'immunité se détériore-t-elle quand se déclare le sida ?...

Toutefois, ils ont davantage leur place dans un cours de biologie. Il faut par ailleurs souligner qu'un trop-plein d'informations nuit à la prévention : seules des données simples, claires et cohérentes ont des chances d'être intégrées. Par exemple, les indications sur le cycle menstruel et l'ovulation, qui conduisent à penser que seul le quatorzième jour du cycle est « dangereux » en termes de fécondité, sont à l'origine de nombreuses grossesses. Nous reviendrons plus tard sur ce problème.

Nous savons aussi que nombre d'adolescents ont adopté des comportements de prévention. Il suffit d'analyser les chiffres de l'enquête Lagrange[1] ou le dernier Baromètre santé jeunes[2] :

- au milieu des années quatre-vingt, moins de 5 % des adolescents utilisaient des préservatifs et plus de la moitié des premiers rapports n'étaient pas protégés ;
- en 1995, plus de 80 % des premiers rapports étaient protégés ;
- en 1999, ce chiffre passe à plus de 90 % ;
- en 2001, on observe un petit infléchissement des comportements de protection, car le Baromètre santé jeunes les évalue alors à 85 %.

---

1. LAGRANGE H., LHOMOND B., *L'entrée dans la sexualité : le comportement des jeunes dans le contexte du sida*, La Découverte, 1997.
2. *Baromètre santé 2000, Les comportements des 12-25 ans*, coll. sous la direction de GUILBERT P., GAUTIER A., BAUDIER F., TRUGEON A., CFES, 2001. Il s'agit d'un ouvrage de santé publique qui rapporte des enquêtes épidémiologiques.

Il nous faudrait réfléchir à cette dernière tendance… Reste que de nombreux rapports ne sont pas protégés.

Il est donc nécessaire d'identifier les freins, les résistances aux facteurs de prévention, et d'essayer d'en discuter avec les jeunes. Ce travail de réflexion doit leur permettre de donner du sens à leurs comportements, et notamment de prendre conscience des enjeux qui s'opposent à la mise en pratique de comportements de prévention. Le souci est de faire de l'adolescent, non pas un récepteur passif d'informations, mais un acteur en situation.

À chacun ensuite, en fonction de ses propres représentations, de ses valeurs et de ses capacités, de trouver la stratégie de prévention qui lui correspond le mieux, à ce moment de sa vie. Nous ne sommes plus dans l'injonction d'un comportement en vue d'un risque zéro ; nous devons au contraire permettre aux jeunes de réfléchir sur leurs comportements. Notre rôle d'adulte est de les accompagner dans cette voie.

S'interroger sur ses propres représentations de la sexualité

Il est aussi important d'être conscient des présupposés et des idéologies qui sont les nôtres, car ils peuvent faire l'objet de malentendus avec des adolescents qui ne les partagent pas. En travaillant depuis plusieurs années sur leur définition de la sexualité avec des intervenants de prévention, de formations très différentes, et qui par ailleurs sont souvent parents, nous avons constaté que leurs représentations de la sexualité sont très univoques. Il faut souligner que c'est un point de vue très féminin, compte tenu du faible nombre d'hommes impliqués dans ce travail.

Il s'agit d'une vision très idéalisée, celle d'une sexualité vécue essentiellement sur un mode affectif de relation et d'échanges amoureux. Le corps y est peu présent de façon directe. « L'absence du sexe » dans cette représentation de la sexualité correspond à une vision féminine, principalement centrée sur l'affectif, sur des notions abstraites et sublimées : le désir, le plaisir, l'amour… Or les adolescents, qui ont pour problématique essentielle la découverte du corps, ont des préoccupations très différentes : pour eux, les questions concrètes de sexe sont essentielles. (L'absence d'hommes parmi les intervenants est d'ailleurs tout à fait regrettable, car une vision masculine, dans laquelle l'importance donnée au sexe serait probablement plus marquée, manque cruellement.)

Il est étonnant de ne pas voir mentionnés dans cette vision de la sexualité les risques qui y sont liés, car ils constituent pourtant le thème privilégié de toute prévention : seuls les adolescents seraient-ils « à risque », ou bien même les personnes plus informées ne peuvent-elles envisager ces risques, tant il est difficile d'y penser lorsqu'il s'agit de soi, pris dans une relation affective et/ou sexuelle ? De fait, quand on est amené à discuter en privé des comportements de protection des spécialistes de prévention, on voit bien les limites d'une information qui est pourtant parfaitement connue et intégrée… Il n'est pas rare que certains se sentent magiquement protégés par le fait de « faire de la prévention », alors que leurs propres comportements de protection laissent perplexes… Pourtant, nous ne pouvons travailler de façon crédible avec des adolescents si, en tant que personnes, nous ne nous confrontons pas aux difficultés qui sont les nôtres et qui sont aussi les leurs : à nous de sortir d'un « fais ce que je te dis, ne fais pas ce que je fais » ou « c'est facile, il n'y a qu'à…, il faut mettre des préservatifs… ».

Les difficultés relationnelles et affectives, qui sont le lot commun de tant d'adultes, ne doivent pas non plus être occultées : la vie affective des femmes et des hommes est loin d'être un jardin de roses, nous le savons tous. Alors que les adolescents voient souvent leurs parents se déchirer et divorcer, alors que bien souvent, ils en ont souffert et ont leur avis sur le sujet, nous voudrions leur transmettre une image idéalisée de la sexualité. Tout se passe comme si nous voulions encore qu'ils croient au Père Noël : « Nos enfants, c'est fou, tout le bonheur qu'on leur veut, comme si c'était possible[1]. » Il ne s'agit pas de les décourager, ou de les vacciner contre l'amour, mais de discuter honnêtement avec eux des difficultés qu'ils rencontrent, de pouvoir accepter d'entendre les souffrances qu'ils ressentent, sans les minimiser ou les banaliser, parce qu'elles nous font violence.

Enfin, les allusions aux pratiques sexuelles et à la pornographie – qui est presque exclusivement à l'origine de la culture sexuelle des adolescents – sont tout à fait absentes des représentations de la sexualité qu'ont les intervenants en prévention : faudrait-il croire que la pornographie n'existe que pour les adolescents ? Rappelons que ces films sont destinés aux adultes. Le fait d'en avoir vu quelques-uns permet d'avoir une idée de la vision de la sexualité et des rapports hommes/femmes qu'ils véhiculent, afin de réfléchir à la façon dont les adolescents peuvent les recevoir. Les images à connotation sexuelle, la culture du sexe dans laquelle nous vivons tous au quotidien ne peuvent pas ne pas être évoquées comme si elles étaient invisibles.

À prôner une vision idéalisée essentiellement centrée sur l'affectif et l'amour, on ne peut espérer être entendu des adolescents. Il est pourtant essentiel de les amener à rattacher leur sexualité à l'ensemble de leur personne, et ce d'autant plus que leurs comportements sont habituellement clivés. « Ils font d'un acte sexuel une simple "histoire de cul", […] pour se protéger des débordements affectifs que génère l'entrée dans la sexualité, et qui les renvoie à leur statut de petit enfant[2]. » Cette vision de la sexualité est accentuée par la massivité de la culture pornographique aujourd'hui. Néanmoins, le lien entre le sexe et l'affectif ne

---

1. DURAS M., *Moderato cantabile*, Éditions de Minuit, 1996.
2. JEAMMET P., « La dimension psychique de la sexualité des adolescents d'aujourd'hui », *Les professionnels de santé face à la sexualité des adolescents*, Érès, 2001.

pourra se faire que si nous sommes capables, en tant qu'adultes, de sortir de cette représentation idéalisée de la sexualité.

L'adolescence, c'est un temps du papillonnage, d'expérimentation, qui a pour but d'étayer son identité et son orientation sexuelle. « L'autre », à cette période de la vie, ne peut être envisagé dans son altérité, puisque l'adolescent n'est encore qu'à la recherche de lui-même à travers l'autre. C'est un moment *égocentrique*, qui signifie « centré sur soi, préoccupé de soi », et non pas « égoïste » : les adolescents sont capables d'une générosité qui paraît souvent bien idéaliste aux adultes que nous sommes. Les jeunes garçons sont très préoccupés par l'apprentissage du corps féminin et de l'acte sexuel. Les filles aspirent davantage à expérimenter leur pouvoir de séduction et à engager une relation affective avant d'être sexuelle. On retrouve déjà les différentes attentes des hommes et des femmes vis-à-vis de la sexualité, qui seront à la source des malentendus les plus profonds et les plus récurrents entre les sexes par la suite.

Ce n'est que progressivement, quand son identité est suffisamment affirmée, que l'adolescent peut aller à la rencontre de l'autre et se confronter à l'altérité, et l'on peut dire que c'est le travail d'une vie… Aussi, ne mettons pas la charrue avant les bœufs, et prenons les adolescents là où ils en sont de leurs préoccupations et de leur développement psychoaffectif.

Gare aux positions moralistes ou moralisantes !

Le rôle des parents est bien de transmettre leur vision de la vie et des relations humaines à leurs enfants. Pour ce faire, ils ont intérêt à rendre compréhensibles leurs valeurs et à expliciter leurs choix autant que possible, ce qui constitue d'ailleurs un passionnant travail sur soi conduisant souvent à revoir ses certitudes… Dans les espaces de paroles ouverts, les adolescents sont des sujets libres qui exposent la nature de leur désir. Si ces désirs sont contraires au respect de soi ou de l'autre, ou bien relèvent de l'illégalité, il est indispensable de rappeler la loi et d'en débattre, en donnant notamment la parole à d'autres adolescents qui ne manqueront pas de remettre en cause la position immorale ou amorale de celui qui s'est exprimé. Si malgré tout, ces positions restent majoritaires, ce qui est exceptionnel, l'intervenant ne doit pas les cautionner, mais donner les raisons qui expliquent pourquoi il reste en désaccord avec le groupe. Dans tous les cas, l'intervenant ne saurait faire état ou promouvoir ses propres valeurs morales. La transmission de valeurs concernant la sexualité est en effet du domaine privé et du seul ressort des parents, et des autorités religieuses ou morales auxquelles l'adolescent et ses parents souhaitent se référer. Seule la loi, dans le domaine public et s'appliquant à tous les citoyens, peut ainsi être rappelée. Les professionnels ont aussi la possibilité de se référer à la valeur jugée universelle du « respect de l'autre ». Cependant, ce concept, à première vue consensuel, demande à être analysé : si l'on explorait de près son contenu, en demandant à chacun ce qu'il entend précisément par là (Quel respect ? Jusqu'où ? Vis-à-vis de qui ? Quelle conception du respect concernant les pratiques sexuelles ? Comment se manifeste-t-il et jusqu'où va le respect vis-à-vis du partenaire ?), on observerait de grandes différences entre les individus. L'intervenant n'est pas qualifié pour faire état de ses propres positions morales car elles lui seront toujours, quoiqu'il en pense, éminemment personnelles. Cependant, même si cette valeur de respect n'est pas univoque, elle est toutefois d'un grand intérêt dans le travail avec les adolescents : elle leur permet au moins de penser l'humiliation de l'autre comme irrecevable et le respect de l'existence de l'autre comme essentielle.

Ces observations indiquent le type de travail qu'il est possible de mener avec les adolescents concernant la morale. Il ne s'agit pas de prendre position ni d'affirmer des valeurs, mais plutôt de les aider à se construire.

L'absence de toute référence morale est une chose très rare, que l'on retrouve essentiellement chez les pervers et les psychopathes, vis-à-vis desquels le rappel de la loi et des règles du groupe doit être une constante. Qu'il s'agisse de l'*âme* pour les religieux, de la *conscience morale* pour les philosophes, ou du *surmoi* pour Freud, personne ne peut contester l'existence d'une instance morale qui structure les individus. Pour ce qui est des adolescents, la majorité d'entre eux se posent et posent aux autres de multiples questionnements moraux, notamment dans le domaine de la sexualité : les droits et devoirs de chacun dans un couple par exemple, la définition du respect de l'autre, ce que l'on s'autorise en matière de séduction, de conquêtes et de pratiques sexuelles, la responsabilité en cas de grossesse... Ces questions sont particulièrement nombreuses et fréquentes, car les adolescents sont en pleine construction de leurs valeurs personnelles et cherchent à définir et à affirmer leurs choix dans le domaine moral. Aussi est-il important de les aider à définir et à identifier leurs propres valeurs, et de leur permettre de mieux les intégrer à leur personnalité. La morale personnelle, inspirée notamment des modèles familiaux, doit pouvoir s'intégrer au reste de leur personnalité, sans être à l'origine de conflits de loyauté trop grands. Toute aide consiste à accompagner les adolescents dans la construction d'une sexualité adulte qui se fasse dans l'acceptation de soi et le respect de l'autre. L'objectif est qu'elle puisse tenir compte au mieux de leurs enjeux personnels en termes de désirs et de santé, et respecter leurs valeurs morales et leurs traditions familiales, culturelles et éventuellement religieuses. La santé de l'individu est donc replacée dans le cadre de ses investissements pulsionnels et de ses choix éthiques.

Ce qu'il faut savoir sur la puberté et le développement psychosexuel des adolescents

Chapitre 4

La puberté

Si, dans la Bible, il est écrit que tout commence par le verbe, « à l'adolescence, tout commence par le corps », comme le dit si joliment Annie Birraux[1]. Ce sont bien les changements du corps induits par la puberté qui permettent l'adolescence, traversée par le fil rouge de la sexualité. L'adolescence peut être ainsi définie comme « le temps de l'intégration de toutes les modifications pubertaires et de leurs conséquences[2] ». La sexualité ne se réduit pas aux actes sexuels, elle concerne aussi les processus de sexualisation, qui participent à l'étayage de l'identité sexuelle, de l'orientation sexuelle, et plus globalement de l'identité tout court.

La puberté est un processus qui se caractérise par l'activation d'une hormone dans le cerveau (la LH-RH), ce qui produit la mise en route de l'activité des ovaires chez la fille et des testicules chez les garçons. Insistons sur la notion de *processus* : on ne passe pas brutalement d'un état

---

1. Birraux A., *L'adolescent face à son corps*, Bayard, 1994.
2. *Ibid.*

impubère à un état pubère, il s'effectue tout un travail de maturation pubertaire. Les débuts pubertaires surviennent dans 95 % des cas entre 8 et 13 ans chez la fille, et entre 10 et 14 ans chez le garçon. Ainsi, au même âge, deux filles ou deux garçons peuvent paraître très différents : il est indispensable d'insister sur cette très grande hétérogénéité maturative, compte tenu de l'importance pour les adolescents, troublés par la survenue de tous ces changements, de se sentir « normaux ».

À ces modifications du corps s'associe parallèlement un travail de maturation psychique et de modification des relations aux autres et au monde, ce qu'on peut définir comme un « processus de maturation psychosexuelle ». Soulignons d'emblée qu'il est important de toujours veiller à respecter le niveau de maturation des adolescents, pour leur offrir des informations et des réflexions qu'ils puissent intégrer et utiliser. Donner des informations sur des questions qui ne sont pas à « l'ordre du jour » pour un adolescent peut être non seulement contre-productif, mais parfois traumatique. En tout cas, ce genre d'acte souligne l'incapacité des adultes à repérer le stade d'évolution des jeunes face à eux, à entendre leurs besoins et à y répondre, ce qui signe « une rencontre ratée[1] ».

Les filles et le processus pubertaire

Sur le plan des modifications corporelles, la puberté débute en moyenne chez la fille à 10 ans et demi avec l'apparition des seins (le bourgeon mammaire). Suivent ensuite le développement de la pilosité vers 11-12 ans, le pic de croissance et la modification du corps (élargissement des hanches et modification de la répartition des graisses) vers 12 ans, et

---

1. ANATRELLA T., « Quand l'éducation sexuelle inhibe la sexualité », in RUFFIOT A., *L'éducation sexuelle au temps du sida*, Bordas, 1993.

enfin l'arrivée des règles vers 12 ans et demi. La croissance, en majorité acquise à l'arrivée des règles, se poursuit encore pendant quelques années, de même que le développement mammaire (jusqu'à environ 15 ans). Les transformations pubertaires se caractérisent chez les filles par la visibilité du développement des caractères sexuels secondaires. Elles y attachent d'autant plus d'importance qu'ils contribuent à modifier le regard que les garçons portent sur elles. Les préoccupations et les questions qu'elles se posent au sujet de la « normalité » de ces modifications corporelles sont nombreuses, et il est nécessaire de les rassurer face à cette véritable métamorphose.

Le changement du corps et l'image de soi

Insistons sur le travail à faire à propos des modifications corporelles, notamment de l'élargissement des hanches, de la modification de la répartition de la graisse et de la prise de poids, liée en partie à l'arrêt de la croissance. Cette réflexion peut conduire à une discussion autour de leurs représentations d'un « idéal » physique. Le poids qu'elles souhaitent est souvent conforme aux « modèles anorexiques » que la mode leur impose et auxquels elles n'ont que trop tendance à s'identifier. Aujourd'hui, 60 % des adolescentes se déclarent trop grosses, et à peine 20 % s'estiment satisfaites de leur corps. À l'âge de 14 ans, un tiers d'entre elles ont déjà suivi un régime alimentaire[1]. L'estime qu'elles se portent diminue parallèlement à la mauvaise image qu'elles ont d'elles-mêmes[2].

---

1. BORIS J.-M., « Ce qu'il faut savoir des effets pervers des diètes chez les adolescentes », *Quotidien du médecin*, n° 6362, 1998.
2. BLOCK J., ROBINS R. W., « *A longitudinal study of consistency and change in self-esteem from early adolescence to early adulthood* », *Child Development*, n° 64, pp. 909-923, juin 1993.

Comment en parler ?

Thème

L'image de la femme idéale.

Scénario

On peut aborder ce thème avec les adolescents de plusieurs façons : à partir d'images de presse, et à partir de textes.

Il est intéressant de demander à des adolescents, filles et garçons, de sélectionner dans des magazines des images qu'ils considèrent comme l'image *souhaitable* d'une femme et d'autres qu'ils considèrent comme l'image *idéale*. On peut ainsi recueillir des éléments qui montrent aux filles que l'excès de minceur n'est pas ce que les garçons préfèrent.

Questions pour le débat

À l'aide de ces images, la discussion peut être engagée avec des questions comme :

- N'y a-t-il qu'un type standard de fille ?
- Quelle est la différence entre une fille *jolie* et une fille *belle* ?
- Qu'est-ce qui fait qu'on se plaît soi-même, qu'on est en accord avec son corps ?
- Qu'est-ce qui joue et se joue dans la séduction ?

Toutes ces questions, et bien d'autres, font le lit de cette réflexion si importante pour des adolescentes, qui sont à la recherche d'elles-mêmes et d'une image de femme à investir.

Certains textes peuvent aussi constituer un support pour parler du corps. Citons par exemple quelques extraits du *Journal de Bridget Jones*[1] :

« Mardi 3 janvier - 59 kg : abominable tendance à l'obésité. Pourquoi ?

---

1. FIELDING H., *Le journal de Bridget Jones*, J'ai lu, 2001.

« Mercredi 4 janvier - 59,5 kg : état d'urgence. On jurerait que la graisse emmagasinée dans une capsule pendant les fêtes est lentement libérée sous la peau.

« Dimanche 8 janvier - 58 kg : superbe, mais à quoi bon ?

« Lundi 6 février - 56,8 kg : ai fondu de l'intérieur. Mystère ?

« Lundi 4 décembre - 58,5 kg : maigrir absolument avant le gavage de Noël ».

Ce texte humoristique dédramatise un point si sensible pour les adolescentes, et leur permet de rire d'elles-mêmes. Il montre surtout le « à quoi bon » des quelques kilos en moins, et de pointer qu'il n'y a pas de sens à rester « à quelques kilos du bonheur ».

Si une discussion sur les normes identificatoires, de plus en plus présentes et contraignantes aujourd'hui, peut être utile, il faut aussi en concevoir les limites. Il ne s'agit pas de penser que ce genre d'exercice évitera le développement d'une anorexie mentale, qui est une psychopathologie complexe, multifactorielle, s'inscrivant dans l'histoire du sujet. On peut néanmoins éviter à de nombreuses filles, exemptes de psychopathologie lourde, de s'engager dans des régimes absurdes, qui leur font prendre du poids et les font souffrir.

Les seins et le développement mammaire

Les préoccupations des adolescentes concernant le développement mammaire sont très importantes. Les seins sont particulièrement caricaturaux de leur ambivalence vis-à-vis du processus pubertaire. Presque toujours insatisfaites de leur poitrine (il y en a « trop » ou « pas assez »), supportant mal le changement de niveau du regard des garçons, elles ne supportent pas non plus de ne pas être vues comme des femmes. Souligner que chacun, filles et garçons, a ses préférences en matière de poitrines (certains les préfèrent « chaleureuses », d'autres plus petites), c'est montrer que la diversité des apparences permet de satisfaire la diversité des goûts.

Par ailleurs, certaines filles sont véritablement handicapées par un développement très peu harmonieux de leurs seins (hypermastie[1] majeure, asymétrie mammaire...), ce qui peut perturber leur évolution, en leur donnant une image d'elles qu'elles ne peuvent accepter. Il est important de leur indiquer qu'il faut consulter, car les chirurgies réparatrices, prises en charge par la sécurité sociale dans ce cadre, peuvent être effectuées de plus en plus précocement, ce qui peut modifier radicalement le vécu de leur adolescence.

Les règles

L'âge des premières règles est influencé par de nombreux facteurs comme la génétique, le poids et la corpulence durant l'enfance, l'alimentation ou l'activité physique. L'âge moyen des premières règles s'est nettement abaissé dans nos sociétés depuis le siècle dernier, avec un avancement dit « séculaire » de quatre mois tous les dix ans. Ainsi, au début du siècle, les filles étaient réglées vers 14 ans, alors qu'elles le sont aujourd'hui vers 12 ans en moyenne. Cette avancée est expliquée par l'enrichissement de l'alimentation, notamment en protéines. Nous discuterons du rôle de cette précocité par rapport à l'âge d'entrée dans la sexualité.

Entre elles, les filles sont souvent intarissables sur les règles et nous devons pouvoir les rassurer à ce sujet. La façon de vivre les premières règles est très différente en fonction de l'âge et des personnes. Toujours mal vécues lorsqu'elles arrivent très tôt, vers 10 ou 11 ans, les règles sont attendues impatiemment vers 14-15 ans, quand toutes les copines sont

---

1. Poitrine trop volumineuse.

déjà réglées. L'arrivée des règles vers 12-13 ans permet aux jeunes filles de vérifier qu'elles sont « comme tout le monde ». Leur venue chaque mois, et en particulier en période de vacances ou d'examen, est néanmoins rarement vécue comme un signe positif de féminité, mais plutôt comme une contrainte pesante.

Après l'arrivée de la *ménarche* (premières règles), les cycles peuvent mettre un certain temps à se réguler. Des cycles irréguliers au-delà de trois ans après les premières règles doivent inciter à proposer une consultation médicale. Soulignons que les troubles du cycle sont souvent liés à des troubles du comportement alimentaire. Si de nombreuses adolescentes savent que l'anorexie provoque un arrêt des règles (aménorrhée), elles ignorent davantage que les vomissements des jeunes filles boulimiques perturbent aussi les cycles. Il est important de mettre l'accent sur l'irrégularité des cycles des adolescentes, pour expliquer que la période ovulatoire est très variable et que la période fertile ne se résume pas au quatorzième jour du cycle.

La durée des règles est variable elle aussi, le plus souvent de 5 à 7 jours ; elle est raccourcie par la prise d'une pilule contraceptive.

L'abondance des règles peut conduire certaines adolescentes à une anémie ou à un manque de fer, ce qui les fatigue, et accroît leur fragilité face aux infections. En conséquence, lorsque les règles sont trop abondantes ou trop rapprochées, il faut leur conseiller de consulter, la meilleure solution étant alors la prise de la pilule.

Les règles douloureuses constituent également une plainte fréquente à l'adolescence, qui concerne près de 50 % des filles. De nombreux traitements existent, les plus efficaces sont ici encore la pilule et les anti-inflammatoires. Certaines dysménorrhées (règles douloureuses) restent néanmoins très réfractaires aux traitements.

Cet état de fait peut avoir des causes médicales particulières, mais aussi des causes psychologiques :

- un besoin d'attention d'une mère parfois trop occupée ;
- une identification à une mère qui a souffert de sa féminité (« pour être une femme, comme maman, il faut souffrir ») ;
- un désir de manquer l'école…

Si une adolescente raconte ce type de situation, il est important de reconnaître sa souffrance, et de lui conseiller de consulter un médecin.

Tout ce qui concerne les règles constitue un argument important dans la décision d'une prise de pilule, en dehors de son caractère contraceptif. Leur abondance moindre, leur régularité, la disparition des douleurs, la possibilité de ne pas avoir ses règles en période de vacances en prenant deux plaquettes sans interruption, le traitement d'une acné… voilà qui intéresse énormément les adolescentes ! Ces arguments de promotion sont à promouvoir, dans la mesure où le caractère contraceptif de la pilule est aujourd'hui moins vécu comme un impératif.

Les tampons

Peut-on mettre un tampon sans perdre sa virginité (« se dévierger ») ? Si la réponse est simple (on ne perd pas sa virginité avec des tampons), il importe de ne pas être inductif, mais respectueux des opinions et des pratiques diverses. Certaines filles peuvent ne pas vouloir en mettre, ou ne pas encore se sentir prêtes à « investir » leur vagin. Il est important de les soutenir et d'étayer leurs avis contre une opinion de « pseudo-modernité » en faveur des tampons. À l'inverse, il est important aussi de soutenir celles qui veulent en mettre, alors que leur environnement y est plutôt défavorable.

La question des tampons est donc une porte d'entrée pour discuter de la virginité, que nous traiterons de façon plus approfondie lorsque nous parlerons de l'hymen. À cet égard, soulignons que l'on parle de tampons à propos des transformations pubertaires : nous nous adressons donc à des filles très jeunes (12 ans en moyenne), aussi les discussions sur les premières relations sexuelles paraissent-elles prématurées la plupart du temps à cet âge.

Les garçons et le processus pubertaire

Chez les garçons, le processus pubertaire débute en moyenne plus tardivement, vers 11 ans et demi, 12 ans. Il se manifeste d'abord par une augmentation discrète du volume testiculaire, qui précède de peu le développement de la pilosité pubienne. Ce processus est invisible au début, contrairement à celui des filles. S'ensuivent l'accélération de la croissance et du développement musculaire, le développement général de la pilosité, le développement de la verge, accompagnant l'augmentation de volume des testicules, et la pigmentation du scrotum. Les premières éjaculations ont lieu en moyenne vers 13 ans et demi, 14 ans. C'est à cet âge que se situe le pic de croissance (vitesse d'accélération maximale de la croissance) ; celle-ci continue sur un rythme plus lent quelques années encore. Puis vient la mue de la voix. Le processus pubertaire est en général achevé vers 15 ans, mais chez certains, il se poursuit encore durant un an ou deux.

Les questions des garçons sur la puberté sont moins nombreuses que celles des filles : d'une part, ils ne sont pas concernés par les règles, qui constituent un sujet inépuisable pour les filles ; d'autre part, ils sont dans une plus grande retenue sur ce sujet et ont du mal à verbaliser leurs inquiétudes. Ces dernières pourraient être perçues comme un manque de virilité, en particulier devant les filles. Ils sont alors souvent sur le mode de la provocation, de l'humour ou du « gros rire », à travers des blagues à contenu machiste ou pornographique. Le décalage pubertaire entre filles et garçons est un sujet de rivalité et d'embarras pour les garçons : ils se trouvent confrontés à des filles qui n'ont pas du tout les mêmes préoccupations qu'eux et qui les dominent sur tous les plans, physiquement, scolairement, sexuellement…

Une puberté plus tardive que chez les filles

Cette domination massive par les filles est vécue dans l'amertume et dans la dévalorisation par les garçons, surtout ceux des milieux les plus populaires, qui ont des représentations de virilité très stéréotypées. Ces derniers peuvent avoir le sentiment de ne pas être à la hauteur, notamment au niveau des performances scolaires, tellement investies aujourd'hui par les familles. Une des raisons de décrochage scolaire à cette période peut être liée à cette problématique ; c'est ainsi que peut se comprendre cette parole d'un jeune : « Si elles réussissent mieux, quoi que je fasse, j'ai pas envie de passer pour un con. Mieux vaut passer pour un glandeur : au fond, si je ne suis pas bon, c'est que je le veux bien, donc, je maîtrise. » En rajouter sur l'échec permet paradoxalement de le dominer, donc d'avoir une image de soi « acceptable », de ne pas se sentir déshonoré.

Ceux qui ont des champs limités de valorisation aimeraient bien pouvoir passer pour des « grands » et commencer à investir le domaine de la sexualité, mais ils n'en ont pas toujours les capacités. Quand ils essaient de « draguer », parfois cela fonctionne, avec des filles aussi jeunes qu'eux, qui court-circuitent elles aussi le temps du développement psychosexuel souhaitable pour engager leur corps dans une relation. Ces expériences prématurées ont certes des inconvénients dont nous reparlerons, mais elles peuvent aussi constituer un étayage narcissique important pour des adolescents en échec dans d'autres domaines. Ainsi, si la mixité à cet âge n'est pas simplement vécue, elle a aussi ses avantages. Parfois, ceux qui cherchent à anticiper l'entrée dans la sexualité sont brutalement renvoyés à leur image de petit garçon, notamment par des filles de leur âge, qui leur assènent de « méchants râteaux », comme ils disent, nous y reviendrons… Le film *Les 400 coups* de François Truffaut l'illustre bien, avec la scène dans laquelle le jeune héros, Antoine, raconte à la psychologue comment il s'est fait rejeter alors qu'il cherchait à rencontrer une prostituée pour vivre sa première expérience sexuelle. (Aujourd'hui, Antoine serait rejeté non plus par une prostituée, mais par une fille de son âge.)

En revanche, le décalage de développement entre filles et garçons se vit sans trop de difficultés pour ceux qui sont soutenus familialement, bien insérés scolairement, ou investis dans des pratiques sportives.

Pouvoir rassurer les garçons sur ce décalage est important : à chacun de trouver ses mots, ses images pour le faire. Par exemple, on peut leur dire que, dans les espèces animales, plus l'enfance est longue, plus le développement de la boîte crânienne est important. Par ailleurs, si les garçons commencent leur puberté plus tard, en revanche, leur vie hormonale ne cessera jamais puisqu'ils ne vivront pas de ménopause… L'humour est un outil essentiel dans la communication. Il faut prendre la mesure de l'inquiétude et de la dévalorisation des garçons vis-à-vis des filles à cette période de leur vie. Et ce, d'autant que les filles, volontairement ou non, montrent significativement leur désintérêt, voire leur mépris pour les « petits » de leur classe (« les nains… »), alors qu'elles affichent ostensiblement leur goût pour des garçons plus âgés. Il faut toujours garder à l'esprit les moteurs de la violence : lorsqu'une personne se sent dévalorisée, en situation d'infériorité, voire humiliée, elle risque d'utiliser la force comme réponse (surtout lorsque celle-ci est de son côté). De fait, il n'est pas rare qu'à cet âge, les filles se plaignent des agressions physiques des garçons. S'il est indispensable de faire référence à la loi à propos de l'utilisation de la violence contre l'autre, il est aussi important de décoder la manière dont elle se construit, ce qui la déclenche, en gardant à l'esprit le rôle moteur de l'humiliation.

La taille de la verge

Les préoccupations autour de la taille de la verge constituent un motif d'inquiétude très fréquent, il y a souvent de nombreuses questions à ce sujet. Le pénis grossit au cours de la puberté. Une fois le processus pubertaire totalement achevé, le pénis en flaccidité (sans érection) mesure en moyenne 9 cm de long et 3 cm de large ; en érection, il mesure en moyenne 16 cm de long et 4 cm de large. Les plus gros pénis mesurent près de 25 cm et les plus petits environ 2,5 cm. Il est amusant de constater que les moyennes données varient d'un manuel à l'autre : pour la taille moyenne, certains donnent une longueur de 9 cm ; d'autres de 10 à 12 cm. Par ailleurs, c'est un mythe de penser que la taille de la verge en état de flaccidité est proportionnelle à sa taille en érection.

Enfin, la taille de la verge dépend, nous l'avons vu, du stade de développement pubertaire, et c'est très important de le signifier à des garçons jeunes, qui trouvent souvent les réponses à leur curiosité au travers des références pornographiques. La taille du pénis est associée dans l'imaginaire des garçons aux performances sexuelles et au plaisir féminin. Aussi est-il indispensable qu'ils sachent qu'aucune étude de sexologie n'a démontré de corrélation entre la taille du sexe et la durée du rapport sexuel. Quant au plaisir féminin, il dépend bien moins de la pénétration vaginale que de l'excitation clitoridienne. De plus, le vagin est élastique et s'adapte à la taille des pénis qui le pénètrent.

Des transformations difficiles à accepter

Les *odeurs corporelles* sont très liées à la production d'hormones masculines (la testostérone), et les glandes sébacées sont particulièrement nombreuses dans les régions ano-périnales et axillaires. Les garçons qui ont une hygiène régulière n'ont le plus souvent pas de souci avec les odeurs ;

chez certains, elles peuvent en revanche véritablement poser problème, et le recours à des déodorants anti-transpirants peut être une aide réelle. Chez d'autres enfin, le refus d'adopter une hygiène régulière peut venir témoigner de difficultés à intégrer le processus pubertaire, et d'une certaine façon de le nier. Dans ces situations, les odeurs peuvent être difficiles pour l'entourage, mais ces problèmes sont le plus souvent transitoires, et trouvent leur solution avec le temps : ce temps nécessaire pour accepter la puberté.

Les *érections non contrôlées* peuvent, dans certaines circonstances, être mal vécues par les garçons. Il est simple de dédramatiser cette situation (le plus souvent elle amuse et « honore » les filles), et de signifier que certains mouvements physiologiques sont incontournables et irrépressibles, et qu'il leur faut apprendre à vivre avec.

La *gynécomastie* : l'apparition d'une petite tuméfaction du mamelon concerne environ la moitié des garçons en milieu de puberté. Elle est très mal supportée, car elle fait référence à une féminisation du corps, au moment où la masculinité s'installe. Il faut rassurer les garçons sur la durée éphémère de ce phénomène et sa disparition spontanée en quelques mois. Il faut aussi indiquer à ceux dont la gynécomastie est importante ou durable qu'il existe des traitements, et qu'ils doivent consulter s'ils sont inquiets.

Vigilance avec les chiffres !

Il est toujours délicat de répondre à des questions par des chiffres. En effet, nous devons rassurer, par exemple sur les variations pubertaires et, ce faisant, donner des moyennes. Néanmoins, lorsque l'on donne par exemple une taille moyenne du sexe masculin, même si l'on affirme ensuite qu'il y a des variations, on peut réellement se demander ce que les adolescents retiennent : les variations ou la moyenne ?

Plus graves encore sont les moyennes statistiques qui concernent la sexualité, car elles fonctionnent comme de nouvelles normes. Prenons pour exemple l'âge moyen des premiers rapports. Ceux qui ne sont pas encore passés à l'acte à cet âge se retrouvent face à un nouveau mal-être : ils ne correspondent pas aux moyennes statistiques. Un autre exemple concerne la sodomie ou d'autres comportements sexuels… : leur grande médiatisation en fait des pratiques non seulement banales mais « obligatoires ».

Nous devons veiller à ne pas conforter ces nouvelles normes, et au contraire à les remettre en question. L'objectif est de s'opposer aux pressions sociales qui jouent comme des contraintes sur la sexualité des jeunes, alors qu'elles sont souvent présentées comme de nouvelles libertés. Rapporter des données quantitatives demande vigilance et pondération…

Le vécu commun aux deux sexes

L'acné

En fonction des études et des types d'acné pris en compte, elle concerne 50 à 90 % des adolescents. Les premiers boutons apparaissent en cours de puberté, entre 12 et 15 ans. On estime à 15 % la proportion des acnés qui évoluent vers une forme invalidante, et à 10 % celles qui continueront d'évoluer à l'âge adulte. Une acné importante peut jouer chez un adolescent un rôle très négatif dans sa façon d'investir son image et ses relations aux autres. Il existe de nombreux traitements très efficaces, et la pilule reste une arme thérapeutique de choix chez la fille.

L'épreuve de la métamorphose pubertaire

La puberté est un processus que l'adolescent n'a pas choisi. Si le plus souvent ce passage vers l'âge adulte est souhaité, il est aussi redouté et donne lieu à de multiples ambivalences : des envies d'avancer, parfois trop vite au goût des parents, ou au contraire le désir de retourner en enfance, ce temps si confortable dans lequel les responsabilités étaient moindres et les pulsions beaucoup moins redoutables. S'y retrouver n'est pas facile. Nous avons vu que décrire les changements corporels en précisant qu'ils sont normaux et qu'ils s'accomplissent à un rythme différent pour chaque individu a une fonction rassurante et permet à l'adolescent de mieux comprendre ce qui lui arrive et de le vivre de façon plus sereine. Cette information est également très importante pour comprendre ce qui se passe pour l'autre sexe. Ainsi, les garçons se posent souvent de multiples questions sur les règles des filles. La morphologie des organes génitaux des personnes de l'autre sexe fait également l'objet d'une importante curiosité.

Chez certains, ces changements, vécus parfois à leur corps défendant (une situation caricaturale chez les filles anorexiques), induisent des angoisses et des souffrances que des réassurances banales et généralisées n'apaisent pas toujours. Quand on perçoit une anxiété importante autour des transformations pubertaires, il faut savoir proposer une rencontre avec un médecin spécialiste de l'adolescence.

Nous voyons bien comment, sur ce registre du corps, il faut être attentif aux discours divers, rassurer ceux qui paraissent vivre banalement une problématique adolescente, et tenter d'identifier ceux qui sont dans des souffrances plus grandes.

Les parents sont bien entendu « en première ligne » pour rassurer, mais ils peuvent aussi proposer les aides dont leurs adolescents ont besoin. Quand il s'agit de préoccupations concernant son corps, il est bien rare qu'un jeune refuse l'aide d'un médecin qui s'occupe du corps.

Par ailleurs, au cours d'une intervention en milieu scolaire, quand un adolescent semble en difficulté, l'intervenant doit en faire part à l'infirmière ou au médecin de santé scolaire, qui pourra ensuite tenter d'évaluer avec lui, de façon individuelle, ses problèmes et lui proposer une aide adaptée. C'est signifier d'emblée toute l'importance d'un travail en réseau dans ce cadre, car lui seul permet d'assurer un suivi des interventions, et la prise en charge des problèmes perçus au cours d'une animation. On ne saurait par exemple travailler sur le thème des troubles du comportement alimentaire, sans pouvoir ensuite offrir une prise en charge à une adolescente qui en souffre…

Chapitre 5

Le développement psychosexuel

La sexualité renvoie dans son acception étroite aux pratiques sexuelles apparaissant après la puberté. Elle vise à susciter un plaisir physique et psychique, pouvant éventuellement se traduire par un orgasme au moyen de la stimulation de son propre corps, notamment dans ses zones érogènes, et éventuellement, de celle d'un ou plusieurs autres corps. Dans ce cadre peuvent s'ajouter les sentiments et les affects liés à cette recherche de plaisir.

Cependant, il existe une seconde définition de la sexualité, beaucoup plus vaste, dans laquelle cette première définition viendrait s'inscrire comme un sous-ensemble. La sexualité n'apparaît pas en effet magiquement à la puberté, sans que rien ne l'ait précédée ou étayée. La sexualité est un domaine essentiel de la vie humaine, qui englobe à la fois la nécessité de la reproduction de l'espèce, avec tout le processus objectif et subjectif de transmission générationnelle que cela signifie, et la recherche d'épanouissement individuel, par la quête du plaisir impliquant la satisfaction de besoins pulsionnels, affectifs et relationnels. La sexualité nous confronte aux enjeux psychiques de la rencontre avec l'autre et nous oblige à nous situer face au constat de la différence des sexes.

Ainsi, la vie se conçoit depuis l'enfance comme le domaine dans lequel l'être humain cherche à se définir en tant que personne et en tant qu'être sexué. Freud postule que cette quête commence dès la naissance : ne pouvant se satisfaire à résoudre uniquement des besoins physiologiques, tels que la faim ou le sommeil, l'être humain développe un certain nombre de pulsions qui s'appuient sur ses instincts de conservation, pour s'en distinguer ensuite de plus en plus nettement. Nous passerions ainsi de la faim à l'amour, de la satisfaction d'un besoin biologique du lait maternel à la relation avec une personne censée apporter une satisfaction à nos besoins affectifs. Le destin de ces pulsions est fortement marqué par les deux grands apprentissages que l'être humain est amené à faire : le fait qu'il soit sexué et mortel. Se définir alors comme *homme* ou comme *femme* et orienter son désir vers une personne de l'un ou l'autre sexe, et accepter de devoir vivre, se reproduire et mourir sont les enjeux essentiels de la vie humaine. Ces enjeux traversent et modèlent en permanence nos attitudes aussi bien dans notre vie privée, amicale ou amoureuse, que dans toutes nos activités professionnelles ou de loisir.

Les étapes qui amènent aux relations sexuelles sont nombreuses et commencent précocement. Nous allons ici définir les enjeux sexuels des premiers âges de la vie. Ce découpage par tranche d'âge est bien sûr un peu arbitraire, et le développement psychoaffectif ne se fait pas au même rythme ni de la même façon pour tous les individus. Tout dépend aussi de la façon dont ces étapes de développement se déroulent et se résolvent pour chacun : la sexualité future sera fonction, en grande partie, de ce déroulement. Ce dernier influera aussi sur la façon dont plus tard, les individus aborderont la question de la prévention. C'est la raison pour laquelle tout travail de prévention doit devenir un travail d'aide à la maturation psychosexuelle.

De 0 à 3 ans : la découverte

Enjeux fondamentaux

Les toutes premières années de la vie sont caractérisées par un développement extrêmement rapide, et par le caractère fondateur des expériences vécues à cet âge. La découverte « tous azimuts » s'effectue en priorité sur le corps. Le premier travail consiste à intégrer la différence entre soi et le monde extérieur. L'activité liée à chaque orifice est très investie et mobilise très fortement le psychisme de l'enfant : le bébé cherche à « se faire du bien » ou à éviter les angoisses liées au fonctionnement de chacun de ses orifices.

Ce premier âge est celui de l'allaitement, du sein maternel et/ou des tétines, des « mâchouillages » : tout est porté à la bouche. L'enfant cherche à mettre à l'intérieur de lui-même ce qui est bon et à rejeter ce qui lui semble mauvais. À cet âge, un plaisir et de grandes inquiétudes sont liés à la défécation. Avec l'apprentissage de la propreté vient la question de l'obéissance : l'enfant fait un « cadeau » à sa mère, ou le lui refuse et essaye de la maintenir sous son contrôle. Donner, expulser violemment, retenir, garder pour soi, peur de perdre, de se vider, toute une dialectique se met en place…

Enfin, l'intérêt se porte également sur les organes génitaux et la miction. Une forme d'excitation sexuelle est présente dès ce jeune âge et se manifeste chez le garçon par des érections. Les activités de masturbation, lorsqu'elles ne sont pas réprimées, sont toujours présentes. Constatons enfin que toutes les zones érogènes ainsi désignées (la bouche, l'anus et les organes génitaux), sources d'excitation, de plaisir et d'angoisse, seront plus tard le lieu et l'enjeu de diverses pratiques sexuelles (rapport vaginal, fellation, cunnilingus, sodomie).

Intérêts et questionnements

Avec l'acquisition du langage, l'enfant pose et se pose de multiples questions. Outre les zones érogènes et leur fonctionnement, ses sujets de préoccupation sont très vite centrés sur la différence entre les filles et les garçons. Cette curiosité passe par l'observation de ses organes génitaux, et éventuellement, de ceux de l'autre sexe.

Influences socioculturelles

Rôle des adultes référents

Les attitudes des parents et ce qu'ils disent à leur enfant jouent un rôle primordial. Les propos tenus, notamment au moment des soins corporels, indiquent à l'enfant la manière dont il existe dans l'imaginaire de ses parents en tant qu'être sexué. On entendra souvent des parents s'exprimer ainsi :

- « Tu es bien une petite fille ! »
- « Ça, c'est bien un réflexe de petit garçon ! »

Ces remarques concernent aussi bien le corps que le comportement, le caractère, la façon de s'exprimer, le fait de parler peu ou beaucoup, de montrer ou de cacher ses émotions, la force physique, etc. Le choix des vêtements et des couleurs, les caresses, les chatouilles, la façon de réagir aux manifestations d'auto-érotisme de l'enfant, tout concourt à poser dès le plus jeune âge les pierres fondatrices de l'identité sexuée, et probablement en partie aussi, de l'orientation sexuelle.

Acquis essentiels

L'intégrité physique, la constitution d'une identité personnelle et l'apprentissage qui amène à vivre avec un corps, à le reconnaître pour sien et à s'y sentir en sécurité sont les acquis fondamentaux de cet âge précoce. Identifier et rechercher le plaisir physique et mental, tout en tenant compte de la réalité est le long chemin sur lequel l'enfant s'engage. La dialectique de l'amour et de la haine se met en place et s'exerce sur lui et sur son environnement.

De 3 à 6 ans : la curiosité

Enjeux fondamentaux

Ils continuent d'être liés aux stades de développement organisés autour d'une zone érogène, comme nous le décrivions plus haut. Ces stades impliquent les premières organisations précoces et marquent de leur spécificité les sentiments d'amour et de haine. Aimer peut vouloir dire symboliquement « dévorer l'autre », jeu souvent commun aux enfants et aux parents. Cet âge est celui d'une curiosité qui s'élargit de plus en plus. Les investissements affectifs restent essentiellement tournés vers la famille, et notamment les parents. À cet âge, l'enfant aimerait bien qu'une relation exclusive puisse s'instaurer avec son parent du sexe opposé, et l'ambivalence entre la tendresse et l'agressivité ressenties vis-à-vis du parent du même sexe apparaît.

Les questions entourant la naissance et les relations des parents prennent une grande importance et se formulent souvent de la façon suivante :
* Comment on fait les bébés ?
* Comment je suis né ?
* D'où il sort, le bébé ?
* Comment c'est fait un zizi/une zézette ?
* Pourquoi maman dort dans le lit de papa ?

Intérêts et questionnements

L'enfant s'interroge, ou interroge son environnement, sur les identités sexuelles, les organes sexuels, leur nom et leur fonction. Par exemple, le fait de pouvoir faire pipi debout devient sujet de débats et de rivalité. Dès le plus jeune âge, la constitution d'une identité sexuelle est un enjeu essentiel, aussi bien pour l'enfant que pour ses parents.

Se définir comme un petit garçon ou une petite fille, puis comme un homme ou une femme est l'une des tâches fondamentales de la vie humaine. Elle se traduit par une multitude de désirs, de codes, de valeurs, de choix, etc. (par exemple la manière dont on « doit » se comporter avec les personnes du même sexe et celles du sexe opposé). Une certaine continuité psychique mène des jeux de petits garçons aux « hobbies » des hommes devenus adultes.

Influences socioculturelles

Rôle de la famille

Les relations parentales et familiales, les processus générationnels et l'inscription dans une généalogie sont également souvent évoqués avec les parents. La naissance est une source inépuisable d'interrogations, surtout si la venue d'un frère ou d'une sœur vient renforcer l'intérêt déjà latent.

Ces questions concernant la naissance doivent être traitées par les adultes avec délicatesse. Un enfant de 5 ans a des possibilités intellectuelles limitées pour se représenter la gestation et l'accouchement. Une attitude trop descriptive peut heurter sa sensibilité, sans lui permettre pour autant d'appréhender correctement le phénomène. Les théories sexuelles infantiles poussent l'enfant à imaginer que les bébés naissent par le nombril ou l'anus, que le papa donne une graine que la maman avale par la bouche, etc. Ces théories existent et doivent être respectées. Ainsi, des images poétiques, des expressions imagées et générales seront souvent bien plus adaptées qu'un vocabulaire descriptif ou scientifique.

Rôle de l'école

L'école oblige au premier apprentissage de l'autonomie, elle force l'enfant à fréquenter des enfants du même âge. Ces relations rendent nécessaire le fait de se définir socialement dans son identité sexuelle. À cet âge, l'enfant peut avoir un amoureux, mais il va surtout s'intéresser aux enfants de son propre sexe. Les adultes n'ont souvent que trop tendance à insister sur la relation entre deux enfants de sexe opposé, pour en faire déjà un « couple ». Ils exercent déjà ainsi une première pression sociale sur la nécessité d'avoir des relations amoureuses, et s'étonnent ensuite qu'elles deviennent si précoces…

L'école est un lieu dans lequel peuvent se travailler un certain nombre de questions concernant l'identité sexuelle et le rapport à son propre corps. De plus, une première tâche de prévention incombe aux éducateurs de l'enfant. La prévention des risques sexuels est en effet nécessaire, car l'enfant fréquente désormais des lieux dans lesquels il peut être confronté aux dangers d'un abus sexuel. Cette prévention, si elle n'empêche pas tous les risques, a du moins l'intérêt d'aider l'enfant à s'exposer le moins possible et à détecter les situations à risque dans lesquelles il doit apprendre à dire non à un adulte. Cette prévention résulte tout autant de l'éducation de base donnée à l'enfant (apprise par la façon dont on se comporte avec lui), que des messages spécifiques qui lui seront délivrés. Ces messages visent à aider et à renforcer l'enfant dans l'idée que son corps lui appartient, qu'il est seul à savoir ce qui lui fait du bien et ce qu'il n'aime pas, et qu'il a le droit d'interdire à un adulte de le toucher s'il n'en a pas envie. Enfin, les interventions sur la sexualité à l'école permettent de dépister des situations d'inceste et d'avertir les services sociaux compétents.

Acquis essentiels

Habituellement, un enfant de cet âge a une première idée de ce qu'est la sexualité humaine et identifie les différences et les ressemblances entre le corps des filles et celui des garçons. Il commence à envisager le processus de la naissance et à apprécier le fait de vivre avec un corps qui lui appartient.

De 6 à 10-11 ans : la curiosité intellectuelle

Enjeux fondamentaux

L'enfant s'ouvre au cours de cet âge à une immense curiosité intellectuelle pour tâcher de comprendre le fonctionnement de tout ce qui l'entoure. Il cherche à savoir ce qui se passera quand il sera grand. Il est de plus en plus sensible à la notion de rôle sexuel : le fait d'être un garçon ou une fille, et de devenir plus tard un homme ou une femme, demande une réflexion sur ce qu'il veut ou ce qu'il se sent obligé de faire. L'enfant fait des projets, plus ou moins comme papa et maman. Il exprime clairement un désir d'enfant et dit combien il souhaite en avoir ; il demande des précisions sur la grossesse et la naissance, le couple parental, le mariage et le divorce, et parfois aussi sur la relation sexuelle. Il réagit quand ses parents laissent la porte de leur chambre fermée. Lui-même commence à devenir plus pudique et n'aime pas se montrer nu devant les autres.

Son environnement culturel, la télévision, l'école, ou certains signes qu'il détecte à son domicile (comme la découverte d'une serviette périodique, d'un préservatif ou d'une tâche de sang), l'amènent à se poser ou à poser des questions aux adultes sur les règles, le sida ou la contraception.

Intérêts et questionnements

On voit là que les questions que l'enfant se pose sont à peu près les mêmes qu'entre 3 et 6 ans : conception, relations sexuelles, grossesse, accouchement, identité et rôle sexuels… En revanche, cette liste se complète de nouvelles préoccupations, et le degré de précision attendu augmente. L'enfant veut comprendre, et son élaboration intellectuelle lui assure un certain contrôle sur le monde mouvant des pulsions dans lequel il était immergé les années précédentes.

Ainsi, la découverte inopinée d'un préservatif donnera souvent à l'enfant l'occasion de poser la question suivante : « C'est quoi, ça ? » Une première réponse, assez généraliste, permet de laisser à l'enfant le soin de préciser jusqu'où il souhaite aller dans son désir de connaissance : « Ça permet d'éviter des maladies comme le sida ? » Les parents et les professionnels animant des groupes sur la sexualité doivent ainsi toujours répondre aux questions, mais jamais au-delà de ce que l'enfant, ou le groupe, veut réellement savoir.

Rôle des adultes

Vers 8-9 ans, les adultes sont donc amenés à aborder la question de la puberté et à préparer l'enfant à des changements importants qui surviendront bientôt sur les plans anatomique, physiologique et psychologique. Ils doivent également lui permettre de distinguer le *rôle* et le *stéréotype sexuel*. Enfin, l'enfant doit comprendre que l'expression de la sexualité humaine est soumise à certaines normes, et qu'il est libre d'accepter ou de refuser les contacts corporels des adultes.

Entre 12-15 ans (garçons) et 11-14 ans (filles) : le passage

Enjeux fondamentaux

Le phénomène essentiel de cet âge est évidemment la puberté qui, nous l'avons vu, est décalée entre les filles et les garçons. La puberté est une bascule très importante, qui fait chaviner l'ensemble des repères que l'enfant s'était construit. La caractéristique principale de ce passage est qu'il n'est pas choisi mais subi, et qu'il oblige le psychisme à un travail d'adaptation considérable. L'adolescence est une période de transformations et de réaménagements de la personnalité en profondeur. Physiquement, les transformations sont très intenses, comme le montre le chapitre précédent. Une fois ces changements corporels accomplis, l'adolescent se retrouve face à un décalage entre sa maturité physique et le développement psychoaffectif qui lui reste à faire, ce qui fait dire à Winnicott[1] : « La seule guérison de l'adolescence, c'est le temps. »

L'enjeu principal de cette période est de faire corps avec sa pulsion sexuelle et de réussir à l'intégrer à sa personnalité. L'entrée dans la sexualité réactive dans la cellule familiale la problématique œdipienne. L'adolescent doit se détourner de ses parents et proposer d'autres objets à son désir. La sexualité est le domaine privilégié dans lequel l'adolescent va s'affirmer comme adulte vis-à-vis de sa cellule familiale. Cela explique pourquoi il est si difficile pour les parents de communiquer avec leurs enfants à cet âge, car ces derniers se doivent de protéger leur jardin secret, d'affirmer dans ce domaine essentiel une séparation qui tend à les rendre responsables de leurs choix pour aborder le passage vers l'âge adulte. Dès lors, les parents sont « désidéalisés ». L'adolescent doit renoncer à leur toute-puissance et apprendre à faire des choix : il opère, parmi ce qui vient de ses parents, un tri entre ce qui lui appartient, et ce qu'il intègre à lui-même par le biais de l'identification, et ce qu'il laisse.

Ce processus ne laisse pas les parents indifférents et réveille leur ambivalence. Ils oscillent, à l'instar de leurs enfants, entre la volonté de les considérer encore comme des « tout-petits » qui dépendent entièrement d'eux, et le malaise devant un adolescent qui peut à son tour désirer, être désiré et les troubler sexuellement. Il leur faut apprendre à accepter de

---

1. Winnicott D. W., *De la pédiatrie à la psychanalyse*, Payot, 1989.

ne plus être la personne la plus investie par leur fils ou leur fille. Enfin, les enfants deviennent à leur tour potentiellement reproducteurs, ce qui fait basculer le processus générationnel : les adolescents passant à l'âge adulte, la génération précédente glisse symboliquement vers l'étape suivante, la vieillesse et la mort.

Intérêts et questionnements

Le choc ressenti par l'adolescent devant tous ces changements l'amène à se poser une question centrale : suis-je normal ? Cette question est le reflet à la fois de l'inquiétude ressentie devant les phénomènes pubertaires, et du besoin de définir ses propres normes pour s'y conformer – ou de suivre celles de sa classe d'âge –, plutôt que d'appliquer aveuglément celles de ses parents.

L'adolescent s'intéresse donc surtout à la puberté, la sienne et celle des autres. Les questions sont innombrables : elles concernent les règles, la taille et la forme de la poitrine pour la fille et la taille du pénis pour le garçon. La masturbation, réapparaissant à cet âge, est également une source de préoccupations. Les premières éjaculations soulèvent de nombreuses interrogations chez les garçons. À cet âge, ils veulent affirmer leur force et cherchent leurs limites. Les préoccupations concernant les identités et les rôles sexuels sont très importantes et débattues en groupe. Les jugements sont péremptoires pour affirmer qu'un garçon ou une fille doit se comporter selon certaines normes bien établies. L'autre sexe et la sexualité en général sont source d'une grande ambivalence, empreinte de peurs et de désirs. Les adolescents découvrent les différences psychologiques entre les sexes, la plupart du temps pour s'en plaindre. Il n'est pas rare de voir garçons et filles exprimer un mélange d'excitation, de désir et d'agressivité mêlés dans des jeux brutaux. Les filles giflent les garçons, les garçons tirent les cheveux des filles… Ils restent souvent dans des bandes entre personnes du même sexe, mais l'intérêt pour l'autre sexe augmente rapidement.

Par ailleurs, les questions concernent les relations et les différentes pratiques sexuelles, de façon désormais beaucoup plus technique et détaillée. La pornographie fait son apparition, ainsi que les questions provocatrices des garçons. La conception des enfants, la fertilité et la contraception sont des questions importantes pour les deux sexes. L'orientation sexuelle est une source d'interrogations et l'homosexualité est largement débattue. Enfin le flirt (« sortir avec ») est une préoccupation très importante. Les questions concernant le flirt aboutissent également à parler des relations avec les parents, placées sous le signe de l'autoritarisme, du libéralisme ou du laisser-faire. La question de l'engagement du corps est très présente, même si peu d'adolescents envisagent d'avoir une relation sexuelle prochainement.

Enfin, avec la puberté, les préoccupations amenées par l'environnement culturel prennent une importance accrue : la liberté sexuelle, la contraception, le VIH, la présentation de la sexualité dans les médias et par la publicité sont largement discutés.

Rôle des adultes

À cet âge, les adultes référents ont donc les missions suivantes :

- informer, c'est-à-dire répondre aux multiples questions évoquées ci-dessus (et non les provoquer), lorsqu'elles demandent un apport de connaissances précis. Les phénomènes pubertaires en sont l'exemple le plus évident ;
- aider à débattre : lorsqu'une question ne justifie pas un apport de connaissances précis (à quel âge doit-on faire l'amour, doit-on toujours mettre des préservatifs ?), il est important que les jeunes soient amenés à chercher eux-mêmes la réponse qu'ils souhaiteraient apporter à ces questions. Ainsi, ils comprennent peu à peu que leur qualité de vie en tant qu'êtres sexués dépendra de plus en plus d'eux-mêmes et de leurs choix.

Les adolescents doivent être conduits à réfléchir aux responsabilités associées à la maturité sexuelle biologique ; ils sont amenés à comprendre peu à peu l'importance de leurs positions personnelles quant à leur vie sexuelle, leur identité, leur orientation, et à réfléchir sur les dangers des viols et des violences sexuelles. Pour les adultes extérieurs à la famille, favoriser le débat sur les relations avec les parents est éminemment profitable. Les adolescents peuvent souvent passer d'une position caricaturale à une meilleure perception de la situation qu'ils vivent : ils peuvent réfléchir aux limites dont ils ont besoin, et comprendre qu'affirmer leurs choix et leurs désirs nécessite un apprentissage. Il est donc très utile de les aider à éviter les conflits frontaux, le plus souvent stériles, pour leur apprendre à négocier les espaces de liberté dont ils ont besoin dans le cadre que leurs parents ont défini. Ils pourront alors mieux comprendre leurs parents et continuer ainsi à les respecter, ce dont ils ont absolument besoin.

Enfin, la prévention des grossesses non planifiées et des IST est un enjeu majeur de cet âge, puisqu'il se situe juste avant ou au moment du premier engagement du corps. La prévention de l'exclusion est également indispensable. Culturellement, il est important d'aider les adolescents à décrypter les messages concernant les rôles sexuels diffusés par la mode, la publicité, la pornographie. Pouvoir analyser avec eux ces représentations, c'est leur permettre de garder une certaine liberté face à des images qui ont pour principale caractéristique leur aspect aliénant.

Vers 15-18 ans (garçons) et 14-18 ans (filles) : la découverte de l'autre

Enjeux fondamentaux

Tout ce que nous avons dit au paragraphe précédent sur le passage adolescent reste valable. Le processus de construction de soi, de son identité et de son orientation sexuelle continue de se faire, de façon plus ou moins satisfaisante ou chaotique selon les personnes et leur histoire. Si le développement psychosexuel s'est déroulé sans trouble majeur depuis l'enfance, l'adolescent, à l'issue de ce processus, est capable de s'affirmer en tant que personne ayant construit une image plutôt positive d'elle-même, et ayant noué, ou pouvant nouer des relations affectives et sexuelles positivement investies, plutôt satisfaisantes pour elle et pour l'autre. Constituer une identité sexuelle signifie pouvoir se définir vis-à-vis de son propre sexe. Cette définition comporte des obligations morales (le surmoi), un idéal (l'idéal du moi) et une projection valorisée de soi (le moi idéal) ; elle doit permettre la satisfaction la plus harmonieuse possible des pulsions sexuelles.

Intérêts et questionnements

Vis-à-vis de l'âge précédent, la question qui devient centrale est celle de l'engagement du corps. Les questions que se posent les adolescents à ce sujet sont multiples :

• Comment savoir s'il veut bien sortir avec moi ?

• Comment lui dire, lui faire comprendre qu'il me plaît ?

• Est-ce que je dois « le » faire ? À quel âge ? Avec qui ? Comment savoir si c'est le bon ?

• Comment cela se passera-t-il ? Qu'est-ce que cela va me faire ? Vais-je avoir mal ?

• Vais-je assurer ? Comment ne pas avoir l'air ridicule si c'est quelqu'un qui a déjà « couché » ? Que dois-je faire ou accepter ?

Les pratiques sexuelles, les positions (sujets liés à la diffusion très large de la pornographie) et le plaisir sexuel sont des thèmes incontournables.

À cet âge également, l'intérêt pour l'autre sexe s'exprime de façon beaucoup plus directe. De nombreux adolescents parlent des relations entre garçons et filles à partir d'une expérience qui a déjà commencé. Les thèmes souvent évoqués sont ceux de la distance dans la relation : certains s'accommodent ou recherchent des relations assez fusionnelles, alors que d'autres réclament plus d'indépendance dans le couple, pour que chacun garde son petit univers. Certains préfèrent des relations avec des partenaires qui leur ressemblent, qui ont des sujets de préoccupation, des intérêts proches d'eux. D'autres préfèrent découvrir avec l'autre de nouveaux domaines ou de nouvelles activités. Tous sont sensibles à la question, importante pour l'avenir d'un couple, de la bonne distance à trouver : trop près, on étouffe ; trop loin, on s'ennuie et on n'a plus rien à partager. Les questions de la fidélité et de l'infidélité, et de la jalousie normale ou excessive sont également largement débattues. Le groupe d'appartenance dans lequel on se retrouve entre personnes du même sexe joue un rôle très important. De nombreux couples, ceux qui souhaitent plus de proximité, y voient une évidente rivalité : la fille reproche au garçon de passer tout son temps avec ses copains aux matchs de football, le garçon reproche à la fille le temps passé avec sa meilleure copine, ou son groupe de copines, à aller faire du shopping.

À cet âge du choix de l'orientation sexuelle, l'homosexualité latente reste très forte. De nombreux jeunes hétérosexuels peuvent être troublés de ressentir de façon plus ou moins consciente des émois homosexuels. La grande attirance, « l'affinité élective » avec un copain, ou un groupe de copains du même sexe, dénote bien cette homosexualité latente qui existe chez de nombreux adolescents. Quant aux jeunes qui s'engagent dans une homosexualité, nous verrons les difficultés spécifiques auxquelles ils sont confrontés.

Culturellement, les adolescents débattent beaucoup des relations hommes/femmes et de l'égalité sexuelle. Des débats passionnés opposent souvent garçons et filles sur le rôle de chacun des deux sexes, leurs différences, l'attitude des parents vis-à-vis des enfants de sexe différents… Ces débats permettent à chacun d'affirmer et d'affiner sa conception des rôles et des identités sexuelles. Ils mettent également en lumière la façon dont les adolescents se situent vis-à-vis des valeurs et des rôles de leurs parents.

Rôle des adultes

À cet âge, les adultes doivent aider les adolescents à se confronter aux enjeux essentiels de leur vie relationnelle : choix d'une orientation sexuelle, enjeux de la relation à soi et aux autres dans les domaines affectif, émotionnel, sexuel. Ainsi se dessinent les projets du futur adulte. On voit combien ces choix, importants pour l'avenir, sont eux-mêmes déterminés par les événements survenus aux âges précédents. L'adolescent doit pouvoir comprendre les implications des relations sexuelles durant l'adolescence, l'importance d'assumer ses choix face aux pressions sociales diverses, l'influence des médias, la pornographie, l'incitation des pairs, etc. Il doit pouvoir réfléchir aux attentes et aux exigences que comporte la relation de couple.

Chaque âge comporte un enjeu précis du développement psychosexuel. La façon dont chaque stade se déroule conditionne la suite du développement. La maturité psychosexuelle doit donc être perçue comme un processus au long terme, qui se construit au cours du temps dès le plus jeune âge. Ainsi, l'accompagnement à l'acquisition d'une telle maturité doit s'étendre tout au long du processus et être conçu de façon globale et avec cohérence.

Les interventions qui ont lieu par exemple en primaire autour des abus sexuels, puis au collège et au lycée autour de la prévention des IST et des grossesses non planifiées, devraient être harmonisées à partir d'une définition commune. Ce travail accompli tout au long de la scolarité pourrait se définir autour d'objectifs communs et d'enjeux spécifiques à chaque âge et à chaque intervention. La cohérence d'un dispositif d'accompagnement à la maturité psychosexuelle y gagnerait beaucoup. Les enjeux communs au développement de la fonction sexuelle et les enjeux spécifiques à chaque âge doivent permettre de dégager des objectifs clairs pour les interventions sur la vie affective et sexuelle des jeunes.

Chapitre 6

L'information sexuelle reçue par les adolescents

Le rôle des parents

L'entrée dans la sexualité à l'adolescence n'est qu'un moment particulier du cheminement d'un être humain sexué. Le développement psychosexuel de l'adolescent ne peut se comprendre qu'en référence à sa structuration durant l'enfance, c'est-à-dire aux relations entretenues avec ses parents et à l'éducation qu'il a reçue.

L'éducation implicite

La famille constitue le premier modèle de la sexualité de l'enfant. Tout le fonctionnement familial laisse son empreinte sur le développement d'une personne et sur sa sexualité : les soins et les caresses données au « tout petit », les gestes de tendresse échangés ou non entre les parents, les paroles prononcées à propos de sexualité, les émotions et les sentiments exprimés (ou au contraire tus) en famille, les valeurs et les jugements proférés en matière de sexualité… L'« implicite » sera d'ailleurs beaucoup plus lourd en ce domaine que l'« explicite », car ce qui est vécu et montré a davantage de poids que ce qui est dit, notamment lorsque les paroles et les actes divergent dans une famille. L'implicite est ce qui est absorbé par l'adolescent, ce dont il est imprégné sans pouvoir le refuser, ce qui va le constituer à son insu. C'est aussi ce sur quoi il devra souvent revenir pour décider, avec une distance suffisante, de reprendre (ou non) à son compte les valeurs véhiculées. Il faut pouvoir mesurer le poids de cet implicite, qui fait partie de chaque individu, pour comprendre les limites de la composante éducative, notamment en matière de sexualité.

Entre implicite et explicite : comment se forger son opinion ?

Les parents veulent souvent préserver leurs enfants des échecs et des erreurs qu'ils ont commises, notamment dans leur vie affective. Dans notre société, les couples sont de plus en plus en difficulté, en témoigne l'augmentation très importante des séparations et des familles monoparentales. Or lorsque les enfants atteignent l'adolescence, les difficultés des parents ont tendance à s'aggraver. C'est en effet une période de leur vie durant laquelle ils se rendent compte des retours impossibles, des échecs à assumer, des événements qui ne pourront jamais être effacés… Le « fais ce que je te dis et ne fais pas ce que j'ai fait » renvoie à des implicites-explicites familiaux. Si tous les enfants du monde sont là pour éviter de répéter les échecs affectifs et sexuels de leurs parents, pour certains cette tâche est plus lourde à porter que pour d'autres. L'espace de liberté et de jeu laissé à un adolescent n'est pas très grand. Il est donc indispensable d'ouvrir un espace de parole aux adolescents, pour qu'ils puissent penser à la première personne :

• Est-ce vraiment ce que moi je pense, ce que je crois, ce que je veux, ce que je peux ?

- Comment mon opinion s'est-elle forgée ? Quelles sont les influences qui ont pesé sur moi ?
- Avec quoi suis-je en accord et avec quoi suis-je en désaccord ?

Les volontés éducatives

Au-delà des messages véhiculés de façon implicite, les familles peuvent avoir en matière d'éducation à la sexualité des volontés sous-tendues par des valeurs, valeurs aujourd'hui très différentes en fonction des contextes culturels et sociaux. Et pourtant, nous ne sommes pas si loin d'un temps où ces valeurs étaient socialement consensuelles : nous voyons ainsi l'importance des changements rapides auxquels la société a eu à faire face.

De nombreux parents ont eu le sentiment d'un manque dans leur éducation sexuelle, et se soucient de donner à leurs enfants des informations liées à la sexualité, avec l'objectif louable de participer à leur épanouissement affectif – voire sexuel, ce qui est plus discutable. Si le rôle des parents dans ce domaine ne saurait être contesté – il peut être essentiel, notamment pendant la petite enfance et la période de latence –, il faut néanmoins réaliser les limites des échanges familiaux à l'adolescence.

L'échange avec les adolescents sur ce thème dans les espaces de parole est très riche et de grand intérêt : « Peut-on parler de sexualité avec les parents ? Qui parle et de quoi ? »

Toutes les études le montrent, c'est essentiellement avec les mères que les jeunes parlent, filles ou garçons. De façon superposable, les professionnels qui s'occupent d'éducation à la sexualité sont très majoritairement féminins. Les adolescents n'ont ainsi qu'un modèle féminin et qu'une parole féminine qui bien entendu, si elle n'est pas la même d'une femme à l'autre, présente néanmoins des points communs. Cette absence de masculin (et de père) est souvent vécue comme un manque, qui prend tout son sens dans la responsabilité éducative. Tout se passe encore comme si l'éducation n'était que du côté du féminin, de la mère.

Certains adultes ne sont pas du tout à l'aise avec leur propre sexualité. Dans ces conditions, leur difficulté à parler « de ça » ou leur ostentation à vouloir trop en dire pour masquer leur gêne sont courantes. D'autres sont trop intrusifs et cherchent à effacer la différence générationnelle avec leurs enfants à travers des discussions très intimes sur la sexualité. Si le plus souvent, cette situation met les adolescents mal à l'aise et leur donne envie de couper court, on observe parfois des situations d'intimité très fusionnelle, surtout entre mère et fille : il semble alors que « l'on se dise tout » avec beaucoup de satisfaction exprimée de part et d'autre. Il est difficile de remettre en cause ce mode de fonctionnement puisqu'il satisfait tout le monde. Toutefois, il n'est probablement pas le plus propice à un bon développement psychosexuel, qui exige la séparation d'avec ses parents pour permettre une autonomisation et une individualisation de l'adolescent.

Pour de nombreux parents, l'éducation à la sexualité se résume toutefois à mettre en garde contre les risques liés à la sexualité, à la grossesse, aux IST, aux violences sexuelles... ou à proposer à leur fille un rendez-vous chez le gynécologue, en demandant à ce dernier de répéter ces propos sur les risques liés à la sexualité.

Quelle que soit la bonne volonté parentale, et elle est souvent présente, les échanges avec les parents sur le thème de la sexualité ne sont pas simples à l'adolescence, alors qu'ils sont souvent beaucoup plus faciles avec le petit enfant. Il n'est pas aisé pour un jeune de parler « de ça » avec ses parents. Les relations parents-enfants, déjà tendues à l'adolescence, la réactivation de la problématique œdipienne, les besoins et la volonté d'autonomisation qui trouvent un terrain privilégié dans cette entrée dans la sexualité, la construction d'une intimité et d'un jardin secret qui permette de prendre une distance nécessaire vis-à-vis des parents sur le plan affectif, la nécessité d'expérimenter avant de pouvoir élaborer quelque chose : tout concorde à rendre les échanges difficiles en ce domaine, et nécessairement limités. Pour certains, ces échanges sont impossibles. C'est dire l'importance à ce moment de la vie de pouvoir trouver d'autres lieux de parole avec des adultes référents non parentaux.

De l'interdit à l'inter-dit : la parole partagée

Certains adolescents ne peuvent absolument pas parler de sexualité avec leurs parents. Dans certaines familles, les interdits sexuels, souvent liés à la religion, sont très lourds. Le discours négatif est alors le plus souvent implicite. Les interdits sont perçus par les adolescents, qui savent très bien ce qu'ils peuvent dire ou ne pas dire, même s'il semble que jamais rien n'ait été échangé sur le sujet. Tous les enfants du monde ont bien compris qu'ils doivent protéger leurs parents. Ils vont éviter de les mettre en difficulté en abordant des terrains minés. Les jeunes disent alors volontiers que « c'est honteux de parler de ça », ou que « c'est par respect pour les parents » qu'ils n'en parlent pas avec eux.

Cette problématique de la honte et du respect doit faire l'objet d'un travail avec eux :

* Qu'est-ce qui est honteux ?
* Est-ce la sexualité qui est honteuse ou le fait d'en parler avec les parents qui est vécu comme une transgression liée au respect qu'on leur doit ?
* Peut-on respecter ses parents et vouloir partager certains problèmes qui relèvent de l'intimité avec eux ?
* Que souhaiteraient-ils pouvoir partager avec leurs parents, ou que souhaiteraient-ils partager avec leurs enfants quand ils seront parents ?

En réfléchissant sur ces thèmes avec les adolescents, les intervenants en prévention peuvent proposer un travail de compréhension et d'explicitation des valeurs parentales pour leur redonner un sens. En engageant une discussion sur les difficultés de leurs parents à transmettre des valeurs, minoritaires et en opposition avec celles de la société dans laquelle ils vivent, les jeunes peuvent ainsi parler de leurs difficultés. Ce n'est qu'à partir de valeurs familiales clairement explicitées et d'une compréhension empathique des difficultés de leurs parents qu'ils pourront réfléchir sur eux-mêmes, en se posant les questions suivantes :

• Comment les valeurs de mes parents se sont-elles construites ?

• Quel sens avaient-elles dans la société dont ils sont issus ? Quel sens ont-elles aujourd'hui ? Qu'est-ce que j'en pense ?

• Qu'est-ce que je souhaite ? Qu'est-ce qui est possible ?

Si les adolescents sont en difficulté dans ces situations d'interdits familiaux, leurs problèmes ne peuvent être résumés à des faits, comme les limitations de sortie. C'est avant tout parce que les interdits s'inscrivent exclusivement en négatif, avec une absence de dialogue et d'échanges dans des milieux où les parents n'ont pas la capacité d'affirmer leurs valeurs et d'expliquer leurs choix, que ces adolescents sont en difficulté.

Des professionnels de santé peuvent rendre ces valeurs explicites, réfléchir avec les jeunes sur ce qu'ils vivent comme des difficultés, et les aider à négocier des espaces de liberté, sans qu'ils ne rompent pour autant avec leur famille et leur culture d'origine. De telles ruptures sont en effet à éviter à tout prix : elles sont sources de grande culpabilité et peuvent être à l'origine de comportements à risque souvent graves, à but « autopunitifs », et de situations de marginalisation qui peuvent être dramatiques. Nous voyons ainsi comment la problématique transculturelle influe sur la prévention.

Le rôle des copains

On ne saurait nier l'importance des échanges entre adolescents, les notes de téléphone en attestent… Cependant, nous avons peut-être trop tendance à idéaliser les capacités d'échange des adolescents entre eux. Il n'est pas rare que les adolescents-relais de prévention, choisis parce qu'ils sont plus proches de leurs pairs et de leurs préoccupations, aient des discours plus stéréotypés et normatifs que les adultes sur la prévention.

Nous devons donc nous demander ce qui s'échange en matière de sexualité entre adolescents et quel impact ces échanges peuvent avoir sur les jeunes. Ici encore, la différence entre les sexes est cruciale : quantitativement, les échanges entre filles sont beaucoup plus importants qu'entre garçons.

Entre filles

Les filles échangent volontiers sur leurs sentiments, leurs émotions, leurs expériences amoureuses, leurs doutes, leurs déceptions, mais elles restent souvent plus pudiques sur les pratiques sexuelles ou le plaisir sexuel. Rares sont celles qui parlent entre copines de leurs craintes d'être frigides, ou des questions relatives à ce « qu'il est attendu de faire ou de ne pas faire » lors d'un rapport sexuel (ces questions reviennent quotidiennement en consultation ou dans les espaces de parole).

Par ailleurs, ce qui est partagé n'est pas toujours une parole « authentique ». Ce n'est pas qu'il s'agisse de mensonges avérés, mais des filles peuvent tenir certains propos pour se valoriser aux yeux de leurs copines et se rendre intéressantes. Le nombre d'approximations ou de contre-vérités véhiculées entre ados en matière de prévention est important, et elles sont ensuite bien difficiles à corriger. Enfin, cette parole dite « libre » est aussi une parole qui instaure et diffuse des normes de groupe, qui jouent un rôle majeur dans l'entrée dans la sexualité.

Entre garçons

Entre garçons, les paroles sur les sentiments et les émotions sont rares, et souvent limitées à un langage très codifié qui laisse bien peu de place à une parole authentique ou élaborée. Les normes du groupe sont encore bien plus fortes que chez les filles, et les propos « machos » sur la « baise » ne sont pas rares. Ces discours sont plus fréquents dans les milieux populaires, qui ont conservé les représentations les plus stéréotypées de la virilité.

Dans l'étayage identitaire de ces adolescents, la virilité joue en effet un rôle essentiel. Elle se construit d'abord dans le regard des autres garçons, ce qui participe au peu de place laissée à l'expression des sentiments et des affects : montrer ses sentiments, « c'est bon pour les filles ». Par ailleurs, le vocabulaire terriblement réduit permet difficilement de se penser ou de penser une relation : comment peut-on exprimer des émotions, des sentiments, au travers de mots-valises censés tout exprimer ? La pauvreté du vocabulaire utilisé ne laisse pas d'autre alternative que les stéréotypes pour se penser. Même si les discours machistes ne représentent pas la réalité affective de la majorité des garçons, et même s'ils se veulent humoristiques (le fameux « c'est pour rigoler, Madame », entendu souvent lors des interventions), ils ne sont pas sans conséquence sur les relations avec les filles. Une des retombées redoutables de la pauvreté du discours et de l'impuissance à se penser et à se dire est la violence.

Ainsi, si les relations entre pairs à l'adolescence sont essentielles, et si les copains et les copines représentent les confidents les plus habituels, leur rôle est loin de n'être que positif, car c'est aussi dans ces relations que se véhiculent les normes et les pressions de groupe. Travailler à déconstruire les normes de groupe, c'est aider les jeunes à prendre conscience des pressions qu'ils subissent et qui les conduisent « à agir pour être comme les autres », et notamment à entrer dans la sexualité, même s'ils n'y sont pas prêts.

© Groupe Eyrolles

Le rôle de la société et des médias

Les médias jouent un rôle majeur dans les modèles de sexualité offerts aux adolescents et participent à leur construction identitaire. Il est essentiel de prendre en compte ce que les adolescents voient et entendent, et les valeurs implicites et explicites qui sont véhiculées.

On peut tout à fait dire, comme Patrick Baudry[1], que nous sommes actuellement dans « une société sexe ». Il est commun d'entendre dire, encore aujourd'hui, que la sexualité est « taboue » : les journaux et magazines se repaissent de cet adjectif dès qu'ils parlent de sexe, ce qu'ils ne cessent de faire. Il est pourtant évident que ce tabou a sauté : des articles de presse sur la sexualité aux images sexuelles, de la publicité pour les yaourts aux premières pages de magazines, en passant par les bandes-annonces de films, les pochettes de disques et les clips, sans parler de la pornographie, qui est aujourd'hui largement consommée par les adultes et les adolescents, le sexe envahit notre quotidien.

« Cette ambiance sexe enveloppe l'ensemble d'un rapport au monde, constitue une dimension de la vie contemporaine à laquelle nul n'échappe, occupe notre espace quotidien [...] se situant en droite ligne d'une société de consommation où tout devient marchandise, la femme, l'homme, l'amour[2]. »

Une réflexion moralisatrice ou moralisante sur notre « société sexe » reste un jugement personnel qui pourrait passer pour réactionnaire. Cependant, cette société est la nôtre. Elle est celle que nous avons construite, celle dans laquelle vivent nos enfants ; il nous faut faire avec. (Des actions militantes peuvent être menées pour tenter de la faire évoluer, mais elles s'opposeraient à des forces colossales, puisqu'il s'agit de lutter

---

1. BAUDRY P., *La pornographie et ses images*, Pocket, 2001.
2. *Ibid.*

contre une société libérale ayant pour but la consommation…) Il est néanmoins indispensable d'essayer de mesurer les implications de ce déferlement sexuel sur des adolescents.

L'impact des images à connotation sexuelle

Ces sollicitations sexuelles multiples ont à l'évidence un rôle sur la précocité de l'éveil sexuel et du passage à l'acte. Si, sur un plan épidémiologique, l'âge moyen des premiers rapports, pour les filles comme pour les garçons, est de 17 ans dans l'enquête ACSJ[1] (Analyse du comportement sexuel des jeunes), qui date de 1994, cette même enquête rapportait tout de même que 80 % des adolescents avaient eu leurs premiers rapports avant 18 ans, et que pour ceux-là, l'âge des premières relations sexuelles était de 16 ans en moyenne. Ces dernières années, tous les acteurs de santé qui s'occupent d'adolescents constatent que les filles rapportent de plus en plus souvent une entrée « banalisée » dans la sexualité très précoce. Il n'est plus rare de rencontrer des filles ayant leurs premières relations sexuelles vers 13 ou 14 ans. S'il y a toujours eu des adolescents qui s'engageaient très jeunes dans la sexualité, le profil des très jeunes d'aujourd'hui est très différent de celui de leurs aînés. En effet, dans les années quatre-vingt, quatre-vingt-dix, les très jeunes qui avaient des relations sexuelles étaient souvent en grande difficulté psychosociale, affective et scolaire. Ils avaient souvent des antécédents de maltraitance familiale et/ou de violences sexuelles. Leur précocité sexuelle, notamment pour les filles, était considérée comme un signal de leurs difficultés, à la fois un symptôme d'antécédents de violences et un facteur de comportements à risque. Les filles et les garçons qui

---

1. Enquête ACSJ (Analyse du comportement sexuel des jeunes de 15 à 18 ans) présentée dans LAGRANGE H., LHOMOND B., *L'entrée dans la sexualité : le comportement des jeunes dans le contexte du sida*, La Découverte, 1997.

aujourd'hui s'engagent très jeunes dans la sexualité sont souvent des adolescents qui n'ont pas une histoire lourde comme celle de leurs aînés : ce sont simplement des expérimentateurs précoces, pressés de se donner une image d'adultes en vivant des expériences d'adultes. Nous verrons cependant que cette entrée précoce dans la sexualité est susceptible de les mettre en grande difficulté, car la majorité d'entre eux n'ont pas encore la maturité psychosexuelle qui leur permette de faire face aux conséquences de leurs actes.

Cette entrée précoce doit aussi se comprendre par une puberté plus précoce des filles, qui sont en moyenne réglées vers 12 ans, voire plus tôt : elles ont une allure de vraies jeunes filles dès 13-14 ans et ont d'autant plus envie de « jouer les grandes » qu'elles peuvent faire illusion physiquement. Nous verrons qu'il est essentiel de travailler avec les adolescents sur la notion d'engagement de leur corps et sur l'intérêt qu'ils pourraient avoir à attendre d'être prêts. Il ne s'agit pas d'en faire une notion morale ou moralisante, mais de les inciter à réfléchir de façon individuelle :

• Qu'est-ce que cela peut signifier pour moi d'engager mon corps ?

• Qu'est-ce que j'en attends ? Est-ce bon pour moi ?

• À quoi cela peut-il me servir d'attendre encore avant de « le faire » ?...

Cette réflexion tente de restituer du sens à un acte qui tendrait à ne plus en avoir socialement, mais qui reste pourtant très important pour les adolescents, ce qu'ils disent volontiers.

La banalisation du sexe et l'idéalisation de la jouissance

Paradoxalement, alors que l'acte sexuel est socialement banalisé, la jouissance sexuelle est complètement idéalisée. L'acte est de plus en plus limité à lui-même, coupé de toute référence à des sentiments ou à un engagement amoureux. Dans combien de films et de clips, parle-t-on de l'acte sexuel comme le « must » de ce qu'il y aurait à vivre. Ce clivage du sexe et des sentiments, et cette idéalisation de la jouissance sexuelle sont responsables d'un décalage entre ce que les adolescents attendent de l'acte sexuel et ce qu'ils vivent.

En effet, ils sont de plus en plus nombreux à exprimer leur déception (« Ce n'est que ça… »), d'où aussi de plus en plus de plaintes liées à une « frigidité », qui n'ont en fait rien à voir avec une réelle frigidité de la part des adolescentes (« Ça ne peut pas être que ça, donc c'est que je ne jouis pas comme il faudrait, donc, je dois être frigide… »). Le décalage entre ce qu'elles attendent du rapport sexuel, par rapport à ce qu'elles voient dans les films et les médias, et ce qu'elles vivent leur fait croire qu'elles sont frigides. Même si elles décrivent bien une jouissance, elles pensent que ce n'est pas comme ça qu'il faut jouir. Cette représentation normative de la jouissance est une véritable entrave à une vie sexuelle épanouie pour bien des adolescentes. On aurait pu penser qu'une plus grande liberté sexuelle aurait permis un vécu plus épanoui et moins de problèmes de frigidité. Nous pouvons voir qu'il n'en est rien ; si les frigidités absolues ne sont pas plus fréquentes, les vécus de frigidité en rapport avec une norme du « bien jouir » sont en revanche de plus en plus répandus. « Que le sexe soit mis à l'ordre du jour et exposé au coin des rues, traité comme un quelconque détergent dans les carrousels télévisés, ne comporte aucune promesse de quelque bénéfice. Je ne dis pas que ce soit mal. Il ne suffit certainement pas à traiter les angoisses et les problèmes particuliers. Il fait partie de la mode, de cette feinte libéralisation qui nous est fournie, comme un bien accordé d'en haut, par la soi-disant société permissive. Mais il ne sert pas au niveau du sujet[1]. »

© Groupe Eyrolles

1. LACAN J., « Entretien avec Granzotto E. », *Magazine littéraire*, n° 428, février 2004.

La dictature de la jouissance

Les normes sexuelles deviennent de plus en plus contraignantes, alors que la sexualité se voudrait de plus en plus « libérée ». On observe ainsi :

- des normes quantitatives (Combien de fois faut-il le faire ? Combien de temps ça dure ?) ;
- des normes de « faire » (Comment le faire ? Faut-il que je fasse une fellation ? Faut-il que j'avale le sperme ? Dois-je accepter la sodomie ?).

Le tout est assorti d'une obligation de jouissance.

Ces normes constituent un nouvel « ordre sexuel », que nous pouvons notamment percevoir à travers les questions que posent les adolescents. La question des performances sexuelles, induites en particulier par les références pornographiques, devient récurrente. Les adolescents qui s'engagent dans la sexualité sont tellement préoccupés au moment de l'acte par ce qu'ils pensent devoir faire, que c'est un obstacle supplémentaire majeur pour échanger avec l'autre à ce moment-là. Il est plus question de *devoir* que de *plaisir* avec cet autre, et le plaisir devient un nouveau devoir. Le paradoxe est que si l'acte est banalisé, la parole est de plus en plus difficile : demander une caresse est difficilement envisageable. Les adolescents vivent de plus en plus des histoires sans paroles, dans lesquelles chacun est dans sa « bulle », sans échange autre que les échanges corporels, en se demandant toutefois ce que peut bien en penser son partenaire.

Il est donc tout à fait essentiel de réfléchir avec eux sur le plaisir et la jouissance :

- Qu'est-ce qui me fait plaisir dans la vie ?
- Qu'est-ce qui me fait plaisir quand je suis avec mon copain ou ma copine ?
- Quel plaisir peut-on tirer d'une relation sexuelle ?

La représentation « pénétro-centriste » de la sexualité

Au-delà des performances sexuelles et d'une réduction des échanges sexuels à une vision exclusivement « pénétro-centriste », qui a aussi beaucoup d'influence sur les pratiques adolescentes, la pornographie donne l'image d'une sexualité totalement réduite à un « faire » et à un savoir-faire, dans laquelle la relation à l'autre n'a plus de place. L'autre est réduit à un objet avec lequel on fait des exercices sexuels en vue d'une jouissance qui, si elle doit être partagée, n'est pas tant voulue pour l'autre de façon altruiste mais plutôt narcissique. Ainsi, si l'autre prend du plaisir, c'est la preuve que l'on fait bien l'amour. « Dans faire l'amour, il ne reste plus que le faire ; il n'y a pas de récit ; pas de sentiment ; pas de relation ; pas d'émotion ; mais simplement une sensation corporelle, une excitation[1]. »

La pornographie véhicule aussi une vision phallocentrique du sexe et des femmes, réduites à la fonction de « pute » ou de « trou » qu'il faut visualiser au mieux. Pour ce faire, les sexes sont épilés, et si l'épilation du sexe est à la mode chez les adolescentes, ce que l'on observe tous les jours dans les consultations de gynécologie, l'origine n'en est que trop claire et elles le disent volontiers. Comment les jeunes absorbent-ils les modèles qu'on leur propose, alors qu'ils n'ont pas de distance critique vis-à-vis de ce qu'ils sont amenés à voir, en particulier les plus démunis culturellement ? Nous en reparlerons par la suite.

Cependant, une éducation à la sexualité ne saurait être dans l'opposition directe, frontale, aux modèles sociaux qui constituent des modèles identificatoires pour les adolescents, sans être discréditée. Par ailleurs, elle se doit de reconnaître qu'il existe des modes différents de construction de l'intime, avec des situations socialement valorisées, dans lesquelles le

---

1. BAUDRY P., *La pornographie et ses images*, Pocket, 2001.

sexe n'a pas d'implication relationnelle. Il est tout à fait essentiel de comprendre que nous ne pourrons aider les adolescents à réintégrer du sens et de la relation dans leur sexualité que si nous sommes à l'aise avec les pratiques sexuelles et si nous pouvons répondre aux questions sur le « faire » qui constituent aujourd'hui une préoccupation centrale pour eux.

Parler de sexualité avec les adolescents

Chapitre 7

Le décalage pubertaire entre les filles et les garçons : les 12-14 ans

Le décalage qui existe entre filles et garçons au moment de l'adolescence, lié au développement pubertaire, est important à prendre en compte, notamment auprès des 12-14 ans qui présentent une grande hétérogénéité pubertaire. Les filles ont déjà achevé leur puberté pour la majorité d'entre elles, elles ont des allures de femme et en jouent, tandis que bien souvent les garçons ont à peine débuté leur puberté et ressemblent encore à des petits garçons.

Les discussions à propos des relations sexuelles induisent souvent à cet âge les provocations des garçons. Il faut réaliser qu'ils sont encore très immatures, souvent très mal à l'aise vis-à-vis de la sexualité, alors qu'ils veulent paraître très affranchis et bien informés. Néanmoins, lorsqu'ils parlent trop et de façon trop véhémente, nous pouvons entendre que ce qu'ils disent n'est pas authentique : il s'agit bien de l'image qu'ils veulent donner, qui ne correspond en rien à leur réalité. Ils veulent compenser leur décalage et leur sentiment « d'infériorité », notamment sexuelle, vis-à-vis des filles, en « en rajoutant » sur les opinions machistes et en faisant étalage de leurs connaissances pornographiques, qui sont souvent les seules notions qu'ils ont de la sexualité à cet âge. Par ailleurs, ils ne sont absolument pas capables de faire un lien entre l'affectif et le sexuel dans cette période de début pubertaire. Ils ne peuvent donc avoir aucun recul vis-à-vis des images pornographiques, d'autant plus qu'ils n'ont aucune expérience personnelle, et prennent les pratiques sexuelles de la pornographie pour argent comptant. Aussi se retrouve-t-on parfois avec des questions qui sont en fait très éloignées de leurs préoccupations et de leur vécu, portant sur la zoophilie, la nécrophilie, les godemichés... ces questions, vécues à juste titre comme des provocations, conduisent souvent à penser d'eux qu'ils sont des « petits monstres machos et immoraux ».

Faire face aux provocations immatures des garçons

À cet âge, les problèmes de l'entrée dans la sexualité des garçons sont trop éloignés de leurs préoccupations directes, et en même temps, ils ne manquent pas de les exciter. Cette excitation sexuelle peut les déborder : il faut toujours garder à l'esprit le rôle essentiel de « pare-excitations » que les intervenants en milieu scolaire ont à jouer dans ce contexte. C'est notamment très important avec les plus jeunes, qui sont encore très mal préparés à intégrer les pulsions sexuelles qui les envahissent.

Les garçons peuvent réagir par des questions ou des affirmations péremptoires très provocatrices, et prôner des valeurs machistes, immorales ou perverses. Il est indispensable de réaliser qu'on ne parle pas impunément de sexe sans déclencher des émotions sexuelles, une excitation. Cette excitation passe non seulement par les thèmes abordés, mais aussi par les mots utilisés pour parler de sexualité. Aussi faut-il éviter les termes qui peuvent favoriser cette excitation, comme « la mouille »,

« sucer »… En effet, leur emploi utilise les mêmes ressorts que la pornographie pour stimuler l'excitation. Ces mots, que les adolescents utilisent, doivent donc être remplacés par un vocabulaire neutre.

Identifier les thèmes qui les préoccupent

Si l'entrée dans la sexualité ne peut être abordée sans danger avec les plus jeunes, il est indispensable en revanche de travailler avec eux sur les préoccupations qui sont les leurs :

- les problèmes liés au décalage pubertaire entre filles et garçons : les difficultés vécues par les filles et les garçons permettront à chacun de mieux comprendre l'autre sexe et les raisons de la forte agressivité observée entre les sexes à cet âge ;
- l'acquisition progressive de l'autonomie (commune à tous les adolescents de cette classe d'âge). Elle ne s'acquiert pas sans provoquer des difficultés et des conflits avec les parents, car c'est une période durant laquelle les adolescents veulent avoir plus de liberté et sortir plus souvent.

En tentant d'éviter les conflits frontaux souvent stériles et destructeurs avec les parents, on évite aussi les risques de rupture qu'ils engendrent. C'est dans la transgression et la culpabilité que se vivent ces ruptures. Ces sentiments peuvent engendrer des comportements dangereux qu'on peut comprendre comme des conduites autopunitives.

La recherche d'autonomie

« Mes parents ne veulent pas que je sorte ! »

Les jeunes adolescents qui se sentent frustrés dans leur désir d'autonomie peuvent se demander quelles sont les raisons qui poussent leurs parents à les freiner. Ils font bien état de la peur de leurs parents, et identifient parfaitement les deux registres sur lesquels se situent ces peurs :

- un registre irrationnel, qui tient aux difficultés qu'ont les parents à perdre leur petit enfant, à le voir grandir (les adolescents perçoivent très bien ces difficultés) ;
- un registre plus rationnel, qui tient aux dangers auxquels un jeune peut être confronté : les mauvaises fréquentations, la drogue, la violence, la grossesse…

Confronter les adolescents à réfléchir sur le rôle de parent et à ce qu'ils en attendent est essentiel, en leur demandant par exemple : « Qu'est-ce que vous penseriez de parents qui laisseraient tout faire à leurs enfants ? » Ils expriment alors parfaitement l'importance pour eux d'avoir des parents qui se soucient d'eux et qui ne les laissent pas faire n'importe quoi. D'ailleurs, quand un jeune est mis en situation parentale, par exemple dans un jeu de rôle, il adoptera souvent des positions très rigides et très protectrices, beaucoup plus restrictives que celles de ses propres parents. Les adolescents comparent souvent leurs parents à ceux de leurs copains, en disant « C'est pas juste ; Untel, il a de la chance. Ses parents le laissent tout faire ! » Néanmoins, quand ils ont la possibilité de réfléchir à ce « laisser-faire » des parents, ils l'analysent bien comme une position « d'abandon » qu'ils ne souhaitent absolument pas.

« Mes parents ont peur qu'il m'arrive quelque chose »

Enfin, on peut envisager les différentes peurs des parents, et les risques identifiés ou non par les adolescents. Quand les peurs supposées des parents ne correspondent pas aux risques reconnus par les jeunes, il est intéressant d'en débattre avec eux.

Le risque lié aux *mauvaises fréquentations* est *a priori* souvent nié par les adolescents. « On ne se laisse pas entraîner, si on ne le veut pas » est une croyance répandue parmi eux. Cependant, c'est une réalité à laquelle il est important de réfléchir, en leur montrant comment certains de leurs pairs peuvent être mis en situation d'exclusion et quel rôle ils peuvent avoir pour aider ceux qui se mettent sur une mauvaise pente.

Comment en parler ?

Thème

Les mauvaises fréquentations.

Objectifs

Montrer comment de mauvaises fréquentations peuvent conduire à l'exclusion et comment aider ceux qui se laissent prendre à ce jeu.

Scénario

Alice, 14 ans, est en quatrième dans un collège en ZEP. Elle est nouvelle cette année, ses parents ayant déménagé. Elle travaillait bien jusqu'alors. Dans son nouveau collège, elle s'est fait trois nouvelles copines, un peu plus âgées qu'elle, avec lesquelles elle passe tout son temps. Elle s'est mise à fumer comme elles, se maquille et s'habille comme elles. Elle néglige de plus en plus son travail scolaire pour aller s'amuser avec ses copines. Elle sort de plus en plus souvent et commence même à sortir en cachette.

Questions pour le débat

* Que penser de l'histoire d'Alice ?
* Qu'est-ce qui la conduit à agir comme ça ?
* Peut-on subir des influences ? Y a-t-il des moments de vulnérabilité aux influences extérieures ? Qu'est-ce qui peut conduire à être influencé ? Qu'est-ce qui peut rendre sensible au regard des autres ?

- Quelle image Alice veut-elle donner ?
- Quels risques court-elle ?
- Peut-on l'aider et comment ?

Les *violences* et le *racket* peuvent préoccuper les parents. Les adolescents sont parfaitement conscients de ces risques-là. Nous verrons comment les traiter au chapitre 11 sur les violences.

La *drogue* est également un risque dont les jeunes adolescents sont conscients, même s'ils sont encore très peu nombreux à cet âge (moins de 15 ans) à avoir expérimenté des produits illicites ou à se sentir concernés par leur utilisation. Il faut en profiter pour évoquer les drogues licites, que les adolescents peuvent banaliser, mais qui peuvent aussi avoir un impact très néfaste.

Les *viols* concernent plus souvent les filles que les garçons, mais nous verrons cependant que ce risque ne doit pas être oublié pour eux, car il existe.

Enfin, la peur qu'ont les parents d'une *grossesse* agace les adolescentes. En effet, ce que les adolescentes ne supportent pas, quand les parents font état de ces risques-là pour limiter leurs sorties, c'est qu'ils ne leur fassent pas confiance. « Ils ne comprennent pas que si je sors, je n'ai pas forcément dans l'idée d'avoir des relations sexuelles. Si je voulais en avoir, j'en aurais, même si je ne sortais pas beaucoup ».

« Mes parents ne me font pas confiance »

Le manque de confiance des parents est très douloureux pour tous les adolescents, et ce d'autant plus qu'ils ont envie de grandir, ce qui signifie pour eux avoir plus de liberté. Ils soulignent toujours combien il est important qu'on leur fasse confiance. Néanmoins, pour ce faire, il faut aussi qu'ils puissent eux-mêmes se faire confiance. En assumant progressivement les responsabilités données par une plus grande liberté, ils vont justement pouvoir étayer cette confiance. Quand ils ont le sentiment de l'avoir trahie, ils se retrouvent en situation de grande culpabilité et de honte vis-à-vis de leurs parents et sont souvent déçus d'eux-mêmes. Cette situation est dangereuse, et il est important de les aider à conserver d'eux une image de personnes crédibles. Pour cela, gardons à l'esprit qu'ils sont en situation d'apprentissage, et qu'ils doivent avoir le droit à l'erreur.

Viols et grossesses sont des facteurs de risques différentiels entre filles et garçons, qui expliquent en partie les comportements plus protecteurs des parents vis-à-vis des filles. Cependant, les filles ramènent souvent cet argument à une discrimination sexiste entre elles et leurs frères, qui ont souvent plus de liberté qu'elles. Il y a encore bien des différences dans le traitement parental des filles et des garçons, différences parfois inconscientes, parfois délibérées, notamment dans les familles où les interdits sexuels pèsent très fort sur les filles. Filles et garçons sont toujours très intéressés pour débattre des libertés souhaitables et des libertés possibles pour chacun.

Le problème des familles dans lesquelles la liberté, notamment celle laissée aux filles, est très limitée, doit être pris en compte : cependant, même dans ces familles-là, on peut montrer, lors des interventions en milieu scolaire, qu'il existe des espaces de liberté que chacun peut essayer d'envisager. À cet égard, l'école, vécue souvent comme un lieu de contraintes, ouvre des espaces dont les jeunes peuvent prendre conscience et tirer au mieux profit. Enfin, pour tenter d'éviter une trop grande culpabilité liée à des transgressions dans ces situations, on peut ouvrir la réflexion sur le fait que ne pas tout dire n'est pas mentir. C'est aussi, au travers de ces échanges, autoriser les adolescents à avoir un jardin secret, qui n'est en rien incompatible avec le respect des parents ou avec la confiance.

—— Comment en parler ? ——

Thème

La négociation d'une sortie.

Objectifs

À travers ce jeu, les jeunes peuvent élaborer les enjeux du conflit et comprendre que pour faire évoluer les comportements de leurs parents, ils doivent négocier.

Scénario

Un adolescent est mis en situation parentale, un autre joue un adolescent souhaitant sortir un soir.

Questions pour le débat

- Y a-t-il des moments opportuns, et d'autres qui ne le sont pas pour demander un peu plus de liberté ?
- Tout peut-il être permis ?
- Quels éléments peuvent provoquer un conflit ?
- Quels éléments peuvent aider à la résolution du conflit ?

Déroulement de la discussion

Les adolescents identifient très bien les facteurs qui permettront de rassurer leurs parents, et ainsi de négocier une sortie. Ils réalisent que l'acquisition de l'autonomie est un processus qui demande du temps, et que les espaces de liberté s'acquièrent progressivement, au fur et à mesure des responsabilités qu'ils sont capables de prendre. Comme le disent les adolescents, « il y aurait aussi un travail à faire avec les parents »...

Chapitre 8

Du corps anatomique
au corps de plaisir…

Au-delà des transformations pubertaires, il est indispensable de travailler sur les représentations qu'ont les adolescents des organes sexuels.

Le sexe féminin et le plaisir féminin

Les adolescents ont de la vulve une image souvent très particulière. Les professionnels qui sont confrontés aux représentations fantaisistes ou aberrantes que dessinent les adolescents ne manquent pas de s'interroger sur les informations retenues des cours de biologie… Avec de l'expérience, ils réalisent qu'il existe, dans ce domaine, de puissants facteurs qui perturbent l'intégration d'un simple schéma anatomique. Ces facteurs sont liés à la sexualité et à ses représentations.

Si les orifices sont bien repérés, tous sont résumés par la même dénomination : « un trou ». Ce terme n'est pas neutre. Ce qui émerge, lorsqu'on demande aux adolescents de faire des associations à partir d'un tel mot, c'est le « trou noir » sans fond, qui dit la peur de l'inconnu, la peur de s'y perdre, d'y rester. Cette vision rejoint nombre de questions sur la possibilité de rester coincé durant l'acte sexuel, et cette crainte irrationnelle traduit bien celle de la castration. Toutefois, les adolescents ne la situent pas dans ce registre-là et mentionnent toujours des sources d'information dont la crédibilité laisse à désirer… : « Puisqu'on l'a dit à la télé, sur Fun radio… Ils ont signalé un couple coincé qui s'était retrouvé aux urgences… » Rassurer les jeunes en passant aussi par l'humour est utile : on peut leur dire par exemple que dans l'espèce humaine, le problème d'un garçon n'est jamais de rester coincé dans le sexe d'une fille, mais au contraire d'en sortir sans qu'il le veuille après l'éjaculation, soit parce qu'il débande, soit parce que le vagin se contracte et que le pénis est éjecté. Ainsi, il en sortira toujours, et souvent contre son gré.

L'image des organes sexuels traduit nécessairement une représentation de la sexualité, et donc des sensations physiques, de la relation à l'autre, du plaisir, des facteurs culturels ou religieux… Par exemple, dans le schéma de la vulve, le clitoris est bien souvent absent. Cette absence n'est pas neutre : replacer le clitoris permet d'aborder le plaisir féminin, la masturbation, les préliminaires, l'excision… Représenter des organes sexuels, ce n'est pas parler uniquement d'anatomie.

Les représentations de la jouissance féminine

Contrairement aux idées reçues, les garçons sont très désireux de comprendre le fonctionnement des filles, et ils sont très attentifs à leur donner du plaisir lors des relations sexuelles. Il est vrai que, comme le notent bien les filles, cette volonté de leur donner du plaisir est plus narcissique qu'altruiste : c'est essentiellement par rapport à eux-mêmes, comme témoin de leur virilité, que les garçons sont attentifs au plaisir féminin. Il n'empêche que cet élément est à souligner et à valoriser, face aux jeunes filles convaincues que les garçons ne pensent qu'à eux et à leur propre plaisir.

Les questions sur le plaisir féminin demandent d'abord une explication physiologique, pour pouvoir mieux s'en détacher. En effet, les représentations erronées sur la valorisation de la jouissance vaginale et sur le point G sont légion : l'idée que la seule vraie jouissance féminine est due à la pénétration vaginale est encore très présente, et le nombre de plaintes ou de craintes liées à une supposée frigidité ne cesse de croître de ce fait. Il est donc nécessaire de préciser que le lieu principal de la jouissance féminine est le clitoris, et que lors des rapports de pénétration, ce sont les allées et venues du pénis dans le vagin qui, en excitant le clitoris, provoquent la jouissance féminine. Quant au point G, il n'y a aucune preuve anatomique avérée de son existence. Il faut aussi rassurer : si une fille prend du plaisir à se caresser ou lorsque son copain la caresse, c'est qu'elle n'est pas frigide. Il est intéressant de modifier leur vision « pénétro-centriste » du rapport sexuel : la pénétration vaginale n'est pas nécessairement ce qui procure le plus de plaisir aux filles. Cela peut être également vrai pour les garçons.

• La pénétration vaginale est-elle nécessaire pour définir un rapport sexuel ?

• Quel est le but de la relation sexuelle ? La pénétration ? La jouissance ? La relation ?...

C'est ainsi qu'on peut passer de la notion de jouissance, qui peut s'obtenir par une caresse masturbatoire, à la notion de plaisir avec l'autre. Les adolescents pourront ainsi s'éloigner d'une vision machiniste (bien résumée par le titre de la chanson *Sex machine*) et très réductrice de la jouissance. Ils pourront s'ouvrir alors à celle, beaucoup plus large, du plaisir avec l'autre, qui n'est pas qu'un objet avec lequel jouir de façon masturbatoire – ou à faire jouir de façon volontariste –, mais un sujet qui les fait sortir de leur solitude.

- Quand peut-on dire qu'il y a eu relation sexuelle ?
- Est-ce le seul échange sexuel des corps ?
- En quoi la jouissance procurée par la masturbation est-elle différente du plaisir à être deux ?
- Qu'est-ce qui fait plaisir quand on est deux ?

En reprenant ce débat de cette façon, les adolescents peuvent définir eux-mêmes les éléments qui leur donnent du plaisir, heureusement bien plus divers que la jouissance orgasmique. Séduire, être séduit, être amoureux, être ensemble, partager, rire, se balader, se dire des mots doux, se caresser, s'embrasser, faire plaisir à l'autre... sont des grands plaisirs de la vie, et les adolescents en sont conscients et peuvent l'exprimer simplement, si nous leur en donnons l'occasion.

Il semble important de démythifier, notamment par le rire, le surinvestissement actuel de la jouissance sexuelle : si elle résumait tous les plaisirs de la vie, cela voudrait dire qu'ils se limiteraient, en moyenne, à dix minutes deux fois par semaine, selon les données des enquêtes sur la sexualité des Français, ce qui est en somme bien peu. Heureusement qu'il n'y a pas que le sexe dans la vie...

À travers cet exemple, on voit bien comment en partant de la physiologie et de la technique, préoccupations premières des adolescents qui les enferment et qui, au lieu de susciter du plaisir, génèrent de l'anxiété et de l'isolement (« Est-ce bien comme ça qu'il faut faire ? Est-ce que je le fais bien ? »), il est possible d'ouvrir un dialogue plus large sur le plaisir.

La masturbation féminine

La masturbation féminine est, à l'évidence, beaucoup moins taboue aujourd'hui qu'elle ne l'était encore il y a peu de temps. On voit notamment les difficultés que les femmes avaient à en parler dans l'enquête

ACSF (Attitudes et comportements sexuels des Français) en 1990. Le cinéma nous donne aujourd'hui à voir des scènes de masturbation féminine dans des films grand public (non classés X), comme *Les anges déchus*[1] *ou Sous le sable*[2]. La littérature féminine traitant de plaisir, de masturbation et de relations sexuelles, y compris multiples et sans aucun lien affectif[3], foisonne et est largement diffusée. De ce fait, il est certain que les adolescentes ont maintenant plus de facilité à parler de masturbation que leurs aînées. La masturbation est une porte ouverte pour discuter de l'existence de pulsions sexuelles, chez la fille, comme chez le garçon, et des facteurs qui ont rendu socialement si longtemps leur expression impossible.

L'excision

Les mutilations génitales féminines sont définies comme une ablation des organes génitaux externes sains de la femme : clitoris, petites lèvres, grandes lèvres. Ces pratiques traditionnelles, encore assez fréquentes, ont pour but de « réduire la concupiscence des femmes » qui, « si elle est exagérée, fait de l'homme un animal ; et si elle est anéantie, fait de lui une chose inanimée. Ainsi la circoncision modère cette concupiscence[4] ». On distingue trois types d'excision :

• l'ablation du clitoris, qui concerne le plus souvent de très petites filles (2 à 3 ans) ;

• l'ablation du clitoris et des petites lèvres, qui concerne le plus souvent des filles plus âgées (12 à 14 ans), voire de jeunes femmes ;

1. *Les anges déchus*, film hong-kongais réalisé par Won Kar-Wai, 1995.
2. *Sous le sable*, film français réalisé par François Ozon, 2001.
3. *Cf.* MILLET C., *La vie sexuelle de Catherine M.*, Le Seuil, 2002.
4. Propos de Qayyim Al Jawziyyah I. cités dans ALDEEB ABU-SAHLIEH S., *Circoncision féminine et masculine*, L'Harmattan, Paris, 2001.

- l'ablation partielle ou totale des organes sexuels externes et la suture en vue d'un rétrécissement de l'orifice vaginal (infibulation), qui est heureusement la moins répandue et qui s'effectue sur des filles âgées en moyenne de 12 à 14 ans.

Toutes peuvent avoir des conséquences néfastes sur la santé de celles qui les subissent. On peut observer des complications immédiates : douleur atroce, hémorragie par lésions des vaisseaux qui irriguent le clitoris, rétention aiguë d'urines par mécanisme réflexe suite à la douleur, état de choc, lésions d'organes de voisinage (vagin et anus) responsables de fistules, d'infections locales ou générales... Parmi les infections générales, citons l'infection à VIH, par contamination avec un matériel d'excision non stérilisé, le tétanos et les septicémies, souvent mortels dans ces pays où la prise en charge sanitaire est mal assurée.

Ces mutilations peuvent aussi avoir un retentissement sur la vie gynécologique et sexuelle des femmes : rétention du sang des règles, notamment en cas d'infibulation, avec complications (douleurs et infections), cicatrices douloureuses gênantes lors des rapports, infections chroniques qui peuvent voir des conséquences en termes de stérilité. Elles peuvent aussi avoir des effets néfastes lors de l'accouchement : déchirure d'un périnée cicatriciel et fibreux, hémorragie, travail prolongé.

Pour toutes ces raisons, l'excision est considérée en France et dans de nombreux autres pays, dont certains États d'Afrique, comme une mutilation sexuelle interdite par la loi pour protéger l'intégrité de la personne. Insistons sur la nécessité de présenter l'interdit de l'excision comme un interdit posé par la loi pénale concernant un acte qualifié de mutilation sexuelle : ce n'est ni une origine, ni une culture, ni une religion qui est punie, mais un acte de mutilation. Par définition, la loi est la même pour toutes les personnes qui vivent sur le territoire français, et tout individu, quelles que soient sa couleur, son origine et sa religion, qui déciderait de pratiquer une excision sur sa fille serait condamné de la même façon. Par ailleurs, il faut aussi s'appuyer sur tout le travail fait par des femmes africaines qui, en Afrique ou en France, se battent pour la disparition de l'excision.

Les données concernant l'impact négatif de l'excision sur la sexualité des femmes, qui concernent les jeunes filles au plus haut point à cet âge, restent contradictoires (si l'on excepte celles qui ont vécu des complications). Il faut garder à l'esprit, lorsque ce thème est abordé, que certaines des filles présentes ont pu être excisées, et sont susceptibles d'être inquiétées par ces propos. Il est important de laisser « la porte ouverte » et de les rassurer : même quand une fille a été excisée, dans la plupart des cas, il reste suffisamment de tissu nerveux pour avoir du plaisir. Il faut aussi signifier que si une fille a des craintes concernant son intégrité physique et la possibilité de prendre du plaisir dans l'acte sexuel, elle peut consulter un médecin et en discuter avec lui.

Cette discussion ouvre la porte non seulement aux différences culturelles et à la loi, mais également, bien sûr, au statut des filles et des garçons dans les sociétés traditionnelles et dans les sociétés occidentalisées, aux interdits et aux freins de jouissance socialement organisés.

L'hymen et les représentations de la virginité

Les interrogations concernant l'hymen donnent l'occasion de travailler sur les représentations de la virginité, préoccupation importante pour toutes les jeunes filles, mais absolument essentielle pour des adolescentes de cultures différentes, notamment les filles musulmanes. Quand la discussion sur ce sujet commence, la définition consensuelle de la virginité par les adolescents se résume en général à l'intégrité de l'hymen, dont serait témoin le saignement au premier rapport. Dans cette représentation binaire, on distingue les vierges et les « plus vierges ». Déconstruire cette image simpliste et réductrice de la virginité, afin d'aboutir à une définition plus nuancée, plus complexe, qui conduira les jeunes à davantage de tolérance, est indispensable.

La définition de la virginité

Reprenons dans un premier temps, la définition du dictionnaire : la virginité est « l'état d'une personne vierge[1] », c'est-à-dire « qui n'a jamais eu de relation sexuelle[2] ». Reste à définir la relation sexuelle, ce qui n'est pas si simple ; on peut simplifier cette notion en l'assimilant au coït, qui est « la pénétration vaginale par un pénis », comme le définit le dictionnaire. Cependant, de nombreuses pratiques sexuelles sans pénétration existent : constituent-elles ou non des relations sexuelles ? La virginité, ainsi définie, ne correspond déjà plus à la définition première des adolescents qui était anatomique : du constat de l'intégrité de l'hymen, nous passons aux pratiques sexuelles.

Il faut alors leur apporter des connaissances sur l'hymen, à l'aide de schémas ou de photos. Il existe en effet plusieurs formes d'hymens ; certains appelés *compliants*. Très élastiques ou très larges, ces derniers ne donneront pas lieu à des saignements lors de la première pénétration. Tous les gynécologues ont vu des jeunes filles, ou des jeunes couples, les consulter après des premières relations sexuelles sans saignement.

L'hymen est une très fine membrane située à l'entrée du vagin, qui s'étend sur quelques millimètres de hauteur et qui rend plus étroite l'entrée du vagin. Sa rupture, quand elle s'effectue, n'est pas plus douloureuse qu'une petite coupure cutanée. Une telle description permet aussi de rassurer les adolescents sur la douleur au premier rapport, que les filles anticipent et redoutent tellement. Elle explique aussi que si douleur il y a, elle est davantage liée à la peur et à la contraction réflexe qu'elle entraîne, qu'à la

---

1. Définition issue du *Petit Larousse*.
2. *Ibid.*

petite déchirure hyménéale. Enfin, elle rassure les garçons qui peuvent avoir une représentation de la virginité terrorisante, comme s'il s'agissait d'un véritable mur de béton à franchir...

La question de la virginité peut être débattue en demandant aux adolescents leur avis sur les situations suivantes :

• Une jeune fille qui n'a jamais eu de rapports par pénétration vaginale, mais qui ne saigne pas au premier rapport parce qu'elle a un hymen compliant, est-elle vierge ?

• Une jeune fille qui a subi un viol avant d'avoir des relations avec un garçon est-elle vierge ?

• Une jeune fille qui a des échanges avec un garçon, comme des caresses poussées, avec pénétration des doigts, ou une éjaculation à l'entrée du vagin (signifier dans ce cas le risque exceptionnel de grossesse), est-elle vierge ?

• Une jeune fille qui accepte une sodomie (signifier le risque plus élevé d'IST et d'infection à VIH dans cette pratique, dû à la fragilité de la muqueuse anale), mais qui n'accepte pas de pénétration vaginale en vue de protéger son hymen, est-elle vierge ?

• Une jeune fille qui a eu une réparation hyménéale est-elle vierge ?

Ces questions vont permettre aux adolescents de réfléchir et donner lieu à des opinions contradictoires, qui les éloignent de leur conception initiale de la virginité. Certains vont dire qu'on peut être vierge dans sa tête même en ayant eu des rapports sexuels, après un viol par exemple ; ou qu'on peut ne plus être vierge, par exemple après une sodomie, et avoir cependant un hymen intact. Enfin, ils réalisent aussi que dans certaines situations, on ne peut pas dire si on est vierge ou pas (cas des hymens compliants)...

La problématique de la virginité s'inscrit également dans un contexte religieux, traditionnel et culturel. Si la religion musulmane, mais aussi l'ensemble des religions, exige la virginité au mariage, elle l'imposait initialement aux filles *et* aux garçons. La vérification de la défloration était requise pour s'assurer de la puissance du mari (l'impuissance du mari est encore aujourd'hui un élément juridique qui permet d'annuler religieusement un mariage). Que sont devenus ces impératifs ? On observe bien une différence entre ces impératifs religieux et les impératifs traditionnels et culturels qui exigent aujourd'hui la seule virginité des filles. Non seulement celle-ci ne s'impose plus pour les garçons, mais avoir des rapports sexuels avant le mariage constitue pour eux une preuve de virilité qui les valorise.

Le poids des interdits socioculturels

Quel sens cela a-t-il de continuer à exiger des filles la virginité au mariage, et de ne plus la demander aux garçons ? Cette discussion avec les adolescents est d'autant plus importante que nombre de filles musulmanes revendiquent aujourd'hui davantage d'égalité entre le statut du garçon et celui de la fille, mais ne pensent pas l'impératif de virginité en fonction de cette problématique sexiste.

Si ce n'est pas à la religion que fait appel l'impératif de virginité, alors à quelles autres valeurs se réfère-t-il ? Il peut être important de montrer comment des significations rattachées à une même pratique évoluent, ce qui est le propre de toute culture. En effet, en pays musulman, le drap taché de sang était initialement demandé pour prouver la virilité du mari. Il est devenu par la suite un signe de possession des femmes par leurs époux. Comme nous le rappelle Freud[1], « en exigeant que la jeune fille, quand elle se marie avec un homme, n'apporte pas de souvenirs de relations sexuelles qu'elle aurait eues avec un autre, on ne fait rien d'autre que prolonger logiquement le droit de possession exclusive

1. FREUD S., *Moïse et le monothéisme*, Gallimard, 1939.

d'une femme qui constitue l'essence de la monogamie, et d'étendre ce monopole au passé ». Nous voyons bien que la virginité de valeur religieuse est devenue une valeur traditionnelle et culturelle, qui s'inscrit notamment dans la problématique de l'inégalité hommes/femmes.

Les interdits sexuels

Au-delà de la tradition et de la culture, il faut travailler à partir des valeurs familiales. Les familles musulmanes revendiquent le respect absolu de la virginité de leurs filles : tout se passe comme si elles la considéraient comme leur bien propre. Si la famille est tellement impliquée, c'est qu'elle considère qu'il y va de son honneur.

Compte tenu de la pression sociale, et notamment du rôle du « qu'en dira-t-on » dans les petits villages qui constituaient les sociétés musulmanes traditionnelles, on peut comprendre que des commérages aient pu détruire la réputation d'une jeune fille et la perdre. Pour les familles, imposer à leurs filles la virginité était une façon de les protéger et de se soucier de leur avenir (seules les filles vierges pouvaient se marier).

Il ne s'agit donc pas seulement d'un interdit sexuel : il a aussi pour but de protéger les filles et de leur assurer une vie sociale de femme et de mère. On comprend comment, dans ce contexte, les parents pouvaient s'inquiéter de la réputation de leur fille. Expliciter les valeurs familiales pour leur permettre d'exister autrement que sous forme d'un interdit vide de sens est essentiel dans ce cadre.

Redonner du sens aux interdits

Reste à savoir si cette tradition de la virginité, cet impératif familial, a le même sens aujourd'hui dans notre société que dans la société des parents. En effet, les situations que vivent de nombreuses jeunes filles issues de familles musulmanes tenant absolument à préserver leur virginité sont très différentes de celles qu'ont vécues leurs mères. Interrogeons-les sur l'âge qu'avait leur mère lors de leur puberté, de leur mariage et ou de la conception du premier enfant. Les jeunes filles réalisent que leurs mères, qui vivaient dans des sociétés très différentes, ont souvent été réglées plus tard qu'elles et mariées très jeunes, et qu'elles ont souvent eu leur premier bébé avant 20 ans. On ne leur a pas imposé des études longues et une insertion professionnelle, ce que demandent ces familles à leurs filles aujourd'hui, dans une société où les valeurs sont bien différentes de celles des sociétés traditionnelles.

Dès lors, peut-on penser que l'impératif de virginité prenne un sens différent aujourd'hui ? Les adolescents, filles et garçons, réalisent alors qu'il est bien plus difficile pour eux de rester vierges jusqu'au mariage que ce ne l'était pour leurs parents, car ils sont pris entre des impératifs contradictoires. En effet, préserver la virginité en se mariant tôt n'était pas nécessairement contraignant. En revanche, faire des études longues et se marier tardivement sans avoir eu de relations sexuelles auparavant, c'est devoir vivre une période de longue abstinence, d'autant plus difficile à accepter que des relations affectives peuvent se nouer dans un contexte de mixité, notamment scolaire et professionnelle. La décision de rester vierge jusqu'au mariage peut être difficile à tenir, et en tout cas plus difficile à vivre pour des jeunes filles dans la société d'aujourd'hui. Cette décision reste un choix personnel, tout à fait respectable, tout comme la décision inverse : à chacun de déterminer ses propres valeurs dans ce domaine. Le rôle des intervenants en milieu scolaire n'est pas de faire des choix à la place des jeunes, mais de leur offrir la possibilité de réfléchir sur leurs « modes d'assujettissement[1], afin qu'ils puissent, autant que faire se peut, être acteurs de leurs décisions et de leurs choix.

---

1. FOUCAULT M., *Histoire de la sexualité, t. I La volonté de savoir*, Gallimard, 1994 ; *t. II L'usage des plaisirs*, Gallimard, 1998 ; *t. IIII Le souci de soi*, Gallimard, 1997.

Ainsi voit-on toute la complexité de la problématique de la virginité. Les adolescents qui vivent dans des familles répressives vis-à-vis de la sexualité pourront, grâce à la discussion, moduler leur représentation initiale, schématique et binaire, qui se réduit à « ou bien on reste dans la tradition, ou bien on la trahit », « ou bien on reste vierge, ou bien on est une pute ». Si elles restent cantonnées à cette représentation, les jeunes filles qui ont des relations sexuelles avant le mariage éprouvent une très grande culpabilité, liée à la transgression des interdits familiaux et culturels. Cette culpabilité peut les faire basculer dans des comportements à risque, de nature autopunitive, et les conduire à se mettre en situation de rupture avec leurs familles, car tout se passe comme si, « une fois que l'on a franchi une borne, il n'y avait plus de limites ».

Vierges ou pas vierges, mais tolérantes !

En leur permettant de réaliser que la virginité est un concept discutable, relatif et qui prend des sens différents selon les sociétés, nous permettons aux adolescentes concernées d'avoir davantage de tolérance :

- envers elles-mêmes : elles préservent leur propre estime si elles prennent la décision d'avoir des relations sexuelles avant le mariage ;
- envers celles qui ont fait des choix différents : celles qui décident de rester vierges, ou ceux qui souhaitent une femme vierge pour épouse, doivent continuer à respecter celles qui ont des relations sexuelles.

Tout en leur permettant de mieux comprendre la façon dont les normes et les valeurs de leurs familles se sont édifiées, donc de pouvoir continuer à respecter leur famille et les traditions, il est essentiel de leur donner la possibilité de faire éventuellement des choix différents sans rompre avec leur milieu. « Le vécu pour les enfants de migrants d'un "choix obligé", d'un nécessaire renoncement à son identité culturelle, au sens sociologique, pour s'intégrer dans le tissu social [...] doit mobiliser notre capacité de faire des liens entre deux mondes vécus comme hétéroclites :

129

celui de la famille et celui de la société. Ce vécu est fait de contradictions, alors qu'il s'agit d'oppositions se situant à des niveaux différents de logique. L'adolescent se trouve alors souvent dans une impasse, contraint de maintenir le clivage au prix de la formation d'un "faux-self", plus ou moins envahissant, tant qu'une zone transitionnelle, espace de valeurs connoté positivement par les valeurs de la famille et celles de l'extérieur ne pourront être trouvées[1]. » C'est justement l'objectif de tout ce travail de déconstruction de la virginité.

Ce travail a aussi pour but de montrer que nous sommes tous artisans d'un cadre culturel et d'un système de valeurs. Le sens des impératifs et des interdits n'est pas immuable : il ne peut pas rester le même quand une société change. Les adolescents d'aujourd'hui font la culture de demain. Et c'est en s'interrogeant sur les valeurs qu'ils ont envie de reprendre à leur compte parmi celles qui leur ont été transmises, celles qu'ils aimeraient transmettre à leurs enfants, qu'ils seront les acteurs de la société de demain ; ils en portent donc pour une part la responsabilité.

Les adolescents perçus comme les plus rigides, les plus attachés à la tradition peuvent mettre en difficulté les adultes qu'ils perçoivent en opposition avec leurs valeurs. Dans ces situations, si l'on reste dans l'opposition en refusant le dialogue, les propos des adolescents se radicalisent de plus en plus. Il est essentiel de leur donner la parole afin qu'ils puissent dire ce qu'ont vécu leurs parents et exprimer leurs propres choix. Ils doivent pouvoir réaliser qu'en reprenant *ad integrum* les valeurs parentales, ils cherchent à éviter les contradictions et à simplifier la situation complexe à laquelle ils sont confrontés. Ils peuvent être d'autant plus tentés de s'y réfugier qu'ils se sentent exclus, rejetés par la société dans laquelle ils vivent.

---

1. MORO R. M., TARAZI L., « L'adolescent fils de migrant, éléments d'ethno-psychiatrie », in BENGHOZI P., *Adolescence et sexualité : liens et maillage réseau*, L'Harmattan, 1999.

Comment en parler ?

Thème

Le mariage.

Objectifs

Signifier les différences entre ce qu'ils souhaitent vivre et ce qu'ont vécu leurs parents.

Scénario

Dans un groupe de garçons parmi lesquels certains expriment une position « intégriste » agressive et rigide, on demande comment et avec qui ils envisagent de se marier.

Déroulement de la discussion

Tous répondent qu'ils épouseront une femme vierge. L'un d'entre eux dit qu'il acceptera le choix de sa famille, mais exprime le souhait de connaître sa future épouse avant le mariage. Un autre avance qu'il préférerait choisir son épouse. Tous deux sont d'accord pour montrer le drap maculé de sang à la famille. L'un des deux dit toutefois qu'il n'acceptera pas ce qu'ont vécu ses parents, à savoir qu'une tierce personne soit dans la chambre nuptiale pour vérifier la consommation du mariage et la virginité de l'épouse.

Il est constructif de discuter avec eux de la différence entre impératifs religieux et impératifs culturels, pour leur montrer de quelle manière, eux aussi, sont artisans de leur culture. Comme tout un chacun, ils voient bien qu'ils devront faire des choix, entre ce qu'il leur a été transmis et ce qu'ils décideront d'assumer pour leur propre compte.

De façon symbolique et imagée, il est possible de leur montrer que chacun a pour tâche de construire sa maison. C'est ainsi que l'adolescent va prendre des pierres de la maison de ses parents, qu'il agencera peut-être de façon différente ; il ne les reprendra d'ailleurs pas toutes ; il utilisera aussi des pierres provenant des maisons de ses copains, ou d'autres qu'il a trouvées sur son chemin, à la faveur des expériences de vie traversées. Cette combinaison donnera une maison différente pour chacun, qui participera à sa façon à la vie d'un village ou d'une ville, avec toutes les autres maisons construites autour. Le résultat donnera des paysages différents, notamment de ceux dans lesquels ses parents ont vécu. C'est à ce processus, auquel chacun participe de façon unique, que nous collaborons tous. Chaque adolescent peut ainsi, non seulement s'approprier ses choix et ses valeurs, mais aussi comprendre qu'il joue un rôle actif dans la construction des valeurs de la société de demain.

Gare aux « assignations à l'origine »

Un risque lorsqu'on est confronté à des adolescents de cultures différentes est, sous couvert de respecter l'origine de chacun, de les renvoyer à « une assignation à l'origine[1] », qui n'est qu'une forme policée de rejet et de racisme. Cette assignation peut conduire ces jeunes à rejeter le processus d'intégration pour coller à une identité qui ne les lâche pas ; c'est peut-être ainsi qu'il faut comprendre le port du voile pour certaines adolescentes.

Un exemple peut éclairer ce débat : une jeune fille de 17 ans, maghrébine, issue d'une fratrie de sept enfants (mère analphabète à la maison, père invalide à la suite d'un accident du travail), est suivie en consultation gynéco-planning. Elle réussit brillamment ces études, va passer son bac et envisage de suivre des études de droit. Elle a un copain avec lequel elle a des relations sexuelles et maintient un clivage complet entre les valeurs de sa famille, qu'elle respecte, et ce qu'elle s'autorise à vivre à l'extérieur. Elle présente des troubles du comportement alimentaire de

---

1. DERRIDA J., *Fichus*, Galilée, 2002.

type boulimie et vomissements, qu'on peut interpréter comme le prix à payer de ce clivage et de sa culpabilité envers ses parents et envers ses frères et sœurs, qui sont en échec scolaire. Lors d'une consultation, elle est reçue par un médecin remplaçant qui lui propose une réfection hyménéale. Elle en parle à son médecin habituel lors de la consultation suivante. Celui-ci est étonné, compte tenu de tout le travail d'intégration que la jeune fille a déjà accompli. Ils discutent du sens de cette réfection pour elle : compte-elle interrompre sa relation avec son ami ? Sa réponse est non. Comment envisage-t-elle de se marier ? Elle répond que le choix de son époux est pour elle trop important pour qu'il soit soumis à ses parents : elle compte bien choisir son mari et espère qu'il conviendra à sa famille. Pense-t-elle avoir des relations sexuelles avec son futur mari avant le mariage ? Ici encore, elle répond clairement par l'affirmative. Elle a pris conscience de l'importance de l'accord charnel dans la relation avec son copain et estime qu'il est important de le vérifier avant de se marier. Le médecin lui demande alors quel sens une réfection hyménéale peut avoir pour elle, compte tenu de cette discussion. Elle réalise que cette demande n'a aucun sens pour elle, mais qu'elle a été troublée par cette proposition qui l'a ramenée à ses origines sans tenir compte de tout le chemin parcouru.

Un autre exemple de ce genre d'attitude est celui d'une jeune fille d'origine maghrébine venue pour une IVG. Une aspiration sous anesthésie est réalisée. Durant l'opération, le médecin pratique en plus de l'IVG une réparation hyménéale, qui n'avait pas été demandée par la patiente...

Le chemin de l'intégration est propre à chacun et suffisamment difficile pour que les adultes en tiennent compte, et le respectent. Renvoyer l'adolescent migrant à une origine qui le résume et qui le définit est une violence de plus qu'il subit. Cette nouvelle forme de racisme, plus perverse, qu'est l'assignation à l'origine, ne lui permet pas d'être autre ou d'avoir d'autres valeurs que celles de sa culture d'origine.

L'estime de soi des adolescents issus de l'immigration a grand besoin d'être renforcée, car elle est précarisée, non seulement par la situation entre deux cultures, mais aussi par le sentiment d'infériorité sociale créée par le racisme quotidien et les inégalités sociales.

Les représentations du corps masculin

Les représentations du corps masculin posent moins de problèmes que celles du sexe féminin : le sexe masculin est en effet plus familier, car il est visible.

Si la longueur du pénis est une question usuelle à laquelle il est difficile d'échapper (*cf.* chapitre 4 sur la puberté), le fait d'avoir expliqué le mécanisme de la jouissance féminine rend plus crédible l'idée que ce n'est pas la longueur du pénis qui y joue un rôle. Néanmoins, nous n'empêcherons pas les garçons de continuer à comparer entre eux la taille de leur pénis…

La masturbation masculine est aujourd'hui très simplement discutée et n'engendre plus guère de culpabilité directement exprimée. Cependant, on peut en retrouver des traces à travers les questions qui mentionnent la perte du pouvoir fertile. Ici se voit toute l'importance de décoder les angoisses qui sous-tendent certaines questions, pouvant être jugées absurdes au premier regard (« Combien de litres de sperme un homme contient-il ? » fut la question d'un élève de SECPA[1]). C'est bien l'idée d'un stock limité et de son épuisement à chaque perte dont il est ici question. Soulignons l'importance de valoriser les questions des adolescents, en particulier des plus démunis. Quand certaines questions surprennent, on peut essayer d'avoir plus d'informations avant d'y

1. Section spécialisée pour des enfants en grande difficulté scolaire.

répondre, en demandant par exemple « Qu'est-ce qui peut te faire penser ça ? »

L'enfant et l'adolescent savent que la masturbation doit être privée, même s'il n'y a pas d'interdit : « Il vit dans son corps quelque chose qui le trouble et qu'il ne contrôle pas. C'est bien parce qu'il ressent ce trouble qu'il se dit que c'est quelque chose qu'il ne peut pas montrer[1]. »

Par ailleurs, nous devons réaliser que si la majorité des adolescents se masturbent, certains peuvent choisir de ne pas le faire et ces choix sont à soutenir et à respecter. Il est essentiel de ne pas référer les pratiques sexuelles à une norme ou à une statistique, en évitant par exemple les phrases comme « la masturbation, c'est normal ». Il est préférable de dire tout simplement :

• que c'est une pratique très répandue de recherche du plaisir par soi-même, qui se vit dans un lieu d'intimité ;

• que c'est pour la majorité d'entre nous la première expérience sexuelle ;

• que le plaisir apporté par les caresses sexuelles est très précoce et que nous pouvons nous souvenir qu'il faisait partie du plaisir que nous prenions quand nous étions petits enfants.

De plus, certains comportements obsessionnels masturbatoires ne doivent pas être banalisés : avoir envie de le faire tout le temps et partout peut être très invalidant et signe souvent le fait d'un adolescent en difficulté qui peut avoir besoin d'une aide psychologique.

Les orgasmes nocturnes font souvent l'objet de questions : ils correspondent à l'excitation et aux réactions sexuelles qui se produisent pendant le sommeil. Ils sont fréquents et concernent les filles comme les garçons,

---

1. CHILAND C., « La construction de l'identité sexuée », *Filles et garçons*, n° 3, Érès, 1998.

même si pour ces derniers, ils sont plus tangibles. Ils accompagnent souvent des rêves érotiques. Les érections matinales sont également très fréquentes chez le garçon et peuvent induire le besoin de se masturber.

Le corps anatomique ne peut être dissocié du corps sexué, porteur de représentations de la sexualité. Ce n'est pas tant les méconnaissances scientifiques des adolescents qui posent problèmes que les représentations inconscientes qui les habitent, parasitant l'image de leur corps sexué.

Chapitre 9

L'engagement des corps dans la relation

Tous les adolescents attendent que leur premier rapport sexuel les transforme radicalement : il y aurait un « avant » et un « après ». En même temps, nombreux sont ceux qui disent après-coup que ce n'était « que ça », et pour lesquels finalement, la transformation attendue n'a pas eu lieu.

L'idéalisation du rapport sexuel et la *banalisation de l'engagement du corps* sont les deux termes de la contradiction dans laquelle les adolescents sont pris. C'est souvent à partir de ce décalage que naissent des déceptions.

Des enjeux différents selon les sexes

Pour les garçons

Le premier rapport sexuel vient attester de la virilité et de la puissance du garçon. C'est bien plus par rapport à lui-même qu'il est engagé, que par rapport à l'autre, qui occupe alors une place « d'objet ». Cela ne signifie pas qu'il ne s'en préoccupe pas, mais l'essentiel se joue vis-à-vis de lui-même dans sa propre représentation, sa propre image, et non dans l'échange avec l'autre. Ces premières relations sont chargées d'attentes, de désir, d'angoisse, de peur de ne pas être à la hauteur.

Toute cette charge affective peut conduire certains garçons à éviter la relation affective : nombreux sont ceux qui disent vouloir le faire la première fois avec une fille qu'ils n'aiment pas, pour ne pas avoir à affronter ensuite son regard si elle n'est pas satisfaite, en raison d'une éjaculation trop précoce par exemple.

Les garçons parlent rarement de leurs déceptions après les premiers rapports : tout d'abord parce que ce qu'ils en attendent s'est le plus souvent effectivement passé, et ensuite parce qu'ils ont plus de mal que les filles à exprimer leurs émotions, leurs sentiments, notamment lorsque ces derniers vont à l'encontre de ce qu'un garçon « doit » penser ou dire. La normativité de comportement et de discours est bien plus grande et plus pesante pour les garçons que pour les filles, tant ils sont susceptibles vis-à-vis de leur image virile.

Pour les filles

Les enjeux sont différents. D'une part, elles idéalisent beaucoup plus leur première fois ; d'autre part, elles sont dans une attente affective et relationnelle. Quand on leur demande les conditions qu'elles estiment nécessaires préalablement à l'engagement du corps, les filles sont très nombreuses à évoquer le fait d'être vraiment amoureuses et citent souvent plusieurs impératifs avant d'accepter (le connaître bien, avoir confiance…). Cependant, force est de constater que les conditions qu'elles disent indispensables ne sont souvent pas réunies lors des premiers rapports.

Il nous faut réfléchir avec elles à ce décalage, à ce qui les pousse à avoir des rapports dans des conditions qu'elles ne souhaitaient pas. Pour certaines, les premiers rapports sont l'étape nécessaire pour passer à un « après » : il faudrait « le faire » pour s'en débarrasser. Le film *La vie ne me fait pas peur*[1] montre bien comment certaines adolescentes « le font » pour se débarrasser d'une image de jeune vierge et pour prouver aux copines qu'elles en sont capables. Dans ces situations, le garçon est aussi un « objet » : ce qui importe à la fille se joue ailleurs, notamment vis-à-vis de sa propre image, et de celle qu'elle donne aux copines. La déception des filles, après coup, est extrêmement fréquente, nous y reviendrons. Pour elles, le passage et le changement attendu après la première fois n'ont le plus souvent pas lieu.

C'est enfin chez les filles que l'entrée dans la sexualité est la plus marquée par des différences culturelles : entre celles qui surinvestissent la virginité et celles qui le font pour s'en débarrasser, la distance est grande.

À chacun sa façon de se sentir prêt

En faisant réfléchir des jeunes filles à l'expression « se sentir prêtes », on voit bien qu'elles perçoivent un décalage entre la ménarche (l'arrivée des premières règles), qui devrait les rendre théoriquement prêtes à un engagement du corps avec l'autre, et le moment où elles s'estiment effectivement prêtes. Elles ont bien compris la notion de maturation psychoaffective, qui est en général beaucoup plus lente que la puberté biologique. Les garçons en ont souvent moins conscience.

---

1. *La vie ne me fait pas peur*, film français de Noémie Lvovsky, 1999.

Pour les garçons

Chez les garçons, la puberté est plus tardive que chez les filles, et les représentations stéréotypées de la sexualité masculine – encore très actives dans notre société, même si elles cohabitent avec d'autres représentations de la masculinité –, les conduisent à exprimer, *a priori*, quelque chose de l'ordre du « toujours prêt ».

Il est important de déconstruire ce mythe avec eux, car il ne correspond ni à leur réalité, ni à leurs capacités émotionnelles. Un garçon disait à ce propos qu'il n'aurait de rapports sexuels que lorsqu'il se sentirait psychologiquement capable de faire face à un éventuel échec. Entre rassurer des garçons sur le fait que le plus souvent cela se passe bien, et leur faire entendre qu'ils ne sont pas nécessairement toujours prêts, le travail des adultes n'est pas simple. Il se situe sur une ligne de crête tendue, qui doit tenir compte à la fois des peurs à apaiser et des propos machistes à dégonfler, qui ne sont souvent là que pour faire écran à l'angoisse.

Pour les filles

« Se sentir prêtes » est la première condition revendiquée par les filles pour qu'elles aient des relations sexuelles. Néanmoins, entre cette nécessité exprimée et la réalité de l'entrée dans la sexualité, il y a un décalage qui devient de plus en plus grand.

Aujourd'hui, nous l'avons vu, l'entrée précoce dans la sexualité (vers 13-14 ans) n'est plus l'apanage des filles en grande difficulté. Il peut s'agir de très jeunes adolescentes vivant dans des familles sans problème apparent.

Différents facteurs peuvent expliquer cette entrée précoce :

• des facteurs « internes ». Une ménarche précoce concourt à leur donner une apparence très féminine et adulte dès 13-14 ans ;

- des facteurs externes, sociaux. Les mises en images de la sexualité, notamment dans la publicité, concernent de plus en plus de très jeunes filles (on pourrait même dire que l'extrême jeunesse devient le modèle de la sexualité). L'absence d'interdit social concernant l'entrée dans la sexualité adolescente joue aussi certainement un rôle.

Tous ces facteurs conduisent certaines filles très jeunes à court-circuiter le temps du développement psychoaffectif et à entrer très précocement dans la sexualité sans en envisager les conséquences. Si elles sont très informées des moyens de protection (préservatifs et pilule du lendemain), elles sont loin d'être prêtes à vivre affectivement ces expériences. Il y a donc un paradoxe entre ce qu'elle revendique comme condition (être « prêtes ») pour entrer dans la sexualité et la manière dont elles la vivent.

Comment en parler ?

Thème

Les premières relations sexuelles.

Objectifs

Envisager avec les très jeunes les enjeux psychoaffectifs de l'entrée dans la sexualité, et la nécessité d'une maturation pour pouvoir en affronter les risques.

Scénario

Marie, 14 ans, d'une bonne famille relativement libérale, est amoureuse de Nicolas, 15 ans. Ils vont avoir leurs premiers rapports sexuels quatre mois après une relation de flirt. Marie se sent vite dépassée par ce qui se joue dans la relation charnelle et devient très dépendante de Nicolas. Lui ne supporte pas la dépendance et la jalousie de sa copine, car il a envie de continuer à voir ses copains et à vivre comme avant. Il finit par la laisser tomber, ce que Marie vit très mal, car elle a eu le sentiment de lui donner quelque chose d'important en ayant des relations sexuelles avec lui à son âge.

Marie a une très bonne amie, Alice, qui est la confidente de toute cette histoire. Alice n'a jamais eu de relations sexuelles, et elle est très émoustillée par l'histoire de Marie. Nicolas et Alice vont se retrouver lors d'une soirée et sortir ensemble, ils auront rapidement des relations sexuelles.

Apprenant cette histoire, Marie est alors très malheureuse. Elle se sent doublement trahie et abandonnée, par son ex-petit copain et par sa meilleure amie. Ces expériences, déjà douloureuses pour toute femme adulte, sont encore bien plus difficiles à vivre pour une jeune adolescente. Marie supporte encore plus mal d'être trahie par sa meilleure amie que d'avoir été abandonnée par son copain, car elle perd de surcroît la confidente à laquelle elle racontait tout. Elle vivra une année très difficile, durant laquelle elle s'isole beaucoup et se sent très déprimée. Des résultats scolaires très médiocres, auxquels Marie et ses parents ne sont pas habitués, vont accroître les déceptions de l'une et des autres. Elle finira par parler à sa mère de cette histoire. Cette maman, bien que libérale, aura beaucoup de difficultés à accepter que sa fille de 14 ans ait pu avoir des rapports sexuels. Marie est alors adressée en consultation. De cette histoire, elle dira qu'elle n'était pas du tout prête à vivre tout ça, qu'elle s'est sentie complètement perdue, qu'elle a été débordée, par ses émotions, par des sentiments trop violents auxquels elle ne s'attendait pas, qui ne correspondaient ni à ce qu'elle pensait trouver dans une relation sexuelle, ni à ce qu'elle était capable de vivre à ce moment de son évolution.

Questions pour le débat

À la lumière de cet exemple, on peut aider les très jeunes à se poser des questions essentielles :

- Est-ce que c'est bon pour moi d'avoir des relations sexuelles dès maintenant ?
- Pour qui je le fais ? À qui ça sert ? À quoi ça sert ?
- Qu'est-ce que cela peut m'apporter maintenant ?

- Suis-je effectivement prêt pour ça et capable de le faire sans courir trop de risques ?
- Y aurait-il un intérêt à attendre et lequel ?

Il ne s'agit pas d'édicter un interdit, ni d'adopter une position moralisatrice, mais d'aider les adolescents à se poser des questions.

Aborder avec les adolescentes les plus jeunes la question du sens de l'entrée dans la sexualité est bien plus pertinent que de parler d'emblée de moyens de protection (pilule, préservatif...). Les jeunes filles qui ont des rapports sexuels très jeunes passent à l'acte tout en ayant l'intuition qu'elles sont trop jeunes pour le faire. Elles sont moins menacées quand elles sortent avec un garçon de leur âge, bien que l'histoire de Marie nous montre qu'elles peuvent vivre aussi des choses difficiles et inattendues dans ce cas. Lorsqu'elles sortent avec des garçons, souvent plus âgés qu'elles et auxquels elles ne disent pas toujours leur âge, elles se sentent alors inférieures vis-à-vis d'eux. Comme elles ne veulent pas passer pour des « petites », elles sont capables d'accepter tout ce que les garçons vont leur proposer : « Comme ils sont grands, ils savent ce qu'ils font. Moi, je n'ai rien à dire et surtout rien à exiger. Ce que je veux, c'est qu'on me prenne pour plus grande que je ne suis ». C'est dans ces situations que des filles très jeunes, parfaitement informées de l'existence et de l'usage du préservatif, vont accepter sans rien dire que des garçons n'en portent pas. Ce sont les mêmes qui n'oseront pas aller chercher une pilule d'urgence, tant elles craignent le regard des adultes, qui les renvoie à celui de leurs parents et à leur propre culpabilité d'avoir fait cette expérience trop jeune.

Ainsi, ce n'est donc pas tant l'information sur l'existence d'une pilule d'urgence que le problème de soutenir le regard de l'adulte qui la délivre qu'il faut aborder. « Si je ne peux pas aller chercher une pilule d'urgence, parce que j'ai honte d'affronter le regard d'un adulte qui va savoir que je l'ai fait, alors que je suis trop jeune pour ça, et que je ne me suis même pas protégée, qui va y aller pour moi ? » Les bonnes copines peuvent alors être d'un grand secours, à condition que l'infirmière scolaire ou du centre de planning n'exige pas de l'adolescente qu'elle prenne la pilule devant elle (ce qu'elles font parfois malheureusement). Ce genre de pratique, qui traduit peut-être nos ambivalences vis-à-vis de la sexualité adolescente, peut constituer un véritable obstacle institutionnel à la prévention.

Il est enfin primordial de renforcer les jeunes dans leur estime d'eux-mêmes, afin de les rendre plus responsables : « Tu me dis que le pharmacien va penser que tu es trop jeune ; mais qui pense ? Est-ce lui ou toi ? Comment sais-tu ce qu'il pense ? Es-tu dans sa tête ? » Ces questionnements ont pour but d'aider les jeunes filles ayant eu des rapports sexuels précoces à réaliser combien elles se sentent coupables, notamment vis-à-vis de leurs parents. Cet exemple montre de façon caricaturale comment, *en matière de prévention, les notions de développement psychosexuel et de culpabilité sont essentielles.*

Avoir des relations sexuelles pour être « comme tout le monde »

Si les filles disent qu'elles doivent être très amoureuses, bien connaître le garçon avec lequel elles vont « le faire » et pouvoir lui faire confiance avant de « passer à l'acte », les pressions qui pèsent sur elles pour « être comme tout le monde » jouent un rôle important dans l'engagement du corps. La fameuse moyenne statistique de 17 ans au premier rapport est devenue une nouvelle norme, tout aussi impérieuse qu'autrefois les normes de virginité au mariage. Les adolescents sont nombreux à penser que si l'on est encore vierge à 17 ans, c'est qu'on n'est pas vraiment normal…

On voit ici l'importance de réfléchir avec eux sur la prise de conscience de la pression sociale et des nouvelles normes qui s'exercent sur eux, et qui constituent des entraves de plus en plus grandes à un choix réel et libre (dans la mesure du possible…). C'est ainsi que peuvent s'ouvrir des espaces de liberté qui permettent aux adolescents d'être davantage sujets de leur sexualité, ce qu'ils souhaitent. En effet, si la plupart des jeunes reconnaissent subir la pression du « pour faire comme tout le monde » à propos de la première cigarette, c'est bien souvent à leur insu qu'ils subissent les pressions quant à leur entrée dans la sexualité. Ils se sentent bien souvent floués quand ils en prennent conscience. Ainsi, dans l'enquête ACSJ, seules 3 % des jeunes filles ont reconnu qu'elles avaient eu leur premier rapport sexuel pour faire comme les copines. Elles idéalisaient cette première relation, elles voulaient en faire une décision et un choix, mais elles n'ont pas pris conscience des enjeux auxquels elles étaient confrontées.

Comment travailler sur les pressions et les normes ? Voici quelques outils.

Comment en parler ?

Thème
Être prêt à avoir une relation sexuelle.

Objectifs
Travailler sur les pressions et les normes.

Scénario
Jeanne, 19 ans, n'a pas encore eu de relations sexuelles et se pose beaucoup de questions sur sa normalité, car toutes ses copines en ont eu. C'est une fille jolie, intelligente, mais timide, qui a beaucoup de difficultés à

nouer des relations, notamment avec les garçons. Elle a bien repéré que l'un de ses copains, un gentil garçon, est amoureux d'elle. Elle décide de sortir avec lui et le provoque en forçant son naturel timide. Elle joue le rôle de la délurée qu'elle n'est pas. Lui est étonné, mais va répondre sur le même mode qu'elle, en lui disant notamment « le sexe, c'est que pour le fun ». Deux jours après être sortis ensemble, ils se rencontrent pour avoir une relation sexuelle. Après cet évènement, ils se quittent rapidement. Ils ne se reverront qu'une semaine plus tard, devant un café et il lui dira : « Je crois qu'on a été trop vite. »

Questions pour le débat

À partir de cette histoire, il est intéressant de demander aux jeunes d'imaginer ce qui a bien pu se passer entre Jeanne et son ami :

- Comment se sent la jeune fille ?
- Que pense-t-elle de ce qui lui est arrivé ?
- Et son copain, qu'en pense-t-il ?

Déroulement de la discussion

Les adolescents ont une grande facilité à se projeter dans ce type d'histoire, car il concerne des situations qu'ils vivent. Ils parviennent très bien à décrypter et à comprendre ce qui s'est passé. Ils décodent sans difficulté les sentiments des personnages : la fille et le garçon ont joué au moment de la « drague » un rôle très éloigné de ce qu'ils sont dans la réalité. Cependant, lorsqu'ils se retrouvent nus, l'un devant l'autre, pour avoir une relation sexuelle, il n'y a plus de rôle qui tienne. Ils se sentent mal à l'aise, gênés, honteux, et l'acte sexuel se passe presque sans parole. Dès qu'ils ont fini, ils se rhabillent : que peuvent-ils faire sinon fuir une situation gênante et le regard de l'autre ?

Pour Jeanne, que s'est-il passé ?

Elle voulait avoir une relation sexuelle pour se débarrasser de sa virginité qui lui renvoyait une image d'anormalité. Elle s'en débarrasse, mais ne se sent pas mieux pour autant. Déçue, elle va probablement encore moins bien. Elle risque alors de reconstruire cette déception sur un stéréotype habituel qui fait du garçon le bouc émissaire de l'échec : « Il ne voulait que ça, et après il s'en va ». Elle se place alors en situation de victime de la sexualité des garçons. En fait, derrière ce discours écran, se cache une représentation d'elle-même très dévalorisée : « Un garçon est amoureux de moi ; il dit que "le sexe, c'est pour le fun", et il disparaît après. Cela veut dire que je suis nulle au lit et que je ne suis même pas capable de bien faire l'amour ».

Et pour le garçon, que s'est-il passé ? Est-ce que cela a été bien pour lui ?

Les garçons répondent en premier lieu « Oui, car il a tiré un coup ! » Il ne faut pas oublier que les adolescents sont dans une situation très différente des adultes. Traversés par de très fortes pulsions, dans un climat d'excitation sociale, ils ont beaucoup moins l'occasion d'avoir des relations sexuelles qu'un homme qui vivrait maritalement, avec une femme « à sa disposition ». Il s'agit là d'une caricature, mais si l'on se réfère au seul critère quantitatif, elle recouvre une certaine réalité dont il faut être conscient : un couple qui vit maritalement a en moyenne un à deux rapports par semaine, ce qui n'est pas du tout le cas des adolescents. Il est donc essentiel de « recevoir » cette réponse des garçons, pour les pousser à aller plus loin dans leur réflexion : « C'est vrai, il a fait l'amour, mais est-ce que cela a été si bien que ça pour lui ? ». Les garçons réalisent qu'il était probablement aussi gêné que la fille, et que la situation n'a pas forcément été agréable pour lui non plus.

Élargir le débat

On peut ensuite évoquer l'aspect « rentabilité » de cette histoire : le copain de Jeanne a peut-être joui une fois, mais si cette histoire avait duré, il aurait pu jouir avec elle beaucoup plus souvent. Enfin, on en arrive aux enjeux affectifs : il était amoureux de cette fille, et il l'a perdue :

• Est-ce que c'est aussi fréquent que ça, d'être amoureux ?

• Parmi toutes les histoires sexuelles vécues, combien de personnes ont vraiment été importantes pour nous ?

Beaucoup d'adultes pensent que les histoires amoureuses des adolescents ne sont pas sérieuses, alors qu'une histoire d'amour ratée peut être très douloureuse à tout âge. Il est d'ailleurs paradoxal que les adultes critiquent l'incapacité d'investissement affectif des adolescents lors de leurs relations sexuelles, en même temps qu'ils leur dénient la capacité de souffrir d'une histoire amoureuse. S'il faut tenir compte des enjeux proprement sexuels et de leur signification, il faut être aussi capable de reconnaître les enjeux affectifs quand ils existent. Comme le dit Coluche, « dix de perdues, une de retrouvée et pas sûr ».

Il est aussi primordial d'analyser avec les jeunes toutes les représentations et les stéréotypes à l'œuvre dans l'histoire de Jeanne, bien éloignés de leur contenu affectif réel, et qui renvoient à différentes exigences :

- le devoir de faire l'amour pour être comme tout le monde ;
- leurs représentations des performances sexuelles nécessaires, autre forme de pression et de norme, de plus en plus prégnante chez les adolescents, conséquence de leur culture pornographique et du culte actuel de performance ;
- le stéréotype des filles « victimes de la sexualité des garçons » qui perdure ;
- le stéréotype du garçon « toujours prêt », pour qui « un coup tiré, c'est toujours bon à prendre ». On peut alors rappeler que lors de certains moments, notamment quand on est amoureux, il est important de savoir attendre.

On peut terminer cette histoire en demandant aux adolescents comment elle aurait pu se dérouler autrement et être plus satisfaisante pour Jeanne et pour son copain. Nombre de garçons et de filles vont pouvoir dire qu'ils auraient dû prendre leur temps, nouer un minimum de relation, construire un peu d'intimité avant de faire l'amour.

La pression des pairs fonctionne aussi à l'intérieur des groupes.

Comment en parler ?

Thème

Les premières relations sexuelles.

Objectifs

Travailler avec les très jeunes sur les enjeux psychoaffectifs de l'entrée dans la sexualité et sur la nécessité d'une maturation pour pouvoir en affronter les risques.

Scénario

Karine, Laura et Jennifer sont invitées à passer quelques jours de vacances chez leur copine Marie, dont les parents possèdent une maison à la campagne. Marie a plein de copains dans ce village, dont Étienne, un copain d'enfance qu'elle aime beaucoup. Cette année-là, l'année de leurs 15 ans, Marie va avoir ses premières relations sexuelles avec Étienne et bien sûr, les filles vont papoter ensemble de cette expérience. Très émoustillées par ce que raconte Marie, ses amies l'envient et idéalisent ce que leur amie vient de vivre. Lors d'une fête organisée par Étienne, Laura et Jennifer vont-elles aussi avoir leurs premières relations sexuelles avec des copains d'Étienne.

Questions pour le débat

- Que s'est-il passé pour les amies de Jennifer ?
- Ont-elles subitement vécu un coup de foudre ?
- Étaient-elles prêtes à faire l'amour ?

Déroulement de la discussion

Les adolescents réalisent bien à travers cette histoire, comme à travers la précédente, les pressions qui pèsent sur eux pour qu'ils aient leurs premiers rapports sexuels, et la manière dont le groupe peut jouer un rôle d'excitateur, d'incitateur et de promoteur.

Il est important de souligner que la façon dont ont été vécus de tels rapports est susceptible de renforcer le stéréotype des filles victimes de la sexualité des garçons. En effet, les filles sont souvent déçues. Dans plus de la moitié des cas, la durée d'une relation est inférieure à un mois après les premiers rapports. Les ruptures rapides, le plus souvent initiées par les filles[1], sont très nombreuses après une première relation sexuelle. Ces ruptures rapides leur permettent de continuer à penser et à dire que « les garçons sont des salauds qui ne veulent que ça, et qui se tirent après ». Alors qu'elles sont surtout déçues d'elles-mêmes, d'avoir été trop vite, elles font de leur partenaire le bouc émissaire, seul responsable de cette déception.

Apprendre à dire clairement « oui » et « non »

Si on apprend aux filles à dire « non », on ne leur apprend pas à dire « oui », et la première relation sexuelle a lieu dans cet implicite « ni oui, ni non ». Il s'agit d'un non-dit, qui doit se comprendre sans paroles dans cette relation de séduction où le « peut-être » est d'ailleurs parfois un facteur érotisant. Reste que c'est bien dans ce « ni oui, ni non » que les filles étayent leur représentation de victimes de la sexualité des garçons et qu'elles font d'eux les boucs émissaires de ces premières relations ratées. Un « oui » clair peut-il rendre la relation moins érotique, casser le jeu de la séduction ? Cela dépend de la façon dont le « oui » est prononcé et du moment choisi pour le dire. Néanmoins, il paraît essentiel que les filles puissent dire un « oui » clair pour sortir de l'ambivalence et exprimer leur désir. Cette affirmation peut leur permettre de devenir sujet de leur propre sexualité, et non objet de la sexualité des garçons, et d'endosser leur part de responsabilité dans le jeu de séduction.

---

1. Enquête ACSJ (Analyse du comportement sexuel des jeunes de 15 à 18 ans) présentée dans LAGRANGE H., LHOMOND B., *L'entrée dans la sexualité : le comportement des jeunes dans le contexte du sida*, La Découverte, 1997.

Lorsqu'on évoque ce thème avec des adolescents, ils s'accordent à trouver cette idée intéressante. Néanmoins, les filles se sentent souvent bloquées par la représentation que pourraient avoir les garçons d'une fille qui dit « oui ». Nombreuses sont celles qui pensent que dire « oui » risque de les faire passer pour des « putes ». Bien qu'elles soient de plus en plus nombreuses à reconnaître, elles aussi, qu'elles sont traversées de pulsions sexuelles et de désir (elles sont plus nombreuses à parler librement de masturbation), elles redoutent la réputation qu'aurait une fille qui dit « oui ». C'est donc au fond cette représentation qui doit être remise en cause pour autoriser les filles à prononcer un vrai « oui », dont les garçons sont désireux, d'où l'importance de travailler sur la construction des réputations dont souffrent les filles.

Il faut également les aider à réaliser que le « oui » d'un soir n'est pas un « oui » permanent : il y a des moments où l'on n'est pas disponible, où l'on n'éprouve pas de désir, ce qui est bien différent de ne plus aimer, ou de ne plus être amoureux. Des filles jeunes peuvent se sentir contraintes à avoir des relations sexuelles parce qu'elles ont une contraception qui leur assure une disponibilité sexuelle permanente sans risques. L'envie en permanence est devenue un nouveau critère de normalité : ne pas avoir envie pourrait signifier être frigide, alors qu'avoir envie tout le temps, c'est être une fille « chaude » comme on se doit de l'être aujourd'hui. La fréquence des plaintes pour douleurs aux rapports (dyspareunies) attribuées à des mycoses et surmédicalisées vient souvent de la nécessité pour les jeunes filles de trouver une cause somatique qui leur permette de dire « non » sans passer, à leurs yeux comme à ceux de leur compagnon, pour des filles frigides. L'altérité sexuelle est une réalité que filles et garçons doivent accepter : les adolescents des deux sexes ne fonctionnent pas de la même façon, et n'ont pas nécessairement les mêmes besoins aux mêmes moments. Il est important qu'ils puissent en parler pour se comprendre, afin d'éviter bien des représentations fausses qui peuvent faire mal, comme « si tu n'as pas envie, c'est que tu ne m'aimes plus », « je ne suis plus désirable » ou « tu en aimes un autre »… De ces incompréhensions, vécues parfois comme des abandons ou des rejets, peut surgir la violence.

De la même manière qu'il est essentiel d'apprendre aux filles à dire « oui », il est important de permettre aux garçons de dire « non ». Dans les stéréotypes masculins, l'homme est celui qui est « toujours prêt » et qui « n'ira pas coucher dans la baignoire si une fille tombe dans son lit ». Comme nous le disions, dans cette période de « disette sexuelle relative », « tirer son coup, c'est toujours ça de pris ». Reste la question : est-ce qu'un garçon aurait quelque chose à y perdre ? La réponse se trouve peut-être dans la chanson de Georges Brassens « quand je pense à Fernande, je bande… mais quand je pense à Lulu, là je ne bande plus ». Un garçon qui aurait une panne sexuelle avec une fille, qui n'a aucun autre attrait pour lui que d'être tombée dans son lit, doit-il s'en inquiéter ? Les jeunes garçons (et les moins jeunes aussi) sont très fragiles par rapport à leur nouvelle virilité, et un échec peut être vécu sur un mode dramatique, engendrer des peurs, des phobies… Ce problème vaut donc la peine d'y réfléchir. De plus, il peut induire des prises de risques, car une des grandes réticences des garçons vis-à-vis du préservatif est le risque de débander quand ils le mettent en place. Quand un garçon a vécu une panne sexuelle, il pourra vouloir éviter tous les facteurs extérieurs qui pourraient le mettre en difficulté, dont le préservatif.

La « carte du tendre »

Tenter de comprendre les enjeux affectifs et sexuels de l'engagement du corps dans une relation et faire le lien entre ces enjeux, c'est réunir les différentes parties clivées d'une même personne, travailler sur le clivage entre le sexe et la personne. Ce clivage est notamment habituel chez les garçons à l'adolescence, compte tenu de la peur de la régression qu'engendre une relation affective : la tendresse les renvoie à l'enfant qu'ils étaient et qu'ils ne veulent plus être.

Une « nouvelle carte du tendre » peut permettre d'identifier les situations dans lesquelles les adolescents peuvent être amenés à avoir une relation sexuelle. Quelles sont les sensations, les émotions, les sentiments impliqués dans le mot-valise « faire l'amour » et quelle est la position du partenaire : est-il objet ou sujet de la relation ?

Nous pouvons schématiquement distinguer cinq modes d'entrée dans une relation sexuelle : la pulsion sexuelle, l'attirance sexuelle, le sentiment amoureux, la passion amoureuse et l'amour.

La pulsion sexuelle

Elle peut se définir ainsi : « poussée qui prend naissance dans l'organisme et qui tend à la suppression de l'état de tension interne grâce à un objet réel ou imaginaire[1] ». Les adolescents associent volontiers la pulsion à « la montée des hormones », mettant de côté le rôle psychique de l'origine de la pulsion. Par exemple, si une érection matinale est fréquente et physiologique, d'autres érections pulsionnelles peuvent être liées à des images, des rêves… Quoi qu'il en soit, il est certain qu'une pulsion sexuelle peut engendrer une relation sexuelle dans laquelle l'autre n'est effectivement qu'un objet, qui sert à l'assouvissement de la tension. Si l'on parlait de « faire l'amour », il ne resterait ici que le « faire ». L'enjeu ne serait pas même de « se faire l'amour », mais simplement de se masturber à l'aide de l'autre.

L'attirance sexuelle

Elle peut se définir comme le sentiment d'être aimanté par la vue d'une personne. Cette dernière n'est qu'un « objet corps » attirant ; ce n'est pas une personne dont on peut citer les traits de caractère, les défauts ou les

---

1. LAPLANCHE J. et PONTALIS J.-B., *Vocabulaire de la psychanalyse*, PUF, 2004.

qualités. C'est ce mode de rencontre qui fait dire à Vladimir Jankelevitch que « l'homme est un animal visuel ». Il est possible d'engager son corps dans une relation qui se résume à une attirance sexuelle, avec quelqu'un dont le corps nous plaît, sans qu'une réelle relation ne se soit engagée ; la relation se résumerait à la rencontre de deux « objets-corps ». Il n'y aurait ici que deux plaisirs « pour soi » qui se côtoient ; peu importe ce que l'autre vivra. Ainsi, il n'y a pas d'engagement vis-à-vis de l'autre ; la relation se limite à ce moment vécu ensemble, qui pourra éventuellement se répéter (c'est ce qu'il est commun d'appeler « une baise » et l'on peut penser qu'il s'agit d'une « bonne baise » si les deux partenaires ont pris leur plaisir). Reste qu'il n'est pas toujours très simple dans une relation nécessairement très codifiée de savoir si l'autre a été satisfait et a réellement pris du plaisir. Ce type de relation, inlassablement présenté dans les films et pas seulement les films pornographiques, est aujourd'hui très valorisé dans notre société, et pas uniquement à l'adolescence. Jamais le moment nécessaire de la séduction avant d'arriver au lit n'est montré.

En tant qu'adultes, il est difficile de travailler sur cette problématique tout en taisant les valeurs morales qui nous habitent et qui peuvent influencer notre façon de présenter ce mode de relations sexuelles. Ce qui nous dérange ici, ce n'est pas tant le plaisir, que la dissociation du sexe et de l'affect. Il faut pourtant accepter que lors de certaines situations, ce soit le cas. On peut alors réfléchir avec les adolescents sur ce mode de relation qui prend désormais tant de place dans la conception sociale du « faire l'amour » : si l'autre est un « objet-corps » pour moi, suis-je prêt à accepter d'être un « objet-corps » pour lui ?

C'est dans ce type de relation que certaines filles en difficulté vont engager leur corps, pour y rechercher avant tout de la tendresse et de l'affection. En n'y trouvant que du sexe, non seulement, elles seront déçues, mais elles vont détruire davantage leur estime d'elles-mêmes : elles ne seraient que des « putes », voire « des trous ». Du côté des garçons, abuser de la recherche d'affection de ces jeunes filles, même si elles sont d'accord pour la relation sexuelle, c'est les exploiter sexuellement alors qu'elles sont en situation de faiblesse. Il est important que les jeunes en soient conscients. Est-ce là vraiment ce qu'ils recherchent ? (Ce thème de « la pute » doit faire l'objet d'une réflexion approfondie, qui sera traitée dans le chapitre 11 consacré aux violences sexuelles.) Contrairement à ce qui est véhiculé sur les adolescents, ils sont très soucieux des enjeux de justice et n'ont pas envie de profiter des situations de faiblesse. La question ici est de savoir si l'accord de l'autre, toujours nécessaire, est suffisant dans certaines situations. Chacun peut-il utiliser l'autre parce qu'il a son accord ?

Tout se passe comme si, à travers la relation sexuelle, il ne se jouait rien d'autre qu'une recherche de jouissance mutuelle, à peine partagée. Or, entrer en relation avec l'autre, ne serait-ce qu'avec son corps, n'est pas affectivement si neutre que la société ou la raison voudrait nous le laisser penser. Certaines relations peuvent d'abord se nouer sur le mode sexuel, et engager bien plus profondément et pour bien plus longtemps que l'on ne pouvait l'imaginer. Bien des exemples, dans la vie ou dans la littérature, le montrent[1]. Les adolescents et les adultes racontent volontiers des histoires qui ont commencé par le sexe et qui sont devenues des passions amoureuses. « Ce que l'homme a de plus profond, c'est sa peau[2] », écrit Paul Valery. Ainsi, j'engage mon corps, mais suis-je certain de n'engager rien d'autre, qui affectera mon avenir d'amant ? Cette question est essentielle, car si la société idéalise le sexe, elle neutralise totalement l'impact et les conséquences éventuelles d'une relation charnelle.

Il est possible qu'une relation sexuelle se limite à une « bonne baise », mais ce n'est jamais aussi simple que de manger une bonne glace et ça

---

1. *Cf.* PROUST M., *Du côté de chez Swann*, LGF, 1992.
2. VALERY P., *Cahiers*, t. II, Gallimard, 2001.

ne laisse pas les mêmes souvenirs. Certaines histoires de sexe peuvent marquer un adolescent et faire naître une nostalgie, des fantasmes qui vont l'habiter et peut-être influencer durablement sa vie et ses choix sexuels.

Le sentiment amoureux

Ce mode d'entrée dans la relation sexuelle est souvent le seul envisagé par les adultes pour les adolescents. Cette vision romantique de la sexualité reste prépondérante et la seule à être valorisée. Le sentiment amoureux paraît bien difficile à définir : c'est un sentiment qui participe à l'état de bonheur. La plupart d'entre nous l'ont éprouvé et savent qu'il crée les moments les plus précieux, les plus essentiels de la vie. Il est l'un des thèmes essentiels de toute la création artistique : que seraient la littérature, les films, la musique sans le sentiment amoureux ? C'est dire si ce thème transversal devrait être abordé avec les jeunes, à travers les créations artistiques, qui l'expriment ou l'analysent si finement.

C'est dans les situations amoureuses que la relation des corps peut être la plus puissante et la plus délicieuse, si l'on est suffisamment à l'aise avec son corps : le sentiment de fusion qu'elle procure est l'un des moments forts les plus heureux de la vie. Le souci que l'on a de l'être aimé est constant : *prendre* et *donner* du plaisir ne peuvent aller l'un sans l'autre dans ce type de relation. Le plaisir qu'on y prend ne se résume pas à la pénétration ou à la jouissance. Tout ici dans la relation fait plaisir.

De nouveau, la discussion peut porter sur la distinction entre jouissance et plaisir :

- Qu'est-ce qui leur fait plaisir quand ils sont amoureux ?
- Comment voient-ils l'autre quand ils sont amoureux ? Une jeune fille disait « je le vois avec des lunettes de soleil » ; un garçon « je la vois comme une petite fleur ».

• Et eux-mêmes, comment se voient-ils quand quelqu'un est amoureux d'eux ? Ils sentent qu'ils ont de la valeur et de l'intérêt puisqu'un autre les aime. C'est un moment d'idéalisation, une idéalisation de l'autre qui leur renvoie d'eux une image idéale.

Dans cette situation, il y a véritablement une rencontre de deux personnes, qui ne se réduisent pas à des « objets corps ». Une relation existe, même si elle s'instaure avec un être plus imaginaire que réel. Nous lui attribuons les qualités que nous voulons lui voir. C'est ainsi qu'on peut comprendre qu'aimer, ce n'est pas seulement « donner à l'autre ce qu'on n'a pas », c'est aussi demander à l'autre ce qu'il n'a pas…

La passion amoureuse

Les adolescents disent tous qu'ils souhaitent vivre un jour une passion amoureuse, que c'est ce qu'ils attendent de l'amour. Et effectivement, depuis le romantisme, ce mode de relations amoureuses est privilégié dans notre société. Cela étant, quand on leur demande de donner un exemple de passion amoureuse, ils sont en difficulté : ils citent classiquement *Roméo et Juliette*, dont souvent ils ne connaissent pas l'histoire, et plus récemment *Titanic*. Ils recherchent le sentiment amoureux porté à son extrême, le sentiment d'une fusion totale avec l'autre.

Toutefois, quand nous réfléchissons avec eux sur ce sentiment, ils voient bien les dangers et l'impossibilité de vivre au long cours d'une telle relation. Par exemple, ils se rendent compte que l'intensité de la passion est due à l'interdit : la passion se nourrit d'obstacles et d'impossibles. Ils réalisent également que la mort peut signer la fin d'une passion : c'est la fin de *Roméo et Juliette* et aussi celle de *Titanic*. Si on leur demande comment se serait finie l'histoire de *Titanic* si le bateau n'avait pas coulé, les adolescents répondent souvent : « Ils se seraient mariés ; ils auraient eu des enfants ; et puis ils auraient divorcé, comme tout le monde… »

De fait, ils ne croient pas à la durabilité de ce sentiment. Ils réalisent aussi que si la passion amoureuse était le seul sentiment qui permette d'étayer une vie de couple et de fonder une famille, elle serait insuffisante. Ainsi, ils ont conscience du fait que, pour qu'une vie de couple soit durable, d'autres éléments qui permettent de trouver du plaisir à rester ensemble une fois la passion éteinte doivent être présents.

Il est essentiel de travailler sur la relation de dépendance qu'implique la passion amoureuse. Comme dans la toxicomanie se joue la dépendance à un produit, dans la passion, c'est la dépendance à l'autre qui se joue, ce qui n'est pas moins dangereux. Les risques de cette dépendance à l'autre peuvent être étudiés à travers un exemple comme la passion d'Emma pour son mari dans le film *Breaking the waves* de Lars von Trier[1].

Comment en parler ?

Thème

La dépendance dans la relation amoureuse.

Scénario (le film Breaking the waves de Lars von Trier)

Dans une commune d'Écosse, la population est très pratiquante. L'une des jeunes femmes les plus fidèles, qui est considérée comme une fille un peu simplette par les habitants du village, a une relation très directe à Dieu, avec lequel elle parle souvent. Elle rencontre un jeune homme, un ami de son frère, qui travaille sur une plate-forme pétrolière au large des côtes. Ils se marient, et dans le mariage et à travers l'union charnelle, elle devient totalement dépendante de la présence de cet homme, dont elle ne peut plus se passer. Quand il part travailler, elle ne peut supporter son absence et va prier Dieu pour lui demander de faire revenir son mari. Cette prière est « exaucée » : son mari a un accident du travail qui le rend

---

1. *Breaking the waves*, film danois de Lars Von Trier, 1996.

paraplégique et l'oblige à revenir sur le continent. Il est près d'elle, mais dans un état dramatique, qui lui fait perdre tout désir de vivre. Il dit retrouver ce désir en demandant à sa femme, lui qui ne peut plus avoir d'érection ni faire l'amour, d'avoir des amants et de venir lui raconter ce qu'ils font ensemble. Cette femme, totalement dépendante de cet homme, et qui n'a d'existence qu'à travers lui, accepte des relations de plus en plus dégradantes, qui la font exclure de sa communauté, et la conduiront à la mort, pour sauver son mari.

Intérêt du scénario

Ce scénario permet de repérer les ingrédients de la passion. Si la passion est ce qui permet d'être dans une totale fusion avec l'autre, ce ne peut être qu'un moment : celui du mythe fondateur. Ensuite, ce sentiment doit évoluer, sinon ceux qui le vivent risquent de s'y perdre et d'y mourir.

Questions pour le débat

- Comment peut-on les comprendre ?
- En quoi la passion amoureuse serait-elle « une psychopathologie de la dépendance » comme la toxicomanie ?

Voilà des questions ouvertes dont nous pouvons débattre avec les adolescents et qui les intéressent beaucoup. Ces questions ont de plus l'intérêt de déplacer le problème de la toxicomanie, souvent envisagée par le produit, sur la dépendance, cruciale à l'adolescence, puisque les jeunes doivent alors « décrocher » de leurs parents.

- Que peut-on mettre à la place, la place du vide laissé par ce décrochage, qui fait qu'on se sent si vide soi-même ?

Déroulement de la discussion

Les adolescents analysent parfaitement la passion et ses risques. Ils comprennent :

- que la passion est la face morbide de l'amour ;

- qu'elle peut faire d'un sentiment de plaisir un sentiment de souffrance ;
- qu'elle est exclusive et jalouse ;
- qu'elle ravage celui qu'elle habite, qui la subit, et qui ne peut la maîtriser ;
- qu'elle envahit entièrement celui qui la vit, et ne lui permet plus d'avoir d'autre intérêt. C'est ce qui définit justement la dépendance à l'autre, sans lequel on ne peut plus exister.

Dans la clinique adolescente, les suicides par passion amoureuse déçue se rencontrent, et la dangerosité des situations de rupture doit être soulignée.

L'amour

Et l'amour, dans cette « carte du tendre », quelle place aurait-il ?

Les adolescents le définissent comme un attachement profond qui pourrait succéder à une période de sentiment amoureux ou de passion amoureuse. Selon eux, il exige la connaissance et le respect de l'autre, des valeurs partagées et une acceptation de l'être aimé, tel qu'il est réellement, avec ses qualités et ses défauts. Il fait intervenir la notion de temps et la volonté de construire, et concerne deux adultes qui s'acceptent.

Défini ainsi, l'amour pourrait être le sentiment de base à l'origine du fondement d'une famille. C'est bien entendu un attachement dont les adolescents sont bien éloignés, mais qu'ils peuvent avoir en vue pour l'avenir. Aussi est-il important de leur laisser entrevoir cet avenir-là, si différent des couples « kleenex » (on prend, on jette) fondés sur le seul sentiment amoureux. Il y aurait un travail nécessaire d'accompagnement des jeunes couples qui souhaitent se marier ou fonder une famille. La société actuelle, qui ne leur donne comme modèle qu'un couple fondé sur le désir et le sentiment amoureux, les prépare bien mal à une vie de famille et de couple.

Pour conclure, si l'on demande aux adolescents de repérer où ils se positionnent dans cette « carte du tendre », ils réalisent parfaitement qu'ils ont vécu des pulsions sexuelles et des attirances sexuelles, et pour beaucoup un sentiment amoureux, mais qu'ils n'en sont guère plus loin. La majorité d'entre eux n'ont pas vécu de passion amoureuse, et encore moins d'histoire d'amour. C'est dire combien les adultes qui s'obstinent à vouloir lier le sexe et l'affect, en parlant d'amour de façon très idéalisée avec les adolescents, sont éloignés de leurs préoccupations du moment.

La rupture

À l'adolescence, vérifier son pouvoir de séduction, trouver un miroir narcissique dans le regard de l'autre, est essentiel et participe à la construction de l'identité. Même si les relations amoureuses sont intenses, elles ne durent pas. Cela étant, ce nécessaire papillonnage ne signifie pas qu'il n'y a pas de lien affectif. À nous, adultes, de prendre la mesure de la violence des sentiments adolescents et des souffrances qu'ils peuvent engendrer. Il est important de reconnaître la souffrance d'une rupture, de ne pas la banaliser, tout en signifiant l'expérience qu'elle procure. Si la souffrance est toujours présente dans une rupture, elle est souvent de durée limitée, car les jeunes ont une force vitale puissante et une grande capacité à changer d'objet avec beaucoup de souplesse.

Comment en parler ?

Thème

La douleur engendrée par une rupture.

Scénario

Étienne est amoureux d'Alice. Ils sortent ensemble depuis plusieurs mois.

C'est la première fois qu'Étienne se sent aussi amoureux d'une fille, et c'est aussi la première fois qu'il vit des relations sexuelles aussi intenses. Ils forment un joli couple, mais Alice paraît moins amoureuse qu'Étienne. Dans une soirée, Alice est attirée par un autre garçon, Julien, dont elle tombe amoureuse. Ils se revoient et Alice se rend compte que Julien est amoureux d'elle. Elle sait très bien l'attachement qu'éprouve Étienne pour elle, mais commence à ne plus le supporter. Elle est dans l'embarras, car la grand-mère d'Étienne, qu'il aime beaucoup et avec laquelle il a vécu lorsqu'il était petit, est gravement malade. Que va faire Alice ?

<u>*Questions pour le débat*</u>

Les jeunes repèrent bien la souffrance de l'abandon, pour celui qui n'a pas choisi la rupture.

- L'abandon peut-il être vécu de la même façon par tous ?
- Y a-t-il des situations qui rendent l'abandon plus difficile, ou des histoires qui le rendent intolérables ?

Ils repèrent aussi la culpabilité de celui qui a décidé de la rupture.

- Cette culpabilité doit-elle retenir celui qui a décidé de partir ?
- Peut-on essayer de négocier une rupture à un moment où l'on sent l'autre plus costaud pour le supporter ?
- Qu'est-ce qu'un *chantage affectif* ?
- Comment aider un copain qui va mal après une rupture ?

L'importance des relations amicales pour traverser ces moments est à souligner.

Rendre une rupture moins difficile

La souffrance de la rupture peut être aggravée par le mépris que celui qui rompt porte sur l'autre, et par la façon dont il l'exprime.

Il faut permettre aux adolescents de comprendre qu'après l'idéalisation de l'état amoureux, un moment de « désidéalisation » est nécessaire : à avoir vu l'autre si haut, on ne peut alors que le voir très bas, dans un mouvement de balancier obligé, avant d'atteindre une situation d'équilibre, qui pourrait correspondre à la réalité. Comme le dit si durement Marina Tsvetaeva[1] : « Quand on n'aime pas un homme, on le voit comme ses parents l'ont fait ; quand on aime un homme, on le voit comme Dieu l'a fait ; quand on n'aime plus un homme, on le voit comme une table ou comme une chaise ».

Les adolescents reconnaissent cette situation, qui correspond bien à ce qu'ils éprouvent. Ils se disent alors : « Comment ai-je pu être amoureux d'une personne pareille ? » Comme le dit plus finement Marcel Proust, à la fin de *Du côté de chez Swann*[2] : « Comment j'ai pu être amoureux... d'une femme qui n'était même pas mon genre. »

Il est toutefois important de relativiser : celui dont on a été amoureux hier est-il vraiment l'affreux qu'il nous semble être aujourd'hui ? Les adolescents sont tout prêts à reconnaître que ce n'est pas la réalité : c'est la déception qui les fait parler, ainsi que le fait de s'être autant trompés. Quand on a pris conscience du processus de « désidéalisation », peut-on être moins violent dans ses propos ou dans ses actes contre celui qu'on a aimé ? Il est raisonnable de le penser, et c'est ce que nous tentons de faire comprendre aux adolescents. Ils doivent comprendre ce qui suscite la violence dans une rupture, ce qu'elle signifie, et réaliser que le besoin de blesser l'autre ne permettra jamais d'expulser une violence qui est aussi en eux-mêmes. Comme le disait une adolescente, « peut-être qu'on a besoin d'être en colère pour pouvoir mieux se séparer de celui qu'on a aimé... »

---

1. TSVETAEVA M., *Neuf lettres avec une dixième retenue et une onzième reçue*, Clémence Hiver, 1991.
2. PROUST M., *Du côté de chez Swann*, LGF, 1992.

L'art du « râteau »

Nous pouvons aussi travailler sur la façon de répondre à l'autre, dans les situations de non-réciprocité du sentiment, c'est-à-dire quand celui qui est amoureux se fait éconduire par celui qui ne l'est pas (ce que les adolescents appellent de façon imagée « se prendre un râteau »). Peut-on éviter que ces râteaux soient de « méchants râteaux » ?

Être refusé, quand on est amoureux, est toujours douloureux. Ce n'est pas seulement l'amour qui est blessé, c'est aussi l'amour-propre qui saigne (« s'il ne m'aime pas, c'est que je n'en vaux pas la peine, ou que je ne suis pas assez bien pour lui »). Il est important pour les adolescents d'en prendre conscience et d'en discuter. Dans une période d'étayage narcissique, ce type de blessure peut être particulièrement douloureux, surtout quand il se répète. Personne ne pourra empêcher la souffrance. En revanche, ils peuvent essayer de ne pas l'amplifier par des paroles blessantes ou humiliantes.

Un adolescent a du mal à refuser les avances de celui qu'il n'aime pas, parce qu'il n'est pas facile de dire « non » simplement, ou parce que ces avances étaient inattendues ou lui ont fait violence (la surprise peut être vécue comme une violence). Et parce qu'il n'est pas facile de dire non, les réponses peuvent être agressives, notamment quand un jeune a envie de montrer une image de « dur » devant un groupe. C'est dans ces conditions que des paroles peuvent se dire : par exemple : « Non mais, pour qui tu te prends, le nain, pour penser sortir avec moi ? »

Quelles réponses peut-on faire à une personne que l'on éconduit ? Quelle différence entend-on entre la phrase citée précédemment et celle-ci : « Je suis très touchée que tu t'intéresses à moi ; et ça n'a rien à voir avec toi, mais je ne me sens pas capable de m'engager dans une histoire en ce moment » ? De toute façon, quelle qu'en soit la formulation, être éconduit reste toujours douloureux quand on est amoureux, et doit faire réfléchir chacun à être vigilant pour ne pas blesser l'autre davantage.

Les comportements à risque liés aux ruptures

Les ruptures sont toujours des périodes de fragilité pour les deux protagonistes. Il n'est pas rare que des comportements à risque s'observent dans ces situations. Nous pouvons en débattre avec les adolescents, même si nous n'empêcherons jamais ce genre de bouleversements et ses conséquences…

Il ne faut pas pour autant oublier que nombre de tentatives de suicides d'adolescentes ont lieu après une rupture sentimentale (ce sujet peut être abordé à partir du film *Breaking the waves*, voir dernière rubrique « Comment en parler ? »). Une rupture est souvent la goutte d'eau qui fait déborder le vase chez des jeunes en difficulté psychologique et familiale.

——— Comment en parler ? ———

Thème

La rupture et les situations à risque.

Scénario

Jennifer sort avec Martin depuis plusieurs mois, mais elle commence à en avoir assez de cette relation. En effet, elle trouve que Martin est trop souvent avec ses copains (ce sont toujours eux qui passent d'abord), et qu'ils partagent de moins en moins de choses ensemble. Elle lui dit qu'elle en a assez et qu'elle pense le quitter. Martin n'avait rien vu venir et ne s'y attendait pas, car lui est plutôt satisfait de sa relation avec Jennifer. Un soir, ils se disputent violemment au téléphone et Jennifer décide que tout est fini. Elle jette sa plaquette de pilule, qu'elle avait à peine commencée, mais revoit Martin quelques jours plus tard. Ils vont alors avoir des relations sexuelles, les dernières, sans utiliser de préservatif, car ils n'ont plus l'habitude d'en utiliser ensemble. Jennifer, perturbée par la fin de cette histoire, oublie de prendre par ailleurs une contraception d'urgence. Quelques semaines plus tard, elle s'aperçoit qu'elle est enceinte.

Questions pour le débat

- Que s'est-il passé dans cette histoire ?
- Y a-t-il des situations qui demandent d'autant plus de prudence qu'on a la tête ailleurs ?
- Peut-on toujours tout éviter ?
- Quelles solutions envisager pour éviter ce type de situation ?

Échecs répétés et princes charmants inaccessibles

Comment en parler ?

Thème

Être amoureux d'un être inaccessible.

Scénario

Jean a pour héroïne de cinéma, et comme image d'idéal de femme, Vanessa Paradis. Il a du mal à trouver une copine, car les filles qui l'entourent sont très éloignées de l'image idéale qu'il s'est construite. Il s'isole de plus en plus, regardant chez lui sans cesse des films avec l'image de sa femme idéale. C'est toujours à elle qu'il pense en se masturbant.

Questions pour le débat

- Que peut-on penser de cette situation ?
- Peut-on avoir une copine dans cette configuration ?
- Que cherche Jean ?
- En quoi la fiction peut-elle protéger ou empêcher de vivre dans la réalité ?
- Qui pourrait aider Jean ? Comment pourrait-il être aidé ?

Cette situation pourrait être idéale aux yeux d'un spécialiste de la prévention qui ne s'occuperait que de grossesse ou d'IST : éviter la réalité, la fuir, est une bonne façon de se protéger des dangers qu'elle comporte. Cependant, nous voyons bien que l'évitement de la relation et de la sexualité entraîne des risques psychiques bien plus importants que ceux auxquels devrait faire face un adolescent confronté à la réalité, aussi est-il important de les prendre en compte…

Chapitre 10

La construction de l'identité sexuelle

4 % des hommes et 2,6 % des femmes ont déclaré avoir eu des rapports avec un partenaire du même sexe au moins une fois dans leur vie dans l'enquête ACSF (Analyse des comportements sexuels en France, datant de 1990. Dans l'enquête ACSJ réalisée en 1994, 6 % des filles et des garçons de 15 à 18 ans disent avoir éprouvé une attirance pour une personne du même sexe qu'eux (quel que soit le degré de cette attirance), et en ont été suffisamment conscients pour l'assumer face à un enquêteur. La majorité des jeunes disent avoir une attirance majoritaire pour l'autre sexe, et l'interaction amoureuse est hétérosexuelle pour une majorité d'entre eux. Les pratiques homosexuelles concernent 1 % des adolescents de moins de 18 ans, et ce chiffre est retrouvé identique dans les deux enquêtes. Ils sont également superposables aux résultats de l'enquête Kinsey, réalisée aux États-Unis dans les années cinquante, et de l'enquête française menée par Simon, dans les années soixante-dix.

Ces chiffres mettent en évidence plusieurs problématiques :

- il y a une différence importante entre *attirance* homosexuelle et *relation* homosexuelle. Si les mises en actes concernent en majorité des sujets d'orientation homosexuelle exclusive, l'attirance homosexuelle concerne beaucoup plus largement des adolescents majoritairement d'orientation hétérosexuelle. Nous devons tenir compte de l'existence de cette période de « flou » dans l'orientation sexuelle à l'adolescence ;

- la stabilité de la proportion des personnes qui se disent homosexuelles est troublante. Il y a en effet des différences considérables entre la société américaine des années cinquante, dans laquelle l'homophobie était massive et ouvertement affichée, et notre société, qui a vécu 1968 et les années sida, événements qui ont radicalement modifié la perception sociale de l'homosexualité, même s'il persiste encore des résistances homophobes. Cette stabilité tendrait à signifier que les éléments qui participent à l'édification d'une orientation homosexuelle exclusive sont moins de nature sociale, liée à l'homophobie, c'est-à-dire extérieures au sujet, qu'intérieures au sujet. Elle permet aussi de parler d'homosexualité sans risquer de promouvoir l'homosexualité, ce que certains éducateurs ou parents semblent redouter.

La différence quantitative massive entre orientation homosexuelle et orientation hétérosexuelle explique en partie la prépondérance d'une vision « hétéro-centriste », qui correspond à une réalité sociale que l'on ne peut nier sous peine d'être disqualifié, en particulier par les adolescents. Mais on ne peut manquer de reconnaître le poids de l'homophobie dans cette représentation, homophobie qu'il est indispensable de déconstruire.

Les méfaits du discours « bien pensant » sur l'homosexualité

La menace permanente d'être traité d'homophobe dès lors qu'on ne pose pas l'homosexualité comme l'équivalent de l'hétérosexualité (l'une aussi « normale » que l'autre) rend aujourd'hui difficile toute réflexion sur l'homosexualité. En matière de sexualité, il est néanmoins bien difficile de définir une normalité : il y a des hétérosexualités aussi pathologiques que certaines homosexualités… En réduisant le jugement sur l'hétérosexualité ou l'homosexualité à une « normalité équivalente », qui serait à penser et à accepter comme une nouvelle norme morale de la sexualité, on évacue toute la problématique de la construction d'une orientation sexuelle. On évite au fond tout ce qui pose problème dans l'homosexualité et qui est responsable en grande partie de l'homophobie, à savoir « la peur de l'autre en soi[1] ». En occultant cette difficulté, et en se cantonnant à la création de nouvelles normes, on impose l'homosexualité de façon comportementaliste : « C'est bien de penser que c'est normal d'être homosexuel ; c'est mal de penser autre chose. » On donne ainsi à entendre un discours bien pensant sur l'homosexualité, qui n'est qu'un discours de façade. Malheureusement, les fondements de l'homophobie restent alors intacts, puisque ce qui fait peur demeure tout aussi actif et continue d'agir de façon souterraine.

Or, pour permettre à des adolescents de penser l'homophobie et de la déconstruire, il est essentiel de partir de leur développement psychosexuel.

L'homophobie adolescente : attirance et déni

L'homophobie est particulièrement virulente à l'adolescence, parce que l'attirance homosexuelle est souvent très présente, à une période où l'identité sexuelle est mal étayée et reste fragile.

Cette attirance homosexuelle, vécue comme très dangereuse par une majorité de garçons, donne lieu à une homophobie encore plus violente dans les milieux populaires. Être viril consiste précisément ici à expulser tout ce qui est féminin en soi, ce qui sous-entend que l'homosexuel est considéré comme une femme, et non comme un homme.

---

1. WELTZER-LANG D., DUTEY P., DORAIS M., *La peur de l'autre en soi, du sexisme à l'homophobie*, Vlb, 1995.

Pour les filles, l'homosexualité n'est pas prise au sérieux. La lesbienne n'est pas vue comme une fille d'orientation homosexuelle, mais comme une hétérosexuelle en puissance : elle n'a pas encore rencontré l'homme qui la fera femme, qui fera d'elle une hétérosexuelle. Son attirance sexuelle, qui touche aussi à son identité sexuelle, est ainsi déniée.

Il est donc important de travailler sur ces représentations, non seulement dans la déconstruction de l'homophobie, mais aussi dans le souci de la construction identitaire des jeunes homosexuels, enfermés dans les stéréotypes de l'homosexualité que la société leur propose. Le garçon homosexuel n'est pas une femme et la fille homosexuelle n'est pas « un garçon manqué » en attente de l'homme.

L'homophobie sociale

Certains voudraient aujourd'hui laisser à penser que les seules difficultés auxquelles serait confrontée une personne qui se découvre homosexuelle renverraient à un objet extérieur, l'homophobie, ou son équivalent intérieur, l'*homophobie intériorisée*. « L'homophobie intériorisée, source de dégradation de l'estime de soi, est à l'origine de symptomatologies surreprésentées chez les gays, comme l'anxiété, la dépression, les passages à l'acte suicidaires, symptômes qui ne peuvent en aucun cas être rapportés à des facteurs psychopathologiques spécifiques[1]. » Ces symptômes et ces passages à l'acte, auxquels il faut ajouter l'utilisation de substances psychoactives licites et illicites, se retrouvent aussi bien chez les filles lesbiennes que chez les garçons gays à l'adolescence. Ces derniers sont néanmoins plus exposés aux risques de contamination par le VIH et les autres IST dans leur entrée dans la vie sexuelle, comme le montrent les données épidémiologiques. « La corrélation avec l'exposition aux risques

---

1. HEFEZ S., « Adolescence et homophobie : regard d'un clinicien », *Homosexualités au temps du sida*, ANRS, 2003.

© Groupe Eyrolles

de contamination, si elle peut difficilement être prouvée, apparaît dans ce contexte largement probable[1]. » Il n'est pas question de dénier l'importance de l'homophobie sociale ; en réduire la portée est essentiel, mais il serait réducteur de penser que les difficultés des jeunes qui découvrent leurs attirances et leurs désirs homosexuels à l'adolescence sont uniquement à mettre sur le compte de l'homophobie, c'est-à-dire de l'extérieur.

« Suis-je normal ? »

Comme le souligne Serge Hefez[2], dans la construction d'une identité, il y a deux pôles :
• ce en quoi nous pouvons nous reconnaître semblables à l'autre ;
• ce qui va nous singulariser.

C'est dans une tension entre ces deux pôles que se construit l'adolescent. Son besoin de vérifier qu'il est comme tout le monde est essentiel. L'adolescent qui découvre son homosexualité, même si la société lui disait « c'est normal », ne manque pas de se découvrir différent, et cette différence ne se résume souvent pas à la seule orientation sexuelle : d'autres goûts, d'autres affinités le singularisent des adolescents de son âge. La culpabilité est très grande chez un jeune qui se découvre homosexuel, et cette culpabilité ne peut se réduire à la problématique de la honte sociale. « Il convient ainsi de différencier la honte de la culpabilité », dit Serge Hefez, mais il ajoute que « la culpabilité est une forme d'intégration sociale alors que la honte est une désintégration ». Si la honte sociale aggrave la culpabilité, elle ne l'initie pas et ne la fonde pas.

Certains adultes homosexuels militants (gays et lesbiennes), qui affirment que l'on doit présenter « la normalité de l'homosexualité » aux adolescents, voudraient que leur soit épargnée toute la souffrance

1. *Ibid.*
2. *Ibid.*

psychique que cette reconnaissance engendre chez eux, et sont dans le déni d'une souffrance qui leur a pourtant été propre et singulière. Tout se passe comme s'ils ne voulaient plus reconnaître et admettre ce qui a été une souffrance pour eux, ou s'ils voulaient mettre cette souffrance exclusivement sur le compte de l'extérieur. S'il y a bien des facteurs sociaux qui peuvent minimiser ou empêcher la honte sociale, il est certain qu'on n'évitera à personne la difficulté de se découvrir homosexuel, c'est-à-dire différent, à l'adolescence. En revanche, on peut penser qu'en travaillant à déconstruire la honte sociale, on pourra éviter à de jeunes adolescents d'être dans le dilemme de dissimuler leurs orientations ou d'être rejetés. « Ce qui est dissimulé ne se résume pas à la seule fantasmatique sexuelle ; c'est tout un champ de sensations, d'émotions, de désirs [...] c'est la capacité amoureuse qui est ainsi amputée. Beaucoup peuvent alors acquérir l'habitude de se couper en deux [...][1]. »

L'orientation sexuelle ne se choisit pas

Il est important de rappeler aux adolescents que personne ne se réveille un jour en se déclarant homosexuel ou hétérosexuel. C'est le plus souvent à notre insu que cette orientation se construit. Pour la majorité d'entre nous, hétérosexuels ou homosexuels, la perception de cette orientation est assez claire à l'adolescence.

La difficulté des adolescents à accepter l'homosexualité tient au fait qu'ils l'imaginent comme un choix délibéré, qui pourrait donc être modifié avec un peu de volonté. On peut en débattre à l'aide des questions suivantes :

• Est-on responsable, par exemple, de l'orientation de nos amours d'enfance ?

---

1. *Ibid.*

- A-t-on choisi délibérément d'être amoureux ?
- De même, à l'adolescence, quand une image sexuelle nous envahit et nous excite, choisissons-nous cette image de façon délibérée ?…

Quand on demande à des adolescents d'imaginer leurs réactions si une image homosexuelle faisait irruption dans leur tête et les excitait, la peur et la stupeur sont les sentiments suscités. La difficulté qu'ils ont à imaginer une telle situation leur montre bien les difficultés auxquelles un jeune doit faire face quand il réalise son homosexualité. Ils comprennent alors la souffrance d'un adolescent confronté à une telle expérience. De même, il est intéressant de demander à des adolescents de se mettre dans la peau d'un jeune qui devrait révéler son homosexualité à ses parents. Tous réalisent, même ceux qui ont les parents les plus libéraux et les moins homophobes, combien cette révélation est difficile et compliquée, compte tenu de tout ce qui est mis en jeu dans la relation parents/enfants, et… futurs petits-enfants.

Le plus important est donc :
- de démontrer que l'orientation sexuelle ne se choisit pas, qu'elle se construit à notre insu ;
- de montrer combien il est plus confortable et plus simple d'être dans une orientation hétérosexuelle que dans une orientation homosexuelle, nécessairement marginale, ne serait-ce qu'en termes quantitatifs.

Rassurer sur l'ambivalence homosexuelle

Une difficulté caractéristique de l'adolescence est que l'orientation sexuelle est encore mal affirmée. Les attirances homosexuelles sont alors fréquentes, en témoignent les « amitiés particulières » très passionnelles, nombreuses à cette période de la vie, qui concernent les garçons comme les filles. Ces dernières peuvent les vivre de façon plus ouverte et plus simple que les garçons, car les relations de grande proximité entre filles, y compris physique, sont bien acceptées socialement. Nous avons vu que ces attirances associées à cette incertitude renforcent la propension à l'homophobie. Il est essentiel de rassurer les adolescents sur la normalité de leurs ressentis, et de leur permettre de ne pas se figer dans une identité parce qu'ils vivent une attirance homosexuelle.

Comment en parler ?

Thème

L'attirance homosexuelle à l'adolescence.

Scénario (le film Les roseaux sauvages d'André Téchiné)[1]

Quatre adolescents, une fille et trois garçons, qui vivent chacun pour des raisons différentes des difficultés familiales, vont se découvrir à travers leurs premières expériences sexuelles. Au début du film, la fille « sort » avec l'un des garçons, mais sans avoir de relations sexuelles avec lui. Ils sont surtout copains et confidents. Les trois garçons vivent en internat, un lieu qui complique l'entrée dans la sexualité, puisque seuls des rapports homosexuels peuvent s'y vivre.

L'un d'entre eux, le plus cynique et le plus assuré en apparence, a vécu des événements tragiques, dont la mort de son père durant la guerre d'Algérie qui constitue la toile de fond historique du film. Il a certainement vécu des relations homosexuelles, mais il va découvrir dans une relation sexuelle avec la fille toute la force et la puissance de la sexualité. Il y retrouvera le goût et la force de vivre.

Les deux autres garçons vont vivre une expérience physique homosexuelle. Celui qui avait une copine découvre à travers cette expérience son homosexualité ; tandis que l'autre, fils de paysan qui représente la « force

---

1. *Les roseaux sauvages*, film français d'André Téchiné, 1994.

de la nature », vit cette expérience par manque de filles, à un moment où il est très « paumé » et a besoin de tendresse. Néanmoins, il est clairement hétérosexuel et le restera.

Intérêt du scénario

Le film *Les roseaux sauvages* est un outil sensible et pertinent pour traiter ce thème difficile, même s'il met en scène des adolescents des années soixante, dans un contexte social très différent de celui des adolescents aujourd'hui (ce qui démontre aussi la constance de certains mouvements psychologiques).

Déroulement de la discussion

Objectif 1 : l'ambivalence homosexuelle

À partir de cette histoire, on peut tenter de réfléchir aux processus de l'élaboration d'une identité sexuelle. S'il est essentiel de les faire réfléchir sur l'homosexualité masculine, il ne faut pas oublier l'homosexualité féminine, qui reste « le continent noir » de la déconstruction de l'homophobie, notamment dans les milieux de la prévention :

• on peut avoir une attirance homosexuelle : si pour certains, cette attirance est exclusive, déjà reconnue et fixée ; pour d'autres, les plus nombreux, elle est transitoire et nul n'a besoin d'en avoir peur ;

• on peut avoir un rapport homosexuel, et il ne s'agit pas de banaliser l'acte, qui peut avoir différentes causes : la curiosité, le manque de contact avec des personnes de l'autre sexe, le désir... Si cet acte peut être le premier d'une vie exclusivement homosexuelle, il peut aussi s'agir d'une expérience isolée qui ne permet pas de définir une orientation pour la vie ;

• enfin, on peut aussi avoir une histoire d'amour avec une personne du même sexe « parce que c'était lui, parce que c'était moi », c'est-à-dire pour des affinités électives qui correspondent à une personne et non à un sexe. Pour certains, cette histoire d'amour prendra un sens dans une orientation homosexuelle ; pour d'autres, elle restera isolée et ne conduira pas à une orientation homosexuelle définitive.

Éviter à tout prix de figer une orientation homosexuelle à l'adolescence est essentiel pour permettre aux jeunes de vivre plus sereinement les mouvements qui les traversent et les inquiètent, et en conséquence réduire l'émergence de leur homophobie.

Objectif 2 : Une personne ne peut se résumer à son identité sexuelle

Si une personne est hétérosexuelle, on ne dit pas d'elle qu'elle est hétéro-sexuelle, mais qu'elle est sympathique (ou antipathique), intelligente (ou pas), etc. En bref, ce n'est pas son orientation sexuelle qui va permettre de la définir. En revanche, si l'on parle d'une personne homosexuelle, tout se passe comme si elle était réduite à son orientation sexuelle, comme s'il n'y avait d'elle rien d'autre à dire.

En demandant à des adolescents s'ils connaissent ou non des homosexuels, qui ils sont et comment ils se les représentent, nous pouvons travailler à différencier la personnalité d'un sujet et son orientation sexuelle, qui a trait à son intimité. De même, nous pouvons demander aux adolescents comment ils réagiraient si un très bon copain leur faisait part de son homosexualité. Ce peut être l'objet d'un jeu de rôle dans le cadre d'une intervention en milieu scolaire (il est souhaitable dans ce cas de choisir une fille qui jouera le rôle du garçon homosexuel, pour éviter les projec-tions après le départ de l'intervenant).

Objectif 3 : La peur d'être dragué

Les adolescents font souvent état à ce moment de la discussion de leurs peurs, qui concernent beaucoup plus les garçons que les filles (si notre copain est homosexuel, est-ce que nous aussi nous pourrions l'être ?). Il faut les faire réfléchir sur ce qui fait la différence entre une relation amicale et une relation amoureuse.

• Ont-ils des amies filles ?

• Dans la relation à l'autre, la sexualité est-elle nécessairement présente ?

Ces questions sont aussi une porte ouverte pour penser la réponse à une « drague » homosexuelle, car il faut savoir que les adolescents sont très souvent sollicités.

Comment réagir à une telle situation ? L'anticipation permet souvent d'évacuer la violence de réactions purement émotionnelles, déclenchées par une situation inattendue qui vient toucher à l'identité. Les garçons dragués peuvent réagir d'autant plus violemment qu'ils ont le sentiment que quelque chose émane de leur personne, qui pourrait laisser imaginer leur homosexualité. En leur montrant que ce n'est pas le cas, qu'ils sont « dragués » parce qu'ils sont jeunes et que la jeunesse est un atout de séduction important, ils peuvent élaborer des réponses et des stratégies qui leur permettent d'être mieux armés et moins déstabilisés par ces situations. Ils éviteront ainsi une première réaction violente, qui est fréquente.

À partir de là, le sujet peut être élargi au thème de la drague, qui concerne bien sûr tous les adolescents, homo ou hétérosexuels :

- Pourquoi drague-t-on ?
- Comment s'y prendre ?
- Qu'est-ce qui peut être vécu comme agressif ou pas ?
- Quelles réponses peut-on faire si l'on n'est pas d'accord pour ne pas blesser l'autre ?...

Ces débats ont pour but d'aider les adolescents à comprendre et à mieux vivre leur orientation sexuelle, et ainsi de diminuer leur homophobie. C'est ainsi que se renforcent l'estime des autres et donc l'estime de soi quand on est jeune homosexuel, estime dont ils ont tant besoin. Néanmoins, la difficulté ultime réside pour ces jeunes dans l'entrée dans la sexualité et donc dans un monde homosexuel.

Tout se passe comme si, la barrière étant franchie, il n'y avait plus de limites : les relations sexuelles se multiplient dans un monde nocturne très festif. C'est à ce moment que les risques sexuels, notamment la contamination par le VIH ou une autre IST (et l'on sait la recrudescence de la syphilis dans les milieux homosexuels), sont les plus grands pour les garçons.

Pour les filles homosexuelles, des passages à l'acte hétérosexuels à risque peuvent aussi s'observer, avec les risques d'IST, mais surtout de grossesse, situation qui peut aggraver leur désarroi et leur questionnement en terme d'identité. Enfin, pour filles et garçons, l'utilisation fréquente de produits illicites les exposent à contracter une hépatite C.

C'est pourquoi il est essentiel que des groupes de jeunes gays et lesbiens soient facilement accessibles pour des lycéens et des étudiants qui entrent dans une homosexualité, et plus encore dans les lycées techniques et les lieux comme les missions locales. Ils devraient pouvoir servir de référents aux plus jeunes et les aider à trouver leurs repères et leurs marques dans cette période d'initiation, opérant ainsi un travail essentiel de réduction des risques. Ces « groupes-supports » de jeunes gays et lesbiens méritent d'être promus et soutenus pour mener à bien leurs actions.

Définir l'identité sexuelle

« On naît avec un sexe féminin ou masculin ; on devient une petite fille ou un petit garçon, enfant sexué et non homme ou femme en miniature, tout au moins jusqu'à la puberté ; puis on devient homme ou femme, adulte. Les représentations mentales de ce que nous considérons quotidiennement comme relevant de la différence des sexes sont le produit d'une fabrication culturelle de rôles sociaux à partir "d'une petite différence"[1] ».

Filles et garçons sont semblables et différents, mais aussi égaux et différents : « l'égalité a été inventée parce que précisément les êtres humains ne sont pas identiques[2]. »

1. FRANCEQUIN G., RENARD L., « Semblables, différents, égaux », *Enfance et psy*, n° 3, 1998, Érès.
2. JACOB F., « Sexualité et diversité humaines », *Le Monde*, cité par FRANCEQUIN G., RENARD L., « Semblables, différents, égaux », *Enfance et Psy*, n° 3, Érès, 1998.

© Groupe Eyrolles

Le noyau de l'identité sexuée se constitue très tôt. Elle est appelée *identité de genre* par les Anglo-Saxons. Cependant cette vision, qui se limite à la construction sociale de l'identité, évacue l'existence d'un sexe psychologique. Nous reprendrons la thèse de Colette Chiland[1], qui considère qu'il existe un sexe psychologique, un sexe social et un sexe biologique, et qu'il est important d'étudier les différences et les conjonctions entre les sexes sur ces trois plans.

Le *sexe biologique* ne se résume pas à la formule chromosomique. Les hormones jouent un rôle essentiel dans la constitution des organes géni-taux externes et internes ; mais dans certains cas, le sexe physique est une apparence qui peut être en contradiction avec le sexe chromo-somique... Ainsi, même au niveau biologique, rien n'est simple dans la différenciation des sexes.

La construction psychique et sociale de l'identité sexuée s'y ajoute très précocement, bien avant que l'enfant apprenne à parler (se référer au chapitre 5 sur le développement psychosexuel).

Pour Colette Chiland, la différence sexuelle constitue le fondement de la différence des sexes, *sur un plan psychologique* qui « est le fait que les garçons et les filles ont un corps différent qui les conduira à avoir un cycle psychosexuel différent, une autre position dans le coït et une autre position par rapport à la procréation[2]. » Il découle des différences psychologiques de cette différence fondamentale, et elles s'expriment très tôt.

Le *sexe social* est constitué des images fournies par les parents et par la société, auxquelles l'enfant va s'identifier. « Les représentations liées au

---

1. CHILAND C., « La construction de l'identité sexuée », *Filles et garçons*, n° 3, Érès, 1998.
2. *Ibid.*

sexe appartiennent au registre du stéréotype, variante du modèle culturel qui se caractérise par sa force et sa monotonie. Ces stéréotypes font croire à des oppositions de nature, là où l'observation ne décèle que des écarts statistiques[1]. » Ces stéréotypes sont issus « d'une valence différentielle des sexes », selon la formule de Françoise Héritier-Augé[2], qui est « un rapport conceptuel orienté, sinon toujours hiérarchique selon lequel le masculin domine toujours ». C'est à ce travail de déconstruction des stéréotypes sexuels que nous devons nous attacher. Ces derniers rattachent les individus, toujours singuliers, à des modèles contraignants qui ne leur correspondent pas et les font souvent souffrir, et contribuent à la perpétuation des inégalités homme/femme.

Cependant, il paraît essentiel, comme Colette Chiland l'exprime si bien, de « faire la distinction entre les différences entre les sexes et l'inégalité entre les sexes. Des différences, les hommes ont fait découler l'inégalité, et au nom de l'égalité, des militants voudraient nier les différences. » Il est donc important de travailler aussi sur la nécessaire reconnaissance de l'altérité.

L'influence des stéréotypes sexuels

La construction d'une identité sexuelle est beaucoup plus complexe aujourd'hui qu'elle ne l'était il y a une cinquantaine d'années, à une époque où les stéréotypes sexuels masculins et féminins, très tranchés, constituaient les seuls modèles d'identification possibles.

Aujourd'hui, en fonction des milieux, de la culture, de la religion, les modèles identificatoires sont multiples.

---

1. BAUDELOT C., ESTABLET R., *Allez les filles*, Le Seuil, 1998.
2. HÉRITIER-AUGÉ, *Masculin, féminin, la pensée de la différence*, Odile Jacob, 1996.

Des stéréotypes plus marqués dans les milieux populaires

Les représentations stéréotypées du féminin et du masculin sont particulièrement présentes dans les milieux populaires. Dans ces milieux, la force physique représente encore une valeur à investir, qui permet aux hommes de dominer, alors que sur les autres terrains, ceux du savoir, du pouvoir, de la culture ou de l'argent, ils ne dominent souvent plus.

Quant aux filles, si dans les milieux populaires, elles investissent encore certaines représentations traditionnelles du féminin, elles remettent souvent en cause les représentations de passivité féminine et de suprématie masculine. Elles revendiquent de plus en plus la possibilité d'exercer un métier, et pas seulement en termes d'autonomie financière, mais aussi de réalisation personnelle. Dans les milieux populaires musulmans notamment, les différences homme/femme s'inscrivent dans la tradition, dans la culture et dans la religion. La domination masculine est une donnée culturelle qui à la fois tend à se reproduire par l'éducation à la maison, en même temps qu'elle est remise en cause par la scolarité des filles, souvent plus brillante que celle des garçons. Les filles, dominées par les garçons dans leur famille, ont bien intégré que la réussite scolaire est leur seule possibilité de liberté. Les garçons, dominants dans leur famille, investissent moins l'école comme lieu de réussite. C'est dans ces milieux que les tensions filles/garçons sont les plus grandes et s'expriment par une grande violence, largement stigmatisée par l'école, les médias...

Les représentations du masculin et du féminin

Quel que soit leur milieu, il est essentiel de faire réfléchir les adolescents sur leurs représentations du masculin et du féminin, car les enjeux et les difficultés des relations filles/garçons se construisent notamment à partir de ces représentations. Nous voyons ainsi combien elles sont actives et jouent un rôle direct dans les relations affectives, amoureuses et sexuelles :

- Qu'est-ce que les filles attendent des garçons ? Et vice-versa, qu'est-ce que les garçons attendent des filles ?
- Si l'égalité des sexes est aujourd'hui affichée comme un principe de base dans notre société, qu'est-ce qui rend cette égalité tellement problématique au quotidien ?
- Comment l'égalité des droits et des devoirs peut-elle se concevoir avec la notion d'altérité ?
- Comment peut-on définir la virilité et la féminité, c'est-à-dire travailler ce que Derrida appelle une « différance », qui représente le positif de la différence, en respectant la notion d'égalité ?...

L'élaboration d'une grille dans laquelle ils indiquent d'un côté tous les attributs du féminin, et de l'autre, ceux du masculin est un outil utile pour réfléchir à ce sujet. Il est ainsi possible de montrer aux garçons que l'expression de leurs émotions et de leurs sentiments peut être souhaitée et valorisée par les filles, et acceptée par les autres garçons. De même, les garçons sont heureux de pouvoir dire qu'ils seraient contents que les filles fassent les premiers pas dans une relation amoureuse... c'est-à-dire qu'elles sortent d'une représentation de la passivité dans laquelle l'homme se doit d'être le moteur de la relation.

À partir d'une enquête sociologique réalisée par P. Duret[1], les traits de caractère les plus fréquemment cités qui définissent la virilité dans les milieux populaires pour les garçons et pour les filles sont les suivants :

---

1. DURET P., *Les jeunes et l'identité masculine*, PUF, 1999.

Pour les garçons	Pour les filles
Courageux	Courageux
Protecteur	Protecteur (rassurant)
Fier (honneur)	Confiant en lui
Autoritaire (se fait respecter)	Dominateur
Fort et résistant moralement	Fort et résistant moralement
Loyal	Macho
Franc	Manque de compréhension
…	Galant, attentionné
	…

Quant aux stéréotypes liés au féminin, ils sont communs aux deux sexes et associent souvent le féminin au maternel :

Douce
Sensible
Tendre
Patiente
Compréhensive
Plus orientée vers la maison
Aimant l'amour et les sentiments et les exprimant facilement
Aimant parler, notamment avec des filles
Faible
Passive
N'aimant pas la violence
Mais aussi coquette (c'est-à-dire du côté du "féminin sexuel" et de la volonté de séduire…

Nous voyons bien comment ces attributs du féminin et du masculin peuvent être modulés et discutés : il y a bien du masculin et du féminin en chacun de nous, et les garçons apprécient autant d'être aimés que les filles. Si les filles ont un côté plus maternel, les garçons aiment aussi leurs enfants… Il est important de montrer que chaque qualité peut se renverser et donner lieu à une vision négative de l'autre : par exemple, la sensibilité, qui est une capacité perceptive de grand intérêt, peut être perçue comme de la sensiblerie ; la douceur comme de la mièvrerie ; un garçon autoritaire peut devenir totalitaire ; un courageux peut sembler casse-cou, etc.

Enfin, il est intéressant que chacun envisage les qualités les plus importantes, qui lui permettraient de tendre vers une image idéale : filles et garçons observeront qu'ils reprennent des attributs « propres » aux deux sexes, en construisant chacun un mélange singulier.

QUATRIÈME PARTIE

Les risques liés
à la sexualité

Chapitre 11

Les violences entre sexes

La déconstruction des stéréotypes et l'analyse des représentations sont préalablement nécessaires à toute réflexion sur les violences entre sexes.

Par ailleurs, gardons en mémoire que nombre d'adolescents ont été ou sont confrontés à des couples de parents qui se déchirent. Ce sont eux, les enfants, qui font les frais de ces violences. Chacun sait combien ces conflits peuvent revêtir des allures dramatiques, notamment lorsque les parents, totalement habités par leurs passions, oublient l'intérêt des enfants. L'enjeu est alors de faire le plus de mal possible à l'autre, quels que soient les dégâts. Dans une société où près de la moitié des couples sont séparés, de très nombreux enfants sont confrontés à des situations de conflits et de violence familiale. La violence des adolescents doit être resituée dans ce contexte.

De plus, quand nous parlons de violence, nous envisageons toujours des actes violents. S'il est bien entendu hors de question de légitimer les coups, il ne faut pas oublier que certaines paroles blessent – parfois bien plus que les coups – voire que certaines paroles tuent. Les coups sont souvent la réponse impuissante à des mots qui font mal.

Comprendre les mécanismes qui poussent à la violence

L'importance qu'accorde un garçon au fait d'être respecté, à ses yeux et à ceux de ses pairs, joue un rôle essentiel dans l'image de sa virilité. La force physique supérieure des garçons et leurs difficultés à exprimer leurs émotions et leurs sentiments, et à mettre en mots les conflits, sont des facteurs capitaux dans les relations de violence entre garçons et filles. La nécessité du respect et les effets de la honte et de l'humiliation sont donc des sujets à aborder. Imaginons par exemple le mini-scénario suivant : un garçon drague une fille qui le rejette très brutalement :

- Y a-t-il des mots ou des gestes qui blessent, qui humilient ?
- Qu'est-ce qui peut conduire une personne à vouloir en humilier une autre ?
- Comment peut-on répondre à une parole blessante ?
- Qu'est-ce qu'un garçon peut vivre comme blessant, humiliant, de la part d'une fille ? Qu'est-ce qu'une fille peut vivre comme blessant, humiliant, de la part d'un garçon ? En quoi est-ce identique et en quoi est-ce différent ?
- Quel type de réaction les coups représentent-ils ?
- Quels sont les risques des coups ? Que rappelle la loi à cet égard ?

La violence est également la « dernière carte à abattre quand on manque d'atouts économiques et culturels [...] les jeunes qui savent qu'ils ont toutes les chances d'être dominés ou exclus, cherchent pour s'affirmer, à retrouver quelques forces rassurantes élémentaires. Antidote à la honte, à l'humiliation "du désespoir de soi[1]", jouir du coup de poing ou du coït restaure leur estime de soi et leur procure la certitude d'être malgré tout

---

1. Notion développée par BOURDIEU P., « La domination masculine », *Actes de la recherche en sciences sociales*, n° 84, septembre 1990.

un dur[1]. » Si l'on ne peut qu'être d'accord avec Pascal Duret sur le coup de poing, la problématique du viol sera discutée par la suite, et elle ne paraît pas équivalente. Travailler en prévention sur ce type de violence n'est pas simple : la seule prévention « éthique » serait la disparition des situations sociales et familiales de dévalorisation et d'exclusion.

La violence n'est pas virile

Notre travail ne peut que se limiter à tenter de modifier les représentations de la virilité et à les faire basculer : la maîtrise doit être une valeur à privilégier par rapport à la violence. Le vrai « mec » peut être celui qui n'use pas de sa force pour tout et n'importe quoi, mais qui, au contraire, sait se dominer. C'est aussi celui qui sait protéger les faibles. Ces valeurs, prônées autrefois dans les westerns, ne sont plus d'actualité, et la démonstration cynique de la force physique, éventuellement décuplée par les armes, traverse malheureusement aujourd'hui de nombreux films qui sont des références pour les ados. Nous voyons bien comment ces représentations de la virilité sont à contre-courant des valeurs largement célébrées par une société individualiste et consumériste, dans laquelle la puissance et l'argent – qui vont de pair – font loi, quelles que soient les conditions de leur appropriation…

Contrairement à ce que prétendent de nombreux médias, les garçons ne pensent pas qu'il est normal de frapper les filles, et ils le disent clairement lorsqu'on leur laisse la parole, même si cela ne veut pas dire que la violence n'existe plus. Il est bien entendu indispensable, en préalable à toute discussion sur la violence, de rappeler la loi : les coups sont passibles de poursuites judiciaires. Ensuite, deux alternatives idéologiques s'opposent :

- soit présenter la violence des garçons quasiment comme un fait « de nature » : les garçons sont alors vus comme des « affreux méchants »

---

1. DURET P., *Les jeunes et l'identité masculine*, PUF, 1999.

en puissance, qui trouvent normal de battre les filles. Cette représentation des rapports de sexe met à nouveau les filles en statut d'infériorité et de victimisation, statut dont nous n'avons de cesse de les faire sortir. Cette orientation de la prévention ne peut qu'attiser la violence entre sexes et l'évitement d'une relation qui n'est déjà pas facile, mais pourtant nécessaire sauf à penser que nous devrions, hommes et femmes, vivre séparément, ce que certaines féministes américaines vont jusqu'à prôner... ;

• soit considérer que les garçons sont des humains qui ont des sentiments humains, et qu'ils ne considèrent pas comme légitime le fait de battre les filles. Dans cette perspective, reste à comprendre pourquoi la violence entre les sexes existe et comment elle se construit.

C'est clairement cette dernière position que nous prônons, à savoir expliciter les mouvements qui conduisent à la violence sans se fonder sur une position idéologique de guerre des sexes, dans laquelle les filles sont nécessairement victimes des garçons. C'est aussi se garder d'une vision comportementaliste de la prévention qui décrit et dénonce des stratégies qui seraient délibérément et patiemment organisées par les garçons dans le but de commettre des violences sur les filles.

Le « langage » des coups

Les coups peuvent avoir des significations différentes, et nous devons aider les adolescents à le comprendre.

D'une part, les garçons ont souvent une force physique supérieure à celle des filles, du fait de leur constitution et de leur développement musculaire. D'autre part, l'un des seuls aspects transculturels de la différence psychologique des sexes est la plus grande propension des garçons aux actes agressifs, trait largement soutenu par les stéréotypes de la virilité. Les jeunes garçons se battent souvent au collège, et cette violence *agie* peut être comprise comme l'expression de la violence *subie* par la survenue du processus pubertaire et de pulsions qu'ils ne maîtrisent pas. Comme le dit C. Zaidmann, « une des caractéristiques essentielles du jeu des garçons est le chahut. Les garçons se bousculent, s'empoignent, se poursuivent, s'évitent et se confrontent à nouveau[1] ». Et ce corps-à-corps est l'un des points clés « de l'apprentissage corporel sexué[2] ». Cette violence va atteindre les filles, dans la mesure où elles occupent le même espace dans la cour de récréation. Elles vont être bousculées dans leurs jeux parce qu'elles sont sur le chemin des garçons. Néanmoins, la violence des jeunes garçons envers les filles peut aussi être délibérée, dans la mesure où celles-ci les dominent scolairement à cet âge, et ont des préoccupations sexuelles liées à une précocité plus grande du processus pubertaire : les garçons peuvent ainsi vouloir se venger de ce qu'ils vivent comme un état d'infériorité.

L'étayage de l'identité sexuelle passe par ces jeux différents, qui permettent de conforter son image sexuée et celle qu'on donne à voir aux autres : on est dans le groupe des filles ou dans le groupe des garçons, et ces groupes sont bien différenciés pour les plus jeunes. Par ailleurs, les jeux sportifs permettent aux plus âgés de poursuivre cette différenciation, qui est aussi une façon différente d'occuper l'espace. « Dans les cours de récréation mixte, les jeux apparaissent comme une socialisation centrée sur l'affirmation de la différence des sexes… La différence des jeux marque un apprentissage d'un rapport au corps et à l'espace différent et hiérarchisé. Pendant que les garçons s'éprouvent dans leur capacité de confrontation, les filles miment les relations amoureuses adultes[3]… »

---

1. ZAIDMANN C., « Jeux de filles, jeux de garçons », *Enfance et Psy*, n° 3, Érès, 1998.
2. C. Guillaumin cité par ZAIDMANN C., « Jeux de filles, jeux de garçons », *Enfance et Psy*, n° 3, Érès, 1998.
3. ZAIDMANN C., « Jeux de filles, jeux de garçons », *Enfance et Psy*, Érès, n° 3, 1998.

Cette violence-là devrait se négocier en instaurant des espaces différents pour les jeux violents et non violents dans les cours de récréation. Nous avons vu qu'elle se traite aussi en respectant les différences de rythme de maturation pubertaire entre les filles et les garçons.

Comment prévenir la violence ?

La colère et la jalousie

La violence peut être une réaction à un accès de colère, qui fait que l'individu n'est plus capable de se maîtriser. Le problème est alors de comprendre ce qui peut induire la colère et les processus qui permettent de la canaliser. Comment différer une réponse « à chaud » quand on a vécu une agression qui engendre de la colère ? Il faut montrer aux adolescents en quoi ce type de réaction peut être le comportement le plus viril : dans la virilité, la maîtrise joue un rôle important. Le problème du respect (se faire respecter) est, pour les garçons de milieux populaires en particulier, une valeur essentielle de l'image qu'ils entretiennent d'eux-mêmes et de leur virilité. Celui qui frappe une fille, c'est-à-dire une personne plus faible que lui, est-il un type « respectable » ?

——— **Comment en parler ?** ———

Thème

La violence et la jalousie.

Objectifs

Montrer comment colère et jalousie peuvent être imbriquées et réfléchir aux manières de réagir face à elles.

Scénario

Mélanie et Luc sortent ensemble depuis plusieurs mois. Mélanie n'est plus amoureuse de son petit ami et elle est attirée par Julien, avec lequel elle voudrait sortir. Elle ne sait pas comment annoncer sa décision à Luc, qui est un garçon jaloux et impulsif, car elle craint sa réaction. Pendant quelque temps, elle ne dit rien, mais la pression monte. Un soir où elle sait qu'elle pourrait retrouver Julien, et elle en a très envie, elle explose : elle annonce à Luc de façon très brutale, et devant ses copains, qu'elle en a marre, qu'elle en aime un autre et qu'elle s'en va.

Questions pour le débat

- Que ressent Mélanie ? Qu'est-ce qui la conduit à agir comme ça ?
- Que ressent Luc ? Comment peut-il réagir ?
- Y avait-il d'autres solutions pour résoudre cette situation ? Mélanie aurait-elle pu agir autrement ?

Il n'y a pas d'acte de violence légitime entre sexe : même si un garçon est trompé, même si un garçon est quitté, même si un garçon se sent humilié, il lui faut trouver d'autres voies de réponse. Et la loi est là pour l'affirmer.

La jalousie est souvent l'un des moteurs de la violence entre filles et garçons. Nous pouvons tous comprendre la jalousie et la souffrance qu'elle suscite, mais nous pouvons aussi tenter d'y réfléchir :

- Y a-t-il des personnalités jalouses ?
- La jalousie fait-elle partie de l'amour ?
- Certaines situations peuvent-elles provoquer la jalousie et lesquelles ?
- Comment faire avec la jalousie ?
- Peut-on souffrir moins ?...

En débattant du thème de la jalousie, nous montrons aussi que nous sommes tous, en tant qu'êtres humains, très désarmés devant des mouvements que nous n'aimons pas, mais qui nous habitent, voire nous ravagent. Ils peuvent nous faire terriblement souffrir et nous conduire à avoir des comportements que nous réprouvons. La jalousie met en évidence un des conflits les plus vieux au monde et les plus difficiles à résoudre : celui de la passion contre la raison. Il paraît important sur ce thème dramatique de sortir d'une vision édulcorée de la jalousie et d'un jugement normatif (« la jalousie, c'est mal »), qu'on peut observer à travers certains documents pédagogiques traitant des relations de sexe, et de lui rendre toute sa force, tous ses attributs de passion, avec lesquels il nous faut parfois vivre et qui peuvent être tellement douloureux.

Les violences impulsives

La violence peut être aussi la réponse de quelqu'un qui ne peut pas maîtriser son impulsivité, et qui est habité par une violence terrible. Un bon exemple pour en parler est le film *Nous ne vieillirons pas ensemble* de Maurice Pialat.

Comment en parler ?

Thème

Les violences impulsives.

Scénario (le film **Nous ne vieillirons pas ensemble** de Maurice Pialat)

Jean humilie et frappe sa compagne, Marlène. Il l'aime pourtant sincèrement, mais il ne peut pas s'empêcher de lui faire du mal. Il se sent coupable de sa conduite et revient toujours en essayant de se faire pardonner. Tout se passe comme s'il avait besoin d'un bouc émissaire. Cette femme est devenue l'exutoire de son agressivité, surtout quand il est malheureux, ce qu'il dit clairement dans le film. Parce qu'il est incapable de mettre des mots sur sa souffrance, il en est parfois tellement envahi qu'elle explose en violence sur la femme qu'il aime. Marlène a bien compris la souffrance de son compagnon. Pendant un temps, elle va accepter l'humiliation et les coups, parce qu'elle est sûre de l'amour de Jean, et parce qu'elle l'aime aussi.

Questions pour le débat

Il y a certainement beaucoup de choses à dire sur cet amour-là et sur ces personnages.

- Y a-t-il des histoires familiales auxquelles on peut penser et dans lesquelles les relations parents/enfants se structurent de la même façon ?
- Peut-on répéter ou se mettre sans le vouloir dans des situations qui font souffrir ?
- Que peut-on ressentir quand on est humilié et frappé ? Quelle image a-t-on de soi-même ?
- Que pensent les autres de vous ?
- Si l'on vit en permanence dans l'insécurité, sans savoir ce que va faire l'autre, qui est capable d'exploser pour tout et pour rien, que peut-on ressentir ? Peut-on avoir un espace pour penser, pour travailler, quand on vit dans un climat de terreur ?

Dans le film, Marlène va pardonner à Jean à plusieurs reprises, mais de plus en plus meurtrie par cette violence qui la blesse et qui l'humilie, elle finira par le quitter.

- Pourquoi est-ce vital pour elle de partir ? Que serait-elle devenue si elle était restée avec lui ?
- Quelles différences peut-on faire entre comprendre et pardonner ? Que peut-on supporter ? Que ne doit-on pas supporter ? Comment peut-on éviter de se mettre en danger ?
- Comment trouver de l'aide dans ces situations ?

L'impulsivité et l'incapacité à maîtriser sa violence constituent de vrais problèmes, compliqués et douloureux pour ceux qui les vivent. Elles concernent des personnes qui ne sont pas de « vrais méchants », mais qui sont empêtrées dans une violence dont elles ne savent que faire, et qui rend leur vie et leurs relations de couple très difficiles. Ce problème qu'elles doivent régler leur demandera un long travail sur elles-mêmes. Il est plus aisé de revendiquer une violence qu'on ne sait pas maîtriser et de se faire passer pour un « vrai méchant », un type « qu'on respecte », que de travailler sur son impulsivité. Les adolescents réalisent bien à travers cette histoire combien il est important pour les deux personnages de se faire aider psychologiquement, et pourquoi leur vie va dépendre du succès ou non de leur entreprise.

L'impulsivité peut faire des dégâts « involontaires » ; ils seront d'autant plus importants si la personne est douée d'une grande force physique ou si elle est sous l'emprise de produits psycho-actifs, qui aggravent la « non-maîtrise ». Les adolescents doivent prendre conscience de ces dangers : nombre de traumatismes graves, laissant des séquelles à vie, voire des morts peuvent survenir dans ces conditions.

Comment en parler ?

Thème

Les conséquences des violences impulsives.

Scénario

Allan est un jeune adolescent obèse, qui a une force physique bien supérieure à celle de ses copains. Il est connu pour se mettre très facilement en colère et frappe souvent celui qui le regarde de travers. Un jour, il fracture la jambe d'une fille en lui donnant un coup de pied, parce qu'il avait entendu dire qu'elle l'avait traité de « gros ».

Questions pour le débat

- Voulait-il réellement lui fracturer la jambe ?
- Sa violence est-elle gratuite ? Qu'est-ce qui l'induit ?
- Comment se sent-il après ?
- Que pourrait-on imaginer pour aider cet adolescent à sortir de cette situation ?

Réaliser que les coups peuvent être la réponse d'une personne qui se sent méprisée, humiliée, atteinte dans son amour ou son amour-propre, est essentiel. Néanmoins, prendre conscience du fait que les conséquences d'un acte violent ne se mesurent pas l'est tout autant. Une jambe peut être réparée, mais certains actes sont irréversibles. Ils peuvent avoir des conséquences non seulement sur la victime, mais aussi sur l'auteur des gestes violents et pas seulement en termes judiciaires : vivre avec une culpabilité est une lourde peine…

Les violences destructrices

On distingue aussi la violence de celui qui veut détruire l'autre, ou qui peut le détruire si l'autre se met en travers de ses désirs. Ces situations sont heureusement exceptionnelles et concernent des personnes malades psychologiquement, qui ne peuvent accepter aucun frein, aucune limite. Elles se pensent au-dessus de la loi et peuvent l'enfreindre sans culpabilité, dans la mesure où c'est de leur désir qu'il s'agit. Ces personnes sont capables de tout, aussi ne fait-il pas bon tomber dans leurs griffes. Voici quelques pistes de réflexion :

- Peut-on trouver des exemples de ce type de situation ?
- Entre la violence de celui qui *peut* détruire l'autre dans un moment impulsif et la violence de celui qui *veut* détruire l'autre (détruire pour détruire), quelles sont les similitudes et les différences ? Que penser de ces deux situations ?

- Ce type de violence peut-il s'inscrire dans une relation de sexe ?
- Que vont devenir les auteurs de ces actes ? Quelle sera leur vie ? Quelles relations auront-ils ?
- Sont-ils vraiment les caïds qu'ils pensent être, les caïds que les autres pensent qu'ils sont ?
- Peut-on les aider ?
- Faut-il les dénoncer s'ils ont commis des infractions ? Qu'est-ce qu'être une « balance » ? En quoi est-on responsable d'actes graves qu'ils pourront commettre si on les laisse faire ?

Nous voyons bien ici à quel point la problématique de la violence est complexe, et de quelle manière elle nous implique tous. Certaines situations peuvent engendrer la violence et nous concernent tous ; d'autres sont le fait de personnalités habitées par la violence, ce qui est très différent. La violence entre les sexes s'inscrit bien aujourd'hui dans cette diversité. Elle n'est clairement plus légitimée par la domination masculine : nous sommes loin d'une période où l'on pouvait dire impunément « Bats ta femme ; si tu ne sais pas pourquoi, elle le sait. » Elle n'est pas uni-voque, liée simplement à la différence des sexes. La problématique de la violence touche aussi aux limites de la prévention : des personnalités impulsives ou des sentiments aussi violents que la jalousie peuvent-ils disparaître avec la raison et la volonté ? Seul un travail sur soi de longue haleine pourra éventuellement apporter quelques changements.

De la violence au viol

Les adolescents sont la cible privilégiée des agressions sexuelles : près de 15 % des filles adolescentes et 2 % des garçons disent avoir subi un rapport contraint avant l'âge de 18 ans (enquête ACSJ). Les violences sexuelles sont le plus souvent commises par une personne connue de la victime, et dans 2 % des cas, il s'agit d'un membre de sa famille. Les violences incestueuses commencent souvent très précocement, vers 8-10 ans.

Définition du viol

Le nouveau Code pénal, qui permet de poursuivre plus efficacement les agresseurs, définit sous le nom d'*agression sexuelle* « toute atteinte sexuelle commise avec violence, contrainte, menace ou surprise », ce qui englobe les actes de viols et ce qu'on appelait les *attentats violents à la pudeur*. Le viol désigne désormais « tout acte de pénétration sexuelle, de quelque nature qu'il soit, commis sur la personne d'autrui, par violence, contrainte, menace, ou surprise ». L'orifice forcé n'est plus limité au vagin, et fellation et sodomie sont aujourd'hui considérées comme des viols à part entière. Si la notion de violence et de contrainte fait référence en premier lieu à la violence physique, elle peut aussi se manifester autrement : ainsi l'état d'ivresse ou d'inconscience de la victime (par exemple en post-anesthésie), loin d'exonérer le violeur, le rend d'autant plus coupable que la victime est « particulièrement vulnérable » aux yeux de la justice. La violence peut être simplement morale. Et même au sein d'un couple marié, une femme peut porter plainte pour viol contre son époux si elle a subi une pénétration forcée. Chaque année, plus de trois mille plaintes pour viol sont déposées et le nombre de poursuites engagées grandit sans cesse. Ceci n'est pas lié à une augmentation du nombre des viols, mais au fait que les victimes se sentent aujourd'hui heureusement plus souvent légitimées dans leur droit de porter plainte et pensent pouvoir être entendues[1].

---

1. PIERRAT E., *Le sexe et la loi*, La Musardine, 2002.

Les viols commis par les adolescents sont de plus en plus médiatisés. Ainsi, ce que les journalistes nomment les « tournantes », reprenant ainsi le langage des violeurs, fait régulièrement la une des médias. Si les plaintes pour viols se sont multipliées, c'est bien parce qu'aujourd'hui, plus personne ne soutient que le viol est un acte normal. Les adolescents ont parfaitement intégré cette notion et considèrent le viol comme un crime grave. Cependant, les médias présentent aujourd'hui les jeunes violeurs comme des individus qui trouvent normaux les actes qu'ils ont commis, et qui même, s'en féliciteraient.

Il est nécessaire d'analyser les représentations que les adolescents se font des violeurs, puis envisager ce qu'ils entendent par *consentement*.

Comment les adolescents se représentent-ils les violeurs ?

Ils répondent massivement que les violeurs sont de grands malades. La caricature de cette image est Marc Dutroux, psychopathe pervers et assassin. Entre cette représentation et eux-mêmes, ils ne font aucun lien possible. Pourtant, quand nous les confrontons à la réalité des statistiques et des situations, en avançant par exemple le chiffre de 15 % de violences sexuelles et en soulignant qu'il s'agit souvent de personnes connues de la victime, notamment de son petit ami, les adolescents sont obligés d'y réfléchir autrement : cette situation pourrait bien les concerner...

Comment les adolescentes se représentent-elles les situations de viol ?

Pour les adolescentes, le viol est l'agression d'un inconnu la nuit, dans un lieu comme le couloir de métro vide, le bois... c'est-à-dire un peu l'histoire du petit chaperon rouge qui va rencontrer le méchant loup.

Comme nous venons de le montrer, les situations de viols les plus fréquentes ne correspondent pas à cette représentation. Il est important que les filles puissent mieux identifier les situations dans lesquelles elles courent un risque, pour élaborer des stratégies de protection.

Comment en parler ?

Thème

La violence commise par un petit copain et les représentations du viol.

Scénario

Mélanie, 15 ans, sort depuis trois mois avec Édouard, 16 ans. Édouard est vierge, et vit ave Mélanie la relation la plus longue qu'il ait eue avec une fille jusqu'à présent. Il commence à avoir envie de relations sexuelles avec elle. Il lui en a un peu parlé, mais elle n'a pas répondu directement à cette question qui l'embarrasse : elle non plus n'a jamais eu de relations sexuelles et n'est pas sûre d'être prête. Les parents d'Édouard partent un week-end et Édouard fait le projet d'inviter Mélanie chez lui. Il pense que c'est une bonne occasion d'avoir des relations sexuelles avec elle. Mélanie accepte de venir et pour Édouard, l'accord de Mélanie correspond à une acceptation d'avoir des relations sexuelles. Ils flirtent, se caressent, et Édouard, excité, veut aller plus loin. Il n'entend pas le non de Mélanie qui ne veut pas aller plus loin, et passe outre. C'est ainsi que Mélanie a sa première relation sexuelle, qui est une relation forcée.

Questions pour le débat

Objectif 1 : Mettre en mots les sentiments, les émotions et les attentes de chacun, et travailler sur la compréhension de l'autre :

- Qu'est-ce qui permet à Édouard de penser que Mélanie va accepter une relation sexuelle ?
- Que signifie pour Mélanie le fait d'accepter la proposition d'Édouard ?

On montre ainsi que certaines situations peuvent nous déborder émotion-nellement, et que le viol est un acte grave qui, s'il n'est pas le fait de tous les garçons, peut en concerner beaucoup en fonction des situations. Les questions suivantes peuvent aider à cette prise de conscience :
- Que peut-il se passer ?
- Que ressent Mélanie ?
- Que ressent Édouard ? Comment expliquer son comportement ?
- Édouard a-t-il commis un viol s'il a eu des relations forcées avec Mélanie ?
- Édouard est-il un psychopathe ou un garçon comme les autres ? Ce type d'histoire peut-il arriver à tous les garçons ?

Objectif 2 : Envisager des pistes pour aider Mélanie :
- Comment Mélanie peut-elle être aidée ?
- Est-ce facile pour elle d'en parler ?
- Mélanie va-t-elle porter plainte ?
- Quelles suites peuvent être données à la plainte de Mélanie ? Il est important de rappeler la loi.

Objectif 3 : Identifier les situations qui peuvent comporter des risques et trouver des stratégies de protection. Mélanie aurait-elle pu éviter ce qui lui est arrivé ? En effectuant une prévention sur ce mode, on ne déres-ponsabilise pas l'auteur d'un viol. Cependant, il est aussi important que les jeunes repèrent et évitent les situations à risque.

Objectif 4 : Envisager les suites pour chacun des protagonistes :
- Comment Mélanie vivra-t-elle après cette histoire ?
- Comment Édouard vivra-t-il après cette histoire ?

Il est nécessaire de montrer qu'heureusement, Mélanie pourra tourner la page et vivre d'autres histoires. Il ne faut pas laisser entendre à des

© Groupe Eyrolles

adolescents qu'on ne s'en sort jamais. « On ne peut pas donner au bourreau le pouvoir de créer une souffrance à vie »[1].

Identifier un inceste et soutenir les victimes

Chaque année, près de 4 000 cas de situations incestueuses sont dénoncés. Dans l'enquête ACSF, sur les femmes[2] ayant subi un rapport contraint, l'auteur était un membre de la famille dans 30 % des cas, ce qui rejoint les données de l'enquête ACSJ. L'inceste n'est donc pas une situation exceptionnelle. En droit, l'inceste n'existe pas en tant que crime isolé. Et de fait, la dénomination d'*inceste* recouvre des histoires très différentes, du père qui viole régulièrement sa fille de 8 ans[3], au frère qui a une relation amoureuse et sexuelle avec sa sœur[4]. Le droit assimile l'inceste aux violences sexuelles, mais il réprime plus sévèrement ces actes quand ils sont commis par « un ascendant légitime, naturel ou adoptif, ou par toute autre personne ayant autorité sur la victime ». Les peines encourues sont extrêmement sévères, et le législateur a bien pris en compte la difficulté des jeunes victimes d'inceste à porter plainte, si bien que les actes peuvent être dénoncés non seulement jusqu'à dix ans après leur survenue, mais aussi dix ans après la majorité des jeunes victimes. Cette mesure souligne l'importance d'être reconnu en tant que victime par la loi.

1. ROCHEFORT C., *La porte du fond,* LGF, 1990.
2. Le fait que ce chiffre soit différent de celui donné dans l'enquête ACSJ s'explique par la plus grande facilité qu'ont les adolescentes en 1994 (enquête ACSJ) à parler de viol que les femmes en 1990 (enquête ACSJ).
3. *Cf.* ROCHEFORT C., *La porte du fond*, LGF, 1990.
4. *Cf.* YOURCENAR M., *Anna Soror*, Gallimard, 1991.

Les jeunes doivent être informés de la loi, capables d'identifier une situation incestueuse, et soutenus dans leur droit à dénoncer ces situations.

Comment en parler ?

Thème

L'identification des relations incestueuses.

Scénario

L'histoire précédente peut être réutilisée en demandant aux adolescents d'imaginer un père, un beau-père, un oncle ou un grand-père à la place d'Édouard.

Questions pour le débat

À travers cette suite, les adolescents peuvent identifier ce qu'est l'inceste et en mesurer la gravité, à l'aide des questions suivantes :

- En quoi cette histoire serait encore plus difficile et plus douloureuse pour Mélanie, s'il s'agissait de l'un de ses proches ?
- Mélanie devrait-elle en parler ? Qu'est-ce qui peut rendre difficile le fait d'en parler ?
- Pour Mélanie, en quoi est-ce nécessaire de dénoncer ce type de situation ?
- Auprès de qui pourrait-elle trouver de l'aide ?

Si informer et surtout insister sur la légitimité des jeunes victimes à porter plainte est essentiel, il ne paraît pas utile de développer plus avant les violences incestueuses avec les adolescents : ce thème très douloureux doit être abordé avec beaucoup de pudeur. Le risque de voir s'effondrer des jeunes victimes, lors des interventions en milieu scolaire par exemple, doit être évalué. De même, la capacité d'une équipe à donner une suite à une situation de cette nature doit être réfléchie avant de proposer de telles informations : on ne saurait laisser des jeunes victimes sans soutien, après avoir soulevé le couvercle d'une marmite explosive.

Comprendre ce que vit un enfant victime d'inceste

En revanche, il est important pour les adultes d'avoir quelques repères sur la problématique de l'inceste. Nous avons vu que les situations incestueuses concernent le plus souvent des enfants en période prépubertaire : il est donc primordial d'insister sur le rôle d'un travail de prévention précoce en ce domaine, notamment dès l'école primaire. Parmi les documents qui permettent de comprendre ce que subit un enfant victime d'un inceste, le livre de Christiane Rochefort *La porte du fond*[1] et le film *Festen*[2] constituent d'excellents témoignages.

Dans le livre de Christiane Rochefort, le comportement psychique de la jeune victime est très bien analysé, ainsi que la mise en place de la situation d'inceste et les facteurs de sa perpétuation, comme le décrivent Caroline Eliacheff et Nathalie Heinich dans *Mères-filles : une relation à trois*[3].

Le père a été renvoyé de la famille quand la mère s'est retrouvée enceinte. Il revient lorsque sa fille a sept ans, et l'inceste va débuter quand elle en a huit. (Le fait pour un parent de ne pas avoir eu une relation précoce avec un enfant est un facteur de risque d'inceste.) Au début, il n'use pas de violence physique pour la contraindre, mais lui parle de relation privilégiée : « C'est une relation merveilleuse que nous avons toi et moi.

---

1. ROCHEFORT C., *La porte du fond*, LGF, 1990.
2. *Festen*, film danois de Thomas Vinterberg, 1998.
3. ELIACHEFF C., HEINICH N., *Mères-filles, une relation à trois*, LGF, 2003.

Une relation privilégiée. Tu devrais apprécier ta chance. » Puis il use de menaces et de chantage, pour empêcher l'enfant de révéler la situation, en particulier à sa mère « parce que si ta mère le sait, elle se jettera par la fenêtre ». Il minimise la portée de l'inceste en laissant planer un doute sur sa paternité. Il projette sa culpabilité sur la victime, qui se sent déjà en faute par rapport à sa mère et lui montre qu'il est inutile d'en parler, puisqu'on ne la croirait pas.

Caroline Eliacheff et Nathalie Heinich illustrent bien la globalité du dysfonctionnement familial dans ces situations. Elles montrent non seulement la responsabilité du père, mais aussi celle de « la mère qui ne joue pas son rôle protecteur face au père [...] et qui n'occupant pas sa place de femme auprès de son mari, ne peut pas davantage occuper sa place de mère auprès de sa fille : elle ne s'est jamais aperçue de rien[1] », malgré les signaux nombreux et classiques (chute des résultats scolaires, troubles somatiques présentés par sa fille...). Les sentiments qui traversent la jeune victime sont douloureux, confus, et contradictoires. La solitude, la honte et la culpabilité sont constantes et donnent aux victimes une image d'elles-mêmes très négative. De plus, il leur faut protéger une mère fragile, ou pire, être dévastées par des questions sur sa complicité dans l'inceste.

Parfois, dans une fratrie, l'aînée se sent contrainte « d'y passer » pour protéger ses autres sœurs, et c'est parfois le fait de n'y avoir pas réussi qui l'incite à porter plainte. La collusion entre le fantasme œdipien (le désir œdipien est d'ordre fantasmatique) et la réalité (mise en acte par le père) est un facteur de véritable explosion psychique. L'amour pour le père, qui reste le père de son enfance ; la haine du père agresseur, haine que l'on peut faire basculer sur soi ; l'amour de la mère, qui reste la mère ; et la haine de la mère qui n'assume pas son rôle protecteur (voire qui est complice de la situation) : tous ces sentiments contradictoires

---

1. *Ibid.*

mettent les victimes en situation de tensions contradictoires. Elles se sentent violentées par les personnes les plus proches d'elles, celles qu'elles ont aimées, qui devraient les protéger et qui les ont trahies.

« Les réactions psychiques de l'enfant ou de l'adolescent victime d'abus sexuels s'organisent autour de deux catégories de réactions : le déni et l'intrusion. Le déni se manifeste par une tendance au retrait, une incapacité à se concentrer, et surtout une amnésie. Les phénomènes d'intrusion se manifestent par de l'angoisse, des troubles du sommeil, une reviviscence du traumatisme dans les cauchemars ou dans des flash-back diurnes[1]. » C'est une des raisons pour lesquelles une intervention sur l'inceste se doit d'être prudente et pudique, car elle risque de provoquer un sentiment de persécution de type intrusif ou de réveiller brutalement une amnésie qui servait de défense à une jeune victime et de la faire basculer dans une psychopathologie grave.

À propos de la fin du roman de Christiane Rochefort, Caroline Eliacheff et Nathalie Heinich soulignent aussi qu'il ne faut jamais laisser croire qu'une fille victime, même d'inceste, sera nécessairement victime à vie : « Perdez l'illusion, bonnes gens assis dans la croyance que les malheurs passés doivent labourer la mémoire la vie durant, comme si c'était un devoir d'encore et encore les payer [...] que le souvenir des sales moments ne peut être qu'un renouveau sans fin de l'enfer des jeunes années [...] souffrir d'avoir souffert, non[2]. »

Détecter une situation incestueuse

Nous ne détaillerons pas les modalités de la conduite à tenir devant la découverte d'une situation d'agression sexuelle, qui ont fait l'objet de

---

1. CHOUDEY M., *Nervure journal de psychiatrie*, mars 2004.
2. ELIACHEFF C., HEINICH N., *Mères-filles, une relation à trois*, LGF, 2003.

nombreuses publications spécialisées ces dernières années. De récents textes de loi sont aussi venus préciser cette obligation pour de nombreux professionnels, dans le cadre de « la protection de victimes de sévices ou de privations, non en mesure de se protéger[1] ».

Il faut garder à l'esprit la fréquente association entre *abus sexuel* et *comportement suicidaire* à l'adolescence. D'autres symptômes de mal-être peuvent aussi traduire une histoire incestueuse : fugue, conduite violente, abus de produits toxiques licites ou illicites, absentéisme scolaire, vol... Certains facteurs de repérage de « familles à risque » ont par ailleurs fait l'objet de publications (séparation maternelle précoce, difficultés conjugales, pathologie mentale parentale...). Ces facteurs sont effectivement vérifiés par l'épidémiologie, cependant chaque individu est singulier, et suspecter la violence sexuelle devant tout acte suicidaire ou toute famille « hors normes » peut constituer une véritable maltraitance sociale. S'il est important de créer un climat de réelle confiance qui permette à des jeunes de venir raconter leur histoire quand ils sont en difficulté, il ne saurait être question de vouloir leur soutirer à tout prix, voire d'induire un aveu d'abus sexuel parce qu'ils ont fugué ou volé, ou d'évoquer un père abuseur devant toute expression de tendresse paternelle. L'amour parental existe et s'exprime normalement par de la tendresse : la tendresse manifestée à un enfant ne doit pas être confondue avec un acte incestueux. Une retombée négative grave du travail de prévention sur les violences commises par des adultes sur des enfants et des adolescents pourrait être la mise en place d'un climat de suspicion envers toute manifestation banale de tendresse sans connotation sexuelle d'un adulte vers un enfant, ce dont tous ont besoin.

---

1. « L'adolescent et la violence », in ALVIN P., MARCELLI D., *Médecine de l'adolescent pour le praticien*, Masson, 2005.

Les risques de viols en situation de vulnérabilité

Affirmer la culpabilité des violeurs

Il est absolument indispensable que les jeunes puissent prendre conscience de la culpabilité de toute personne qui s'autorise d'un rapport sans consentement. Cela est d'autant plus vrai que la victime est vulnérable et peut s'exposer à des risques de façon inconsciente.

—— **Comment en parler ?** ——————————

Thème

Le viol et la culpabilité.

Scénario

Jennifer, 14 ans, vit seule avec sa mère qui doit partir quelques jours en province pour un déplacement professionnel. Jennifer est heureuse de se retrouver seule et décide d'organiser une fête. Elle invite ses copains et ses copines, arrange la maison, sort l'alcool des réserves maternelles. Les copains arrivent et la fête commence. D'autres jeunes arrivent, que Jennifer ne connaît pas, mais qu'elle laisse entrer. Elle, qui n'a pas l'habitude de boire de l'alcool, boit beaucoup et fume les « pétards qui tournent ». Elle ne s'aperçoit pas du départ de ses copains et se retrouve seule avec les « squatteurs », plus âgés qu'elle et qu'elle ne connaît pas. La fête, la fatigue, l'alcool et le haschisch l'ont mise dans un état qui ne lui permet pas de résister aux garçons qui sont là, et elle va être violée par plusieurs d'entre eux qui sont dans le même état qu'elle. Ce n'est que le lendemain qu'elle se rendra compte de ce qui lui est arrivé. Elle est très mal, et se demande comment elle va pouvoir en parler à sa mère.

Questions pour le débat

Objectif 1 : Mettre en mots les émotions et les sentiments qu'une adolescente peut ressentir et l'aider à identifier l'urgence d'une consultation et des traitements préventifs.

- Comment Jennifer se sent-elle le lendemain de la fête ?
- Que peut-elle craindre ?
- Que doit-elle faire ?
- Que va-t-il se passer avec sa mère ?
- Va-t-elle déposer plainte ?

Objectif 2 : Tenter d'identifier les risques et mettre en place des stratégies pour les limiter.

Peut-on organiser une fête, ou participer à une fête, et éviter ce qui s'est passé pour Jennifer ?

Objectif 3 : Réfléchir à la culpabilité des garçons face au viol. « Un devoir moral consiste à protéger l'homme contre la violence, en soi comme dans la personne de tout autre, et il vise donc le respect et la préservation de la nature de l'homme, tandis que le mal est ce qui le déshumanise, détruit son humanité, qu'il soit bourreau ou victime[1]. »

- Qui sont les violeurs de Jennifer ?
- Qu'est-ce qui les a conduits à agir ainsi ?
- Sont-ils des psychopathes ou des garçons comme les autres ? Cette situation aurait-elle pu concerner n'importe quel garçon ?
- Comment se sentent-ils le lendemain ?
- Que risquent-ils sur un plan judiciaire ? Il faut notamment insister sur le caractère aggravant du viol collectif.

---

1. BLONDEL E., *Le problème moral*, PUF, 2000.

Si l'on analyse les procès de viol collectif, on voit bien qu'il y a un meneur, des suiveurs et des observateurs ; tous sont coupables aux yeux de la loi. Il est important de discuter de ce point avec les adolescents. En effet, si le meneur peut être un caïd pervers, ce n'est jamais le cas des suiveurs. Ces derniers sont souvent des garçons peu sûrs d'eux-mêmes, qui vont « passer à l'acte pour être comme les autres », souvent à la faveur de la consommation de produits qui les désinhibent, ou vont observer en excitant les autres.

• Au-delà de la loi, dans la relation qu'ils entretiennent avec eux-mêmes, que peuvent-ils ressentir après cet acte ?

• Quand on a commis un acte grave dont on se sait coupable, comment peut-on se regarder dans la glace ?

• Comment vivre avec soi après ça ?

• Comment peut-on avoir une copine quand on a été jugé coupable d'un viol ?

« Facile de parler de toutes sortes d'immoralité ! Encore faut-il la supporter ! Par exemple, je ne pourrais pas soutenir un parjure ou un meurtre : à plus ou moins long terme, mon sort serait le dépérissement et le déclin. Sans même parler de la publication du châtiment et du forfait[1]. » Il est tout à fait essentiel de travailler sur la culpabilité des garçons violeurs. Laisser penser, comme le font les médias actuellement, que les jeunes n'auraient aucune notion du crime que constitue un viol, ni de sentiment de culpabilité après un tel acte, est dramatique : c'est d'une certaine façon les désigner comme des monstres et banaliser le crime de viol collectif, qualifié de « tournante ». Nous devons donner aux jeunes d'autres images d'identifications que celles que les médias leur proposent. Et il est essentiel de faire appel à leurs émotions, à leurs sentiments et au sens moral qui existe chez une grande majorité d'entre eux.

---

1. NIETZSCHE F., *Fragments posthumes, automne 1881*, Gallimard, 1977.

L'absence de culpabilité : une pathologie

Comment comprendre que, dans certaines situations, des jeunes puissent ne pas ressentir de culpabilité après un viol ?

Certaines jeunes ont effectivement un rapport à la loi et à la culpabilité très perturbé. Ce sont des personnalités, heureusement exceptionnelles, qui présentent une psychopathologie grave. Quand on prend connaissance de la biographie d'une personne comme Patrice Allègre[1], qui a fait la une des journaux récemment, on s'aperçoit que nombre de jeunes sont dans des situations familiales dramatiques proches de celle qu'il a vécue dans son enfance. Elles pourraient donc engendrer des personnalités de ce type. Or la fréquence de ces situations psycho-socio-familiales totalement déstructurantes et ravageuses, comparée à la rareté de ce type d'individus, prouve que beaucoup d'autres facteurs doivent faire office de remparts, notamment la force du sens moral. Les personnes exposées à une enfance ravagée ne deviendront heureusement pas tous des transgressifs violents. La prévention primaire devrait intervenir socialement suffisamment en amont pour que ces jeunes soient préservés des violences qu'ils subissent. Et un important travail de prévention secondaire est à effectuer auprès des jeunes qui sont pris en charge en assistance éducative, ou de ceux qui sont déjà dans des lieux de détention.

Quant aux autres, il faudrait qu'ils puissent repérer leurs pairs susceptibles d'être dangereux, et « éviter les mauvaises fréquentations », comme disent les parents. Ce n'est pas toujours simple, car les jeunes durs transgressifs peuvent provoquer une véritable fascination chez les plus faibles.

---

1. Tueur en série condamné le 21 février 2002 à la prison à perpétuité. Il a reconnu cinq meurtres et six viols, mais est également mis en examen pour quatre autres meurtres.

On voit ici l'intérêt et l'importance d'un travail de rue, de quartier, qui vise à éviter le regroupement en bande et la marginalisation de jeunes en difficulté qui pourraient être séduits par les caïds.

Viols et victimisation

Il existe une autre situation dans laquelle des adolescents peuvent ne pas avoir de culpabilité : quand ils ne font pas la différence entre un consentement et un processus de victimisation. En effet, si les jeunes ne disent jamais que « le viol, c'est normal », ils peuvent dire en revanche que « ce n'est pas un viol, puisqu'elles le veulent bien ». C'est donc bien évidemment sur des propos comme « elles le veulent bien », ou « elles n'attendent que ça », qu'il est nécessaire de s'arrêter.

Décrypter les processus de victimisation

Prenons l'exemple des procès de jeunes pour « tournante ». Pour se sentir coupable d'un acte comme le viol, il faut d'abord penser que l'autre n'est pas d'accord, ne veut pas. Que penser d'une fille qui revient régulièrement à l'endroit où elle a été violée ? Les jeunes vont dire qu'elle le veut bien, qu'elle revient « pour ça », qu'elle « aime ça »… Ils pensent de cette jeune fille qu'elle est « une pute, donc un trou, qu'on n'a pas à respecter ». De tels propos montrent la nécessité de travailler avec leurs auteurs sur le processus de victimisation.

On peut ainsi commencer par évoquer le petit enfant qui fait une bêtise, et à qui sa mère dit « tu vas recevoir une claque ». Il sait qu'il va recevoir une gifle, mais il recommence jusqu'à ce qu'il l'ait reçue. Sa mère lui dit alors « tu l'as cherchée, celle-là ».

• Que penser de cette situation ?
• Peut-on rechercher une punition ?

• À quoi peut servir une punition recherchée ?

Dans la punition, ils peuvent repérer le besoin de se faire du mal, mais aussi celui de chercher des limites.

On peut passer de la punition recherchée, que nous avons tous vécue et qui est banale, à la construction d'un processus de victimisation qui est une véritable psychopathologie.

—— Comment en parler ? ——

Thème

Le viol et la victimisation.

Scénario 1

Marlène est la troisième d'une famille de cinq enfants. Quand elle était petite, elle pleurait souvent. Sa mère l'a prise en grippe depuis cette période où elle était fatiguée par deux grossesses rapprochées, et déçue par l'arrivée d'une autre fille alors qu'elle en avait déjà deux. Quand une bêtise est faite par les enfants, c'est toujours Marlène qui prend. Ses frères et sœurs l'embêtent souvent et elle se sent très isolée et très différente des autres. À l'école, ça ne se passe pas mieux. Comme elle est un peu « collante », elle est régulièrement le vilain petit canard, la tête de turc, le bouc émissaire des autres élèves. Elle se fait souvent insulter ou taper.

Questions pour débat

• Que ressent Marlène ?

• Comment se fait-il que ses frères et sœurs l'embêtent ? Qu'est-ce qui conduit les autres à être agressifs avec elle à l'école ?

• Pourquoi n'est-elle pas capable de se défendre ? Qui prendrait la défense de Marlène ?

Scénario 2

Marlène a grandi, elle a 14 ans. Elle retrouve dans la cité les jeunes qui l'embêtaient à l'école. Heureusement, elle a un copain, Momo. Très vite, Momo et Marlène vont avoir des relations sexuelles. Marlène les a acceptées, car elle veut garder son copain, même si elle n'avait pas envie de sexe. Pourtant, Momo ne la respecte pas : il l'insulte souvent. Cependant, Marlène ne se défend pas et accepte sans rien dire les insultes, et même les coups quand Momo est un peu éméché. Elle est fière de sortir avec un garçon qui sait se faire respecter dans la cité.

Un après-midi, Momo, qui a bu plus que d'habitude, est avec son groupe de copains. Il aime être un caïd et prouver qu'il est un vrai dur, qu'il ne fait pas de sentiment. Il a rendez-vous avec Marlène et dit à ses copains qu'ils peuvent faire ce qu'ils veulent de sa copine. Il va entraîner Marlène dans une cave, et ses copains vont les suivre. Marlène va être violée par Momo et sa bande. Après le viol, Momo rompt avec elle parce « qu'elle est trop nulle » et que c'est « déshonorant » pour lui de sortir avec une fille comme ça. Marlène n'est pas capable d'en parler ni de se plaindre. Elle se sent de plus en plus dévalorisée ; elle va très mal et pense souvent au suicide. Elle est hantée par les images du viol qu'elle a subi. Dans les mois qui viennent, Marlène revient régulièrement traîner devant le bâtiment où Momo et ses copains se réunissent.

Questions pour le débat

- Que penser de Marlène ? Est-elle « une pute qui aime ça et qui en veut » ? Que peut-il se passer si elle revient voir ces garçons ?
- Qu'est-ce qui conduit Marlène à revenir régulièrement sur un lieu où elle sait pouvoir rencontrer ses agresseurs et être violée ?
- Marlène est-elle consentante ? Qu'est-ce qu'un consentement ? Que signifie une situation de vulnérabilité ?
- Comment pourrait-on aider Marlène ?
- Que penser des jeunes qui se conduisent comme ça avec elle ?

Les viols homosexuels sur les garçons

Ce type de violences est tellement impensable pour les garçons qu'ils sont très surpris quand le sujet est abordé. Ce renversement des rôles joue une vraie fonction didactique dans la compréhension de la culpabilité du violeur et du statut de victime qu'ils ont parfois des difficultés à percevoir dans la situation précédente. C'est dire qu'il faut travailler sur ce thème et leur donner des exemples. Un garçon peut être contraint, sous la menace ou retenu par d'autres garçons, de faire une fellation à un ou plusieurs garçons plus forts que lui, voire de subir une sodomie. On peut demander aux adolescents quels sentiments un garçon peut éprouver après avoir été forcé. Il faut insister sur la honte ressentie par les garçons victimes (elle semble généralement évidente pour les garçons). Cette honte est comparable à celle des filles dont on disait, il y a quelques années, « qu'elles étaient responsables, qu'elles ne voulaient que ça », ou des victimes de viols collectifs aujourd'hui. Voilà une autre façon de souligner que le viol, c'est justement « ne pas être consentant », et que cette notion est valable pour les filles comme pour les garçons. Ainsi, il devient évident pour les jeunes qu'ils ne peuvent plus affirmer « qu'elles ne demandent que ça », sauf à penser que les garçons, eux aussi, ne demanderaient que d'être violés.

La honte ressentie par ces garçons est due non seulement à l'acte subi, mais aussi au fait qu'ils aient pu être choisis pour cible, donc pris pour des homosexuels. Elle est due enfin à l'incapacité qu'ils ont eue à se défendre. Tous ces éléments sont vécus par les garçons comme des atteintes dramatiques à leur virilité. En confrontant les garçons à ce type de situation, on leur permet de ressentir toute la violence que constitue une agression sexuelle, non seulement physique mais aussi morale, avec l'humiliation qui l'accompagne.

Le faible nombre de déclarations de violences sexuelles subies par les garçons est à analyser : il peut être mis sur le compte d'une sous-déclaration, comparable à la situation des filles dans les années antérieures. Aussi doit-on discuter avec eux de l'importance d'en parler : à qui peuvent-ils en parler si une telle situation leur arrive ? Les garçons qui ont de bonnes relations avec leurs parents disent qu'ils pourraient leur en parler et qu'ils seraient leurs premiers interlocuteurs ; les copains ne sont pas vus comme des interlocuteurs possibles. Pour certains adolescents, surtout les enfants de migrants qui ont des familles dans lesquelles la sexualité est taboue et les stéréotypes de la virilité très actifs, la révélation aux parents ou aux copains est impossible : « C'est trop la honte. » On doit alors insister sur la neutralité d'une prise en charge médicale ; le cabinet médical est un lieu d'accueil qu'il faut faire accepter à ces jeunes. En effet, il est indispensable de souligner la nécessité absolue pour les garçons victimes de sodomie de consulter en urgence : le risque de contracter une infection HIV est élevé dans ces conditions, et un viol homosexuel est une indication absolue du traitement prophylactique post-exposition qui permet d'éviter la contamination. Ainsi, on peut leur demander :

- Si l'on s'est fait violer et qu'on a honte, doit-on vraiment ne rien dire, ne rien faire et risquer d'attraper une infection à VIH en prime ?
- Le médecin ne pourrait-il pas être justement quelqu'un à qui parler sans risque, puisqu'il ne connaît ni la famille, ni les copains, et qu'il n'a pas de jugement moral, étant là pour soigner ?

Répéter aux garçons qu'être victime, ce n'est pas être coupable, et qu'un soignant ne saurait considérer une victime comme responsable de l'agression qu'elle a subie est essentiel. Il faut leur permettre d'identifier des interlocuteurs, des lieux dans lesquels ils peuvent trouver une aide s'ils sont confrontés à une histoire de violence sexuelle, et les amener à accepter la nécessité d'en parler et de se faire aider.

En résumé, toute discussion sur les violences sexuelles se doit de :

- rappeler la loi : les adolescents la connaissent, mais il est essentiel de la leur rappeler et d'insister sur le fait que le caractère collectif d'un viol est un facteur aggravant. La loi se place toujours du côté de la victime et estime que dans un groupe de jeunes, s'il y en a un qui « déjante », les autres doivent être capables de le protéger de lui-même et de protéger la victime potentielle ;

- remettre en cause leurs représentations des violeurs : les violeurs sont des garçons qui pourraient leur ressembler. Le viol est un problème qui pourrait les concerner ;

- déconstruire leurs représentations de la violence et de la force. Montrer que la maîtrise de soi est plus valorisante que la violence, de même que protéger les faibles est plus valorisant que de les écraser ;

- leur permettre d'analyser les situations dans lesquelles les viols se produisent le plus souvent à l'adolescence, pour leur permettre d'essayer de trouver des stratégies qui permettraient de les éviter ;

- montrer qu'une victime de viol se définit précisément par le fait qu'elle n'est pas consentante : ni les filles ni les garçons « ne demandent que ça » ;

- leur permettre de comprendre ce qu'est un processus de victimisation, pour leur faire reconnaître la culpabilité des violeurs.

Chapitre 12

Grossesses et contraception

Le nombre de grossesses de mineures a beaucoup diminué en France depuis les années quatre-vingt. Cette baisse massive s'est surtout traduite par une chute très importante du nombre de naissances. Compte tenu du fait que le recours à l'avortement est de plus en plus fréquent quand une grossesse survient à l'adolescence (plus de deux tiers des grossesses adolescentes se terminent aujourd'hui par une IVG), on peut comprendre que le nombre d'IVG déclarées n'ait pas baissé. Il est compris entre 4,9 % et 5,9 % du nombre total des IVG en fonction des années, ce qui représente à peu près 10 000 IVG par an. Environ la moitié des grossesses et des avortements survenant chez les adolescentes concerne des adolescentes de 17 ans et plus.

Globalement, l'évolution de la fécondité des 12-17 ans a connu deux phases : elle a beaucoup chuté entre 1980 et 1990, puis s'est stabilisée, comme dans beaucoup d'autres pays. La France se situe favorablement dans la prévention des grossesses non prévues à l'adolescence : les taux de natalité et d'IVG y sont bien moindres qu'aux États-Unis, et inférieurs aussi à ceux que connaissent la Suède, le Danemark ou la Norvège, reconnus pourtant pour être des pays dans lesquels l'éducation sanitaire est particulièrement bien organisée. Ils restent cependant supérieurs à ceux que connaissent les Pays-Bas.

Comment expliquer la stagnation observée depuis 1990 ? Nous devons tenir compte des limites de l'action de prévention : s'il existe une sexualité adolescente, il existera toujours des grossesses. En effet, certaines adolescentes souhaitent une grossesse (et non un enfant), et d'autres souhaitent un enfant, comme le montre l'ouvrage collectif dirigé par Nathalie Bajos et Michèle Ferrand, *La sociologie des grossesses non prévues*[1]. La baisse de la natalité et des IVG à l'adolescence connaîtra donc toujours des limites liées au désir des jeunes, quelle que soit la qualité des actions de prévention. La baisse du taux de grossesses non planifiées a reposé sur la diffusion de la pilule et du préservatif. Juste avant « les années sida », et encore au milieu des années quatre-vingt, à l'époque où la contraception se limitait à la pilule, le taux de protection des premiers rapports était toujours inférieur à 50 %. Depuis, la protection des premiers rapports est largement acquise grâce au préservatif, comme le montre notamment le dernier Baromètre santé jeunes[2] avec plus de 85 % de taux d'utilisation. Les situations dans lesquelles aucune contraception n'est utilisée s'observent surtout au moment du passage préservatif-pilule. Par ailleurs, les difficultés de contraception concernent en priorité les filles qui se trouvent en difficulté psycho-socio-familiales, ou en transgression de valeurs familiales interdisant la sexualité. En effet, *pour assumer une contraception, il faut assumer l'idée de sa sexualité*. De plus, la pilule paraît aujourd'hui moins « incontestable » aux jeunes qu'elle ne l'a été : ils la vivent comme une contrainte, et non comme une liberté.

---

1. BAJOS N., FERRAND M. et l'équipe GINE, *De la contraception à l'avortement : sociologie des grossesses non prévues*, Inserm, 2002.
2. *Baromètre santé 2000, Les comportements des 12-25 ans*, coll. sous la direction de GUILBERT P., GAUTIER A., BAUDIER F., TRUGEON A., CFES, 2001.

Enfin, les ambivalences des professionnels restent présentes et se traduisent par des discours inquiétants qui ne manquent pas d'inquiéter les jeunes. Le risque vasculaire de l'association tabac-pilule (qui n'est pas un risque notable avant l'âge de 35 ans, sauf pour les filles qui ont de vraies migraines ou une hypertension artérielle) est ainsi largement médiatisé. Pourtant, dans les dernières recommandations de l'OMS (Organisation mondiale de la santé), le tabac n'est pas mentionné comme une contre-indication à la pilule. Enfin, seule la pilule est proposée aux adolescentes ; on discute peu avec elles des autres moyens contraceptifs. On voit ici l'inadéquation entre les besoins, les désirs et les capacités des jeunes filles, et le moyen contraceptif prescrit, ce que montrent bien N. Bajos et son équipe, dans leurs travaux sur la contraception[1].

Les méthodes de contraception locale

L'efficacité d'une méthode contraceptive est évaluée par l'index de Pearl, qui représente le nombre de grossesse observé chez 100 femmes utilisant une contraception pendant une année.

À l'adolescence, la vie affective peut changer très rapidement. Les prescriptions, adaptées aux besoins, doivent donc être rapidement modifiables.

Les spermicides

Ils sont disponibles sous plusieurs formes (ovules, unidoses ou éponges). Leur efficacité contraceptive est très variable d'une publication à l'autre, les taux d'échec variant de 0,30 % à 30 %. Une étude de référence du

1. BAJOS N., FERRAND M. et l'équipe GINE, *De la contraception à l'avortement : sociologie des grossesses non prévues*, Inserm, 2002.

Family Planning[1] précisant l'efficacité de différentes méthodes contraceptives rapporte un taux d'échec de 15,5 %.

Les spermicides ont aussi une action protectrice *in vitro* contre certaines IST. *In vivo*, cette action est moins évidente et l'action protectrice des spermicides vis-à-vis du virus HIV n'est pas démontrée.

L'efficacité contraceptive est liée en grande partie au respect des règles d'utilisation : leur action est immédiate et brève, et les ovules et les unidoses doivent être renouvelés avant chaque rapport. Les éponges ont une efficacité prolongée, mais qui est compromise si l'on prend un bain. La toilette au savon est proscrite dans les heures qui suivent le rapport.

L'efficacité contraceptive des spermicides et protectrice des IST est nettement inférieure à celle des autres moyens locaux.

Les préservatifs masculins

Ils constituent la méthode locale la plus utilisée. Leur efficacité contraceptive est très variable d'une étude à l'autre. Dans l'étude de référence citée ci-dessus[2], le taux d'échec est de 3,6 pour son utilisation par cent femmes sur un an. L'efficacité contraceptive du préservatif est donc excellente, même si elle reste inférieure à celle de la contraception orale qui est proche de 100 % dans cette étude. Qu'en est-il de l'efficacité contraceptive des préservatifs chez les adolescents ? Les taux d'échecs sont encore variables d'une étude à l'autre, les plus élevés atteignant 15 %, voire 20 %. Cependant, quelle que soit la méthode utilisée, on

© Groupe Eyrolles

---

1. VESSEY M., LAWLESS M., YEATES D.*, « Efficacy of different contraceptive methods »*, pp. 841-842, *The Lancet*, 1982.
2. *Ibid.*

observe des différences selon le type d'utilisateurs, que l'on peut scinder en deux groupes :

• ceux qui sont très « motivés » pour utiliser une contraception ont un taux d'échec très faible avec le préservatif (moins de 2 %), et peuvent utiliser ce moyen contraceptif sur une très longue période ;

• les moins « motivés » ont des échecs nombreux et arrêtent souvent de recourir à toute contraception, quelle que soit la méthode contraceptive.

Les échecs contraceptifs des préservatifs relèvent pour l'essentiel de leur non-utilisation au moment du rapport fécondant. Les ruptures, souvent latérales, jouant un rôle très secondaire. Par ailleurs, l'efficacité des préservatifs en matière de protection vis-à-vis des IST est bien démontrée.

La mise en doute de l'efficacité du préservatif est souvent imputée au risque de rupture élevé. En laboratoire, le taux de rupture est de 1 à 3 % ; les contrôles des préservatifs normés en garantissent la qualité. Dans la pratique, le taux de rupture est plus élevé. L'expérience de l'utilisateur est importante, et l'efficacité dépend du respect des règles d'utilisation. Il faut conseiller les préservatifs lubrifiés avec réservoir et donner des informations claires et concrètes sur la façon de les utiliser. Si les risques de grossesse liés aux accidents sont limités, l'utilisation d'une contraception d'urgence est cependant tout à fait nécessaire. Par ailleurs, dans les situations où les risques d'IST et de VIH sont élevés (cas d'un partenaire non connu ou relations sous l'effet de produit), une consultation d'urgence pour avis sur un traitement post-exposition est nécessaire.

Promouvoir la diffusion du préservatif masculin reste une tâche essentielle. Il nous faut prendre en compte les résultats des études épidémiologiques actuelles, qui montrent que les préservatifs sont souvent utilisés comme contraceptifs et abandonnés lorsqu'une contraception orale est utilisée.

Les préservatifs doivent être proposés lors de toute demande contraceptive, car :

- ils assurent une contraception efficace si l'utilisateur est motivé ;
- ils assurent actuellement la meilleure protection contre les IST ;
- leur emploi est dépourvu de contre-indications ;
- ils ne nécessitent pas un tiers médical prescripteur ;
- ils constituent le seul moyen d'impliquer les garçons dans la contraception.

Les préservatifs féminins

Ils demandent à être diffusés. Pour ce faire, il est indispensable de comprendre ce qui freine leur utilisation, et d'en parler comme d'un moyen contraceptif parmi d'autres. Les réticences des professionnels, qui ont du mal à intégrer cet outil, sont un frein majeur à leur diffusion. Ils reprennent tous les discours négatifs véhiculés sur cet objet : « c'est grand, c'est moche, ça fait du bruit... » Ces propos sont à rapprocher de ceux qui ont accompagné le préservatif masculin dans les années quatre-vingt. Et pourtant, quand on observe côte à côte un préservatif masculin et un préservatif féminin, ils ne sont pas si différents... On entend souvent dire que le préservatif féminin est difficile à proposer aux adolescentes qui connaissent mal leur corps. Nous en reparlerons à propos de la protection des IST. D'ores et déjà, soulignons que les adolescentes connaissent aussi bien leur corps, voire mieux, que bien des femmes adultes.

Les préservatifs féminins assurent une bonne contraception (protection un peu inférieure cependant à celle assurée par les préservatifs masculins) et présentent des risques de rupture plus faibles que les préservatifs masculins. Ils permettent aux femmes de pouvoir assurer leur protection contre les IST sans en passer par la négociation du préservatif masculin avec leur partenaire.

Le diaphragme

Ce moyen de contraception local, qui présentait un taux d'échec très faible, n'est plus commercialisé en France. À ce propos, il faut regretter la disparition de moyens qui, pour certaines, représentaient les protections les plus acceptables. Les soucis de rentabilité et de santé publique ne sont pas toujours en adéquation... La cape cervicale, censée le remplacer, est beaucoup plus coûteuse.

La contraception hormonale

La pilule est aujourd'hui perçue par nombre de jeunes comme une contrainte et un moyen de contraception moins évident qu'il ne l'a été. Cependant, la pilule est le moyen contraceptif le plus utilisé par les adolescentes, l'utilisation de préservatifs restant temporaire et limitée aux relations non stabilisées. L'efficacité contraceptive de la pilule est quasi absolue, puisque le taux d'échec dans la population de l'étude de référence est inférieur à 0,5 %. Néanmoins, il faut souligner sa « fausse sécurité » à l'adolescence : la *compliance*, c'est-à-dire la capacité de prendre régulièrement un médicament, est souvent imparfaite à cette période de la vie, et les échecs de la contraception orale sont en conséquence plus nombreux.

Principe de fonctionnement de la pilule

La pilule est une association d'hormones de synthèse, œstrogènes et progestatifs (hormones normalement produites par les ovaires), qui a pour but de mettre les ovaires au repos et de bloquer l'ovulation (les micropilules font appel à d'autres « verrous » contraceptifs).

Certaines pilules sont dépourvues d'œstrogènes : elles constituent des alternatives très intéressantes quand il existe une contre-indication vasculaire à la prescription de pilule classique car elles n'en présentent pas.

Avantages et inconvénients de la pilule

Quels sont les risques pour les adolescentes qui prennent la pilule ?

L'*hypercoagulabilité* (modification du sang qui augmente le risque de boucher les veines ou les artères) induite par les œstrogènes contenus dans la pilule joue un rôle prépondérant et indiscuté dans la genèse des complications vasculaires veineuses ou artérielles. Les études sur les risques vasculaires ont essentiellement concerné des populations de femmes adultes dont la situation métabolique et vasculaire était différente de celle des adolescentes. Les pathologies observées sont exceptionnelles, mais leur gravité exige le respect des contre-indications de la pilule œstro-progestative. À l'adolescence, seules l'hypertension artérielle, les migraines dites « accompagnées » et certaines maladies chroniques constituent un risque artériel : ces situations rares nécessitent le recours à d'autres alternatives contraceptives. Les accidents vasculaires peuvent être artériels, ischémiques (accidents vasculaires cérébraux, infarctus du myocarde), hémorragiques (hémorragie méningée, AVC liée à une hémorragie cérébrale), ou veineux (phlébite, embolie pulmonaire).

Le risque de *phlébite* (thrombose veineuse) constitue le risque vasculaire majeur à l'adolescence, puisqu'il est indépendant de l'âge et apparaît dès les premiers mois d'utilisation. Il est lié aux doses d'œstrogènes contenues dans la pilule et a été très notablement réduit par l'utilisation des mini-pilules. Pour les pilules dites « de troisième génération », largement promues par les laboratoires, et non remboursées, un risque plus élevé de thromboses veineuses et d'embolie pulmonaire a été montré. Toujours présent quelle que soit la pilule choisie, ce risque exige le respect des contre-indications habituelles (antécédents de maladie vasculaire artérielle ou veineuse, maladies de long cours susceptibles de se compliquer d'accidents vasculaires ou pathologies héréditaires de la coagulation). En présence de tels antécédents, il importe de rechercher un trouble de la coagulation. Les situations d'immobilisation prolongée, notamment les fractures, complications classiques des sports d'hiver, impliquent également l'interruption temporaire de toute pilule œstroprogestative.

Les risques *artériels* dépendent de l'âge, de la composition progestative de la pilule et des facteurs de risques associés. Ainsi, la consommation de tabac accroît le risque artériel chez les femmes âgées de plus de 35 ans. Cet accroissement du risque n'est pas démontré chez les femmes plus jeunes.

Quant au risque de *cancer,* les résultats varient en fonction de l'organe cible (sein, ovaires, utérus…). Le risque de cancer du sein est un peu accru, mais il ne concerne pas les adolescentes, puisqu'à cet âge, ce cancer est quasi inexistant. Cependant, la persistance d'un petit sur-risque durant les dix ans qui suivent la prise justifie certainement de réfléchir à d'autres modes de contraception dès l'âge de trente-cinq ans, afin d'arriver sans risque majoré à la période où se développent les cancers du sein, c'est-à-dire après la quarantaine. Par ailleurs, l'ensemble des méta-analyses sur le risque global de survenue de cancer associé à la pilule ne montre pas de problème accru, et pour certains cancers, comme celui des ovaires, la pilule est un réel facteur de protection.

Des effets bénéfiques secondaires à promouvoir

La dysménorrhée (douleurs de règles), qui concerne plus d'une adolescente sur deux et peut dans certains cas être très invalidante, cède ou est très améliorée sous pilule. La régularité des règles sous pilule, de même que la réduction fréquente du flux menstruel, sont très appréciées des adolescentes.

Une acné et une hyperséborrhée (cheveux et peau très gras) peuvent être améliorées par certaines pilules.

Enfin la possibilité de ne pas avoir de règles, en enchaînant deux plaquettes de pilule, est particulièrement appréciée par les adolescentes en période d'examen ou de vacances et ne comporte aucun danger.

Les craintes des adolescentes vis-à-vis de la pilule

La prise de poids est la hantise des adolescentes. Cependant, il n'a pas été montré de modification significative du poids chez les filles sous pilule. En fait, les modifications pondérales sont quasi inéluctables à l'adolescence, car elles sont liées aux transformations pubertaires et à l'arrêt de la croissance. En outre, les troubles du comportement alimentaire, fréquents à cet âge, jouent un rôle majeur sur les variations pondérales. Un surpoids isolé et limité ne constitue pas une contre-indication à l'utilisation de la pilule. En revanche, les filles présentant une obésité franche ont un risque de phlébite majoré sous pilule.

La fertilité ultérieure n'est pas affectée par l'utilisation d'une contraception orale. En effet, le blocage précoce de l'ovulation induit par la pilule n'a pas de retentissement sur la reprise de l'activité ovulatoire après son arrêt. La reprise des cycles est habituelle et ce, quels qu'aient été la durée et le mode d'utilisation, continu ou non. Les « fenêtres contraceptives » (pauses dans la prise de pilule) n'ont donc aucune justification médicale.

Il n'empêche que les craintes de stérilité, ravivées notamment par la non-survenue d'une grossesse en cas d'oubli de pilule, sont à l'origine d'un certain nombre de grossesses et d'IVG à l'adolescence. C'est insister sur le rôle des gynécologues, qui doivent rassurer les adolescentes en consultation sur leurs capacités reproductrices.

Les différents types de pilules

Les pilules associant œstrogènes et progestatifs

Les pilules minidosées

Très nombreuses sur le marché, elles ont toutes une efficacité et une tolérance comparables, comme le montrent les études de l'OMS.

La quasi-totalité fonctionne sur le même mode :

- La première prise de pilule doit avoir lieu en tout début de cycle, c'est-à-dire entre le premier et le troisième jour des règles.

- La prise quotidienne est nécessaire, mais l'efficacité autorise douze heures de battement ; de ce fait, il n'est pas indispensable de prendre la pilule toujours à la même heure. Il vaut mieux la prendre le matin, ce qui laisse toute la journée pour se rattraper en cas d'oubli, et l'associer de « façon comportementaliste » à un geste quotidien usuel, comme se brosser les dents ou se maquiller…

- Le principe consiste à prendre une pilule pendant trois semaines, puis à laisser une semaine de battement entre deux plaquettes : c'est alors que surviennent les règles, qui sont en fait des « hémorragies de privation » liées à l'absence de pilule. Il ne s'agit donc pas de vraies règles, et les filles qui ne souhaitent pas les avoir peuvent enchaîner deux plaquettes de pilule sans aucun risque.

- En cas d'oubli de pilule supérieur à douze heures, la prise d'une pilule d'urgence si l'on a eu des rapports la semaine qui précède l'oubli est nécessaire. Il faut ensuite poursuivre normalement sa pilule, ce qui signifie que dans un même jour, il faut prendre à la fois sa pilule et la pilule d'urgence, ce qui ne présente aucun danger. De plus, il faut protéger les rapports avec des préservatifs la semaine qui suit l'oubli. Il est essentiel de comprendre que la pilule d'urgence, qui bloque l'ovulation et donc la fécondation, empêche la survenue d'une grossesse pour les rapports qui ont déjà eu lieu, puisque les spermatozoïdes vivent environ cinq jours, mais elle peut aussi décaler l'ovulation, d'où la nécessité d'une protection supplémentaire par préservatifs la semaine qui suit.

Certaines pilules minidosées nécessitent une prise continue, sans interruption pendant sept jours. Cette prise continue peut faciliter la compliance et éviter les oublis liés à l'absence de reprise le bon jour.

Les nouveaux moyens contraceptifs

Le *patch contraceptif*, commercialisé sous le nom d'Evra®, comporte les mêmes effets et les mêmes contre-indications que la pilule classique. Son intérêt réside dans son changement hebdomadaire pendant trois semaines, ce qui limite les risques d'oubli. De plus, l'oubli d'un jour dans le changement du patch n'altère pas son effet contraceptif. Les saignements surviennent durant la quatrième semaine, comme avec la pilule classique. L'adhésivité du patch est bonne et résiste le plus souvent à une pratique sportive et aux douches. Dans l'expérience clinique, l'efficacité contraceptive du patch est moins bonne chez les filles obèses.

L'*anneau contraceptif*, commercialisé sous le nom de Nuvaring®, est un anneau qui se place sur le col et qui diffuse des œstroprogestatifs. C'est l'équivalent hormonal de la pilule classique, sauf qu'au lieu d'être absorbées par l'intestin, les hormones traversent les muqueuses vaginales. Cet anneau a, comme le patch, les mêmes effets et les mêmes contre-indications que la pilule, et limite les risques d'oublis quotidiens. En effet, placé dans le vagin pendant trois semaines, il est retiré la quatrième semaine, ce qui provoque la survenue de petites hémorragies de privation qui constituent l'équivalent des règles, comme lors de l'arrêt de la pilule classique durant sept jours. Cependant, il n'y a pas d'expérience spécifique rapportée concernant l'utilisation de ces méthodes contraceptives par les adolescents.

Ces deux produits sont chers et ne sont pas remboursés. Pour certaines patientes en difficulté avec une prise quotidienne de pilule, ils peuvent cependant constituer une alternative.

Les pilules progestatives

La *micropilule progestative* est une contraception d'exception, réservée aux adolescentes qui présentent des contre-indications majeures aux pilules usuelles. Elle exige une prise très régulière et continue. Tout médicament qui pourrait diminuer son absorption ou accélérer sa dégradation (inducteurs enzymatiques) compromet son efficacité. L'effet contraceptif des micropilules est essentiellement local : la rencontre des spermatozoïdes et de l'ovule est empêchée, et l'implantation d'un œuf entravée. L'absence de blocage de l'ovulation rend compte d'une efficacité contraceptive plus faible que les pilules œstroprogestatives classiques, avec un taux d'échec de 3,75 pour leur utilisation par cent femmes durant un an. Le risque de grossesse extra-utérine est accru. Des irrégularités menstruelles sont souvent observées ; les aménorrhées (arrêt des règles) et les petits saignements sont également fréquents. Quand elle est bien tolérée, à savoir que les cycles sont réguliers, et prise de façon très régulière, la micropilule constitue une solution contraceptive pour des filles ayant une contre-indication absolue à la pilule classique ou au stérilet. Dans ces situations toutefois, l'implant contraceptif représente une solution plus sûre.

D'autres progestatifs sont des solutions contraceptives intéressantes dans des problématiques spécifiques. Leur utilisation est rendue difficile par le fait qu'ils ne se présentent pas comme des pilules, mais comme des médicaments. Il n'existe donc pas d'indication de jours de prise, ni d'information sur leur effet contraceptif, ce qui ne manque pas d'inquiéter les jeunes patientes. Certains produits permettent d'assurer une contraception efficace et sans danger chez les filles atteintes de pathologies au long cours qui contre-indiquent la prise de pilules classiques. D'autres possèdent une action spécifique qui permet de traiter une hyperpilosité ou une acné sévère, en plus d'assurer une contraception.

Les *progestatifs injectables* de longue durée d'action, qui ont des indications spécifiques, sont aujourd'hui de deux types : les injections trimestrielles de Depo-provera® et l'implant contraceptif commercialisé sous le nom d'Implanon®, d'une efficacité contraceptive de trois ans. Pour ce dernier, l'expérience avec les adolescentes est limitée.

Les adolescentes présentant un handicap mental ou une pathologie psychiatrique grave constituaient l'essentiel de la « clientèle » de la

contraception injectable par le Depo-provera® en France, contrairement à d'autres pays, y compris des pays développés, dans lesquels elle
est beaucoup plus largement utilisée. Cette contraception peut rendre
de grands services aux jeunes filles qui vivent dans un contexte interdisant la sexualité, et qui ne peuvent se promener avec une plaquette de
pilule sans risque. Le fait de revenir tous les trois mois dans une structure médicale est aussi, chez ces adolescentes qui vivent des tensions et
des contradictions fortes, un facteur de soutien important.

Quant à l'implant, il a un grand intérêt chez les patientes psychopathes,
fugueuses, échappant volontiers aux structures médicales qui les prennent en charge. En dehors de ces situations, ce moyen contraceptif peut
être très utile chez des filles qui ont déjà été enceintes, et dont la
compliance à la contraception orale est problématique. Par ailleurs, nous
avons vu qu'il pouvait représenter une alternative intéressante pour les
filles présentant des contre-indications à la pilule classique.

Les limites de la contraception injectable tiennent à sa tolérance : les
saignements fréquents et non prévisibles, et les aménorrhées induites ne
sont pas rares. Ces désagréments sont souvent très mal tolérés par les
adolescentes, même si elles en avaient été correctement informées auparavant. Dans l'expérience clinique américaine, les implants, disponibles
depuis longtemps aux États-Unis, ont aussi montré leurs limites,
puisque les jeunes filles demandent souvent leur retrait avant la fin de la
première année d'utilisation. Cette demande n'est pas toujours due à un
problème de tolérance, les jeunes filles ne souhaitent souvent plus de
contraception lorsqu'elles mettent fin à une relation.

La contraception d'urgence

Elle présente un grand intérêt à l'adolescence, après un rapport non
protégé ou une rupture de préservatif. Par ailleurs, elle est indispensable
dans les situations d'agression sexuelle.

Aujourd'hui, la pilule d'urgence est devenue le standard de la contraception d'urgence. Commercialisée sous le nom de Norlevo®, elle est composée exclusivement d'un progestatif, le levonogestrel. Son mécanisme d'action est de bloquer ou de décaler l'ovulation.

Son efficacité est excellente, notamment quand elle est prise précocement, dans les 12 heures suivant le rapport (plus de 95 % d'efficacité), et sa tolérance est bien meilleure que celle des pilules d'urgence dont nous disposions antérieurement. Elle peut être prise jusqu'à 72 heures après le rapport, et continue d'avoir une certaine efficacité cinq jours après le rapport, même si dans ces situations, son efficacité diminue.

Les grossesses survenant après une contraception d'urgence sont souvent liées au fait que les adolescentes ne la prennent que quand elles ont eu des rapports non protégés durant la période qu'elles pensent dangereuse, c'est-à-dire vers le quatorzième jour de leur cycle. Or elles ont souvent eu des rapports plus précocement dans le cycle et ont pu ovuler avant le quatorzième jour. Les rapports dans les jours qui suivent les règles, qui ne sont pas identifiées comme à risque, n'ont pas fait l'objet de précautions, ni de prise de pilule d'urgence. Il est donc très important de préciser que les risques de grossesse existent quel que soit le jour du cycle – en particulier à l'adolescence où les cycles sont souvent irréguliers –, et que le début de cycle, juste après les règles, est une période particulièrement fertile.

Le Norlevo® ne comporte aucune contre-indication, ce qui a permis sa diffusion libre sans prescription médicale. Il est disponible gratuitement et anonymement pour les mineurs dans les pharmacies d'officine. Il peut aussi s'obtenir dans les centres de planification familiale et dans les infirmeries scolaires. Quand il est fourni sur prescription, il fait l'objet d'un remboursement de la sécurité sociale.

Les règles arrivent normalement dans plus de la moitié des cas après la prise de la pilule d'urgence. Dans 20 % des cas, les règles arrivent avec quelques jours d'avance, et dans 5 % à 20 % des cas, elles peuvent arriver avec quelques jours de retard. C'est dans ces dernières situations qu'il faut pratiquer un test de grossesse.

La diffusion de la contraception d'urgence est probablement l'un des outils contraceptifs qui a joué un rôle dans la baisse notable des grossesses non prévues en Hollande, pays dont nous envions les résultats en matière de prévention. Nous devons réfléchir à mieux la promouvoir, compte tenu de son excellente tolérance, de sa très bonne efficacité contraceptive et de sa facilité d'accès. Cependant, dans les discussions autour de la pilule d'urgence, les ambivalences de certains prescripteurs, parfaitement repérables, ne sont pas sans rappeler celles qui s'exprimaient à propos de la diffusion de la pilule « classique » dans les années quatre-vingt. Ainsi a-t-on pu entendre dans un congrès de santé scolaire (Bordeaux 2000) : « Mais ça va devenir trop facile, ils vont prendre ça comme du petit-lait. » De même, les réserves médicales émises sur l'utilisation de la contraception d'urgence rappellent les discours médicaux inquiétants qui ont entouré la diffusion initiale de la pilule classique, et qui permettaient d'étayer les réticences morales à la contraception, qui ne pouvaient se dire comme telles. Le but de toute prévention est bien que les moyens contraceptifs soient les plus simples et les plus accessibles possibles pour les adolescents, ce qui ne signifie en rien qu'il ne faille pas travailler sur le sens de l'engagement du corps.

De même, un certain nombre de centres de planification exigent que l'adolescente vienne chercher cette pilule elle-même et qu'elle l'absorbe devant un intervenant du centre. Certes, la demande de la pilule d'urgence peut être une opportunité pour engager une réflexion avec une jeune sur ses pratiques contraceptives, mais le moment de l'urgence n'est pas le meilleur moment pour le faire : les jeunes filles redoutent tellement l'idée d'être enceintes qu'elles occultent tout le reste. En revanche, en les aidant à exprimer leurs craintes lors de ce moment difficile, en les rassurant, en les soutenant, une relation de confiance se noue, qui favorise souvent un retour ultérieur en consultation pour discuter de leur contraception usuelle. Par ailleurs, les adolescentes peuvent avoir des difficultés à assumer un regard d'adulte sur leur sexualité ou sur le fait qu'elle ait eu un rapport non protégé (certaines femmes adultes font aussi part de leurs sentiments de gêne, de honte, à faire cette demande dans cette situation). Il est essentiel d'aider les adolescentes dans leur démarche, en acceptant par exemple qu'une copine ou que le copain puisse être le médiateur de la demande de la pilule d'urgence. Rien n'empêche alors l'adulte qui fournit la pilule de discuter avec eux, pour en faire les messagers des informations. Ils seront plus à même de les entendre que la fille concernée, obnubilée par la peur. L'aide peut aussi passer par la mise à disposition de la pilule dans la trousse d'urgence de la maison, de façon à en avoir sous la main « au cas où ». Il ne faut pas oublier que l'urgence, c'est que la contraception soit assurée par une pilule prise le plus rapidement possible.

Plusieurs études récentes ont montré l'intérêt d'avoir une pilule d'urgence à sa disposition : la prise est ainsi facilitée si le besoin se présente, et l'utilisation des méthodes de contraception habituelles n'en est pas modifiée.

Les professionnels craignent aussi que la pilule d'urgence soit prise par les jeunes comme une alternative à une contraception usuelle. Plusieurs études ont démontré le contraire : si l'on met à leur disposition une contraception d'urgence, les jeunes filles y ont recours si besoin mais continuent à utiliser leur contraception usuelle. En revanche, celles qui sont simplement informées de son existence, mais qui n'en ont pas, ne la prennent que très rarement en cas de nécessité.

Une autre remarque qui revient régulièrement de la part de profession-nels est que certaines filles viennent la demander à plusieurs reprises notamment au cours d'un même cycle. Dans ces conditions, l'efficacité est diminuée, mais il n'y a pas de risques spécifiques à une prise répétée.

En fait, ce type de demande est très rare et concerne une petite minorité de filles. Or, tout se passe comme si l'exception représentait la règle. La pratique clinique quotidienne et les études épidémiologiques démontrent le contraire : dans un groupe de filles ayant pris la pilule d'urgence, celles qui l'ont prise plus d'une fois sont peu nombreuses et le plus souvent elles n'y ont pas eu recours sur un même cycle mais sur plusieurs années contraceptives. Toutes les études démontrent que la situation de l'urgence marque une prise de conscience des risques de grossesse et amènent les femmes à une plus grande compliance dans leur contraception usuelle.

Toutes ces remarques soulignent l'importance de modifier les représentations des professionnels et leurs réticences vis-à-vis de la pilule d'urgence. Ils ont si bien fait passer leurs peurs que c'est d'abord ce que les adolescentes rapportent quand on les interroge à ce sujet.

Rappelons que la pilule d'urgence n'est pas dangereuse :

- elle est très efficace, notamment si elle est prise précocement ;
- elle ne représente pas un risque de baisse de vigilance contraceptive, tout au contraire ;
- elle peut être prise plusieurs fois sans danger ; il n'est pas rare que, compte tenu de toutes les années durant lesquelles une contraception est nécessaire, une femme en ait besoin plusieurs fois au cours de sa vie.

Il nous faut aider les jeunes filles à mieux repérer les situations à risque de grossesse de façon à avoir une attitude adaptée à ces risques quand ils se présentent.

Le stérilet

Il demeurait une contraception d'exception chez l'adolescente, en raison des risques allégués d'infection des trompes. Ces risques ont fait l'objet

GROSSESSES ET CONTRACEPTION

de multiples études, aux résultats contradictoires : le risque infectieux varie de 1,6 à 12,2 % en fonction des études. Il est en fait étroitement lié à la vie sexuelle et au risque de contracter une IST : élevé chez des patientes à partenaires multiples, il est presque nul chez une utilisatrice qui n'a qu'un partenaire.

Le risque infectieux reste un souci majeur pour les adolescentes : les filles pour lesquelles on finissait par envisager un stérilet étaient précisément celles qui présentaient le plus de risques d'infection. Il s'agissait souvent d'adolescentes qui, utilisant la pilule de manière anarchique, avaient de ce fait souvent vécu une, voire plusieurs IVG, et qui changeaient fréquemment de partenaires. Chez ces filles, la préservation de la fertilité est capitale : la grossesse et les enfants constituent souvent le pivot de leur projet d'avenir. L'Implanon® (implant contraceptif) a changé les stratégies contraceptives et permet aujourd'hui une contraception sans danger infectieux spécifique pour ces jeunes filles.

Par ailleurs, pour certaines adolescentes qui présentent une contre-indication médicale à la pilule, ou qui ne veulent pas de contraception hormonale, et qui ne sont pas engagées dans des comportements sexuels à risque, le stérilet représente un moyen contraceptif intéressant. Selon les recommandations de l'ANAES (Agence nationale d'accréditation et d'évaluation en santé) et de l'OMS, le jeune âge ou le fait de ne pas avoir eu d'enfant ne constitue plus une contre-indication de principe à la mise en place d'un stérilet.

Informer ne suffit pas

La prévention des grossesses non planifiées repose sur la diffusion des moyens de contraception, qui est effectivement nécessaire. Les adolescents sont aujourd'hui tout à fait bien informés. En effet, les allégations de « manque d'information » des adolescents, qui reprennent à leur compte les discours que les adultes leur offrent – ce qui leur permet d'éviter des remises en question personnelles – correspondent davantage à des problématiques individuelles entraînant une incapacité à intégrer une information ou à la mettre en pratique qu'à une véritable carence d'informations. Tous les adolescents connaissent aujourd'hui le préservatif et son rôle contraceptif ; tous savent la nécessité de l'utiliser pour tous les rapports ; une grande majorité d'entre eux connaissent l'existence de la contraception d'urgence, et tous connaissent l'existence de la pilule « classique » et la nécessité d'une prise régulière.

Donc, si l'on veut diminuer le nombre de grossesses non planifiées et d'IVG, il va falloir travailler autrement que sur la seule information des moyens de protection.

La fertilité, ce nouveau pouvoir

Il faut être conscient du plaisir que représente pour les adolescents le fait de pouvoir avoir un enfant. Ce nouveau pouvoir que leur confère la puberté est un pouvoir essentiel, qui leur permet de rivaliser avec leurs parents. Lors des interventions en milieu scolaire, une information sur la contraception doit passer par cette question qui peut initier une séance : qui a envie d'avoir un jour des enfants ? Dans une classe, la quasi-totalité des doigts se lèvent, et l'on voit de grands sourires s'afficher sur les visages, témoignant bien du plaisir que représente pour eux le fait d'avoir des enfants un jour. Paradoxalement, ce sont les rares adolescents hostiles à ce projet qui devraient nous préoccuper…

L'intervenant peut alors continuer sur le thème « qu'est-ce qui vous donne envie d'avoir un enfant, qu'attendez-vous d'un enfant ? » Donner la vie, continuer la chaîne de la vie, faire un bébé « d'amour » avec la personne que l'on aime, donner de l'amour, en recevoir, être pour un enfant la personne la plus importante au monde, travailler pour un enfant, ce qui donne du sens à la vie… voilà les réponses qui viennent immédiatement.

Reste alors à travailler sur le « un jour » :

• Quand pensez-vous pouvoir avoir un enfant ? Y a-t-il un âge idéal ?

• Y a-t-il des conditions nécessaires à l'accueil d'un enfant ?

• Des adolescents peuvent-ils être prêts aujourd'hui à devenir parents ?

Toutes ces questions se discutent avec beaucoup de passion : sur l'âge idéal, il n'y a jamais de consensus, et les intervenants peuvent pointer avec eux le fait que les représentations de la maternité varient en fonction des cultures et des histoires familiales. S'il n'y a pas d'âge idéal, la majorité des adolescents pense qu'il ne faut pas devenir parent trop tard, surtout au nom du bien de l'enfant.

Tous les adolescents insistent sur le fait qu'avant d'avoir un enfant, un certain nombre de conditions doivent être réunies : ils envisagent souvent en premier lieu les besoins matériels, qu'il faut pouvoir assumer, c'est-à-dire qu'il faut gagner sa vie pour payer tout ce qu'il faut à un bébé : « Les couches, les petits pots, etc., ça coûte cher ! » La majorité n'imagine pas avoir un enfant avant de travailler.

Ensuite, il est important d'élargir la discussion sur les autres besoins d'un enfant : les besoins d'un enfant sont-ils seulement matériels ? Ils insistent alors sur les besoins affectifs d'un enfant, et sur la nécessité pour un enfant d'avoir une famille, c'est-à-dire un père et une mère. Il est important d'entendre ce qu'ils disent à ce propos, alors qu'eux-mêmes vivent fréquemment avec des parents séparés, et ont des pères souvent peu présents, quand ce n'est pas totalement absents. Cette image idéalisée d'une famille est aussi l'expression de ce qui leur a souvent manqué, et qu'il leur importe tellement de réussir.

La discussion se poursuit : quand on est adolescent, peut-on répondre à ces besoins-là ? En fonction des milieux, les réponses diffèrent : dans les milieux populaires, les filles, plus que les garçons, disent qu'elles se sentent capables d'être mère et d'assurer les besoins affectifs d'un enfant. Si les filles s'en sentent capables, elles réalisent que les garçons, dans leur grande majorité, ne se sentent pas prêts, et la plupart en sont conscients. Les filles sont alors confrontées au fait qu'un enfant né à l'adolescence aura rarement la possibilité d'avoir une famille.

La discussion peut s'élargir encore aux besoins d'un enfant : le rôle de parent est-il seulement affectif ? Si un adolescent est capable de donner de l'amour et d'assumer les besoins affectifs d'un enfant, la quasi-totalité des adolescents se sent incapable d'assumer un rôle éducatif, parce qu'ils sont « trop jeunes et qu'eux-mêmes n'en savent pas assez ». Au fond, ils sont conscients qu'ils ont encore quelque part besoin de grandir et que leurs parents ont encore un rôle éducatif à jouer avec eux, même si le jeu consiste souvent à s'opposer aux limites à cet âge.

On peut alors clore le débat autour de l'enfant souhaité, mais différé, en faisant une synthèse de ce qu'ils ont dit : ils réalisent ainsi qu'ils agissent en parents potentiels responsables, ayant un vrai souci de l'enfant, et que c'est au nom du bien de l'enfant qu'une maternité souhaitée est différée pour la majorité d'entre eux, alors que le désir existe.

L'intervenant doit également envisager les besoins des adolescents eux-mêmes : que peut-il se passer pour eux, adolescents, s'ils deviennent parents d'un enfant ? Ils évoquent bien entendu les conflits avec leurs parents, la dépendance qui va croître vis-à-vis d'eux, ou les risques de rupture avec le milieu familial. Ils réalisent aussi le manque de liberté que l'arrivée d'un enfant impliquerait : ils ne pourront plus sortir comme avant, ni faire de « petites conneries d'adolescents » (les adolescents ont une vision très responsable du parent qui doit montrer l'exemple). Si certains qualifient ce point de vue « d'égoïste » (sous-entendu : il serait égoïste de penser à soi), il est important de leur montrer à quel point l'adolescence est une étape essentielle du développement d'une personnalité, et quelles conséquences ce « court-circuit d'adolescence[1] », selon le joli mot de D. Marcelli, peut avoir.

Ce n'est qu'une fois tout ce travail effectué sur le désir d'enfant que peut être abordé le thème de la contraception.

Impliquer les garçons dans la contraception

La contraception hormonale n'est pas une obligation vide de sens, une pilule qu'il faudrait prendre parce qu'on est adolescent. Il est nécessaire de replacer le choix et la décision d'utiliser une contraception dans sa vraie problématique : « Si on veut avoir des relations sexuelles à l'adolescence et qu'on ne se sent pas encore capable d'être parent, comment peut-on l'éviter ? »

Il est indispensable d'impliquer les garçons dans cette problématique, car *ils se sentent souvent victimes de la fertilité des filles*, alors même qu'avec la pilule, ils souhaiteraient leur déléguer la responsabilité contraceptive. Or chacun sait qu'une pilule, ça peut s'oublier, ce dont les garçons n'ont pas conscience. Si dans une classe, on demande « Qui a déjà pris un médicament ? », bien sûr, tous les doigts se lèvent. À la question « Qui a déjà oublié un médicament ? », tous les doigts se lèvent aussi. On peut ainsi expliquer aux adolescents qu'il en est de même avec la pilule, même s'ils répliquent souvent : « Ce n'est pas un médicament comme les autres, on ne peut pas l'oublier, ce n'est pas possible. » Les intervenants peuvent alors témoigner des appels téléphoniques quotidiens liés aux oublis de pilule !

---

1. ALVIN P., MARCELLI D., *Médecine de l'adolescent pour le praticien*, Masson, 2005.

—— Comment en parler ? ————

Thème

L'oubli de pilule.

Scénario

Alice et Thibault sortent ensemble depuis plusieurs mois, et Alice, en accord avec son copain, assume la contraception en prenant la pilule. Alice doit passer son BEP de comptabilité. Ils se revoient une dernière fois et font l'amour avant qu'Alice ne s'enferme quelque temps pour bachoter. Ils savent bien qu'ils ne se verront plus pendant au moins dix jours, car il faut qu'Alice mette un dernier « coup de collier » pour avoir son BEP. L'approche des examens rend Alice très anxieuse et très préoccupée ; elle travaille souvent tard le soir et a oublié plusieurs fois de prendre sa pilule en se couchant.

Déroulement de la discussion

Objectif 1 : Alice peut-elle tomber enceinte ? Il est important de leur dire que oui, car les adolescents ne pensent pas qu'un oubli de pilule postérieur de quelques jours à un rapport présente un risque. Il faut souligner la durée de survie des spermatozoïdes, qui est d'environ cinq jours, d'où la nécessité absolue d'utiliser une pilule d'urgence en plus de la pilule usuelle dans ce type de situation.

Objectif 2 : Recenser toutes les autres situations à risque d'oubli ou de perte de pilule, et proposer des stratégies pour minimiser les risques :

- comme on a douze heures pour prendre une pilule, mieux vaut la prendre le matin que le soir : cela laisse toute la journée pour y penser si on l'a oubliée ;
- il est inutile de la prendre à heure fixe, mieux vaut la prendre au moment où l'on effectue quelque chose que l'on fait toujours : se brosser les dents, se maquiller… ;
- mieux vaut éviter de prendre sa pilule au-dessus du lavabo : elle est petite et risque de ne pouvoir être récupérée si elle tombe ;

- les oublis sont fréquents quand on va dormir chez un copain ou une copine : en conséquence, dès qu'on achète une pilule, on met une plaquette de dépannage dans son porte-monnaie. Comme ça, même si on a oublié sa plaquette à la maison, on a une pilule avec soi ;

- si on est chez une copine qui prend la pilule et qu'on a oublié la sienne, mieux vaut se faire dépanner d'une pilule, même si ce n'est pas la même marque. Cela signifie que la copine doit aussi prévoir une plaquette de dépannage, car elle aura un comprimé en moins sur sa plaquette ;

- si on a oublié sa pilule plus de douze heures, et si les derniers rapports datent de moins de cinq jours, il faut prendre une pilule d'urgence, poursuivre sa pilule normalement en rattrapant l'oubli (en avalant deux comprimés en une prise), et avoir des rapports protégés par des préservatifs pendant une semaine ;

- si une fille est préoccupée par des choses qui lui « prennent la tête », comme le dit si justement le langage familier, et si son copain le sait, il doit lui rappeler la prise de la pilule.

Objectif 3 : L'annonce d'une grossesse.

Nous pouvons poursuivre l'histoire d'Alice et Thibault : Alice a eu son BEP, mais elle n'a pas ses règles et craint d'être enceinte. Elle l'annonce à Thibault. Cette situation permet de discuter de l'effet de surprise. On aborde ainsi la possibilité d'une réaction violence, suite à l'effet de surprise qu'une telle annonce peut provoquer chez un garçon.

- Cette violence potentielle des premiers instants doit-elle être prise au pied de la lettre ? Que traduit-elle ?

- Comment Alice peut-elle la recevoir ? Qu'attend-elle de Thibault ?

- Y a-t-il un responsable dans cette situation ? Alice est-elle seule responsable ?

Objectif 4 : Décider de poursuivre une grossesse.

Imaginons maintenant qu'Alice décide de poursuivre cette grossesse et que Thibault ne soit pas d'accord.

Qu'est-ce qui peut conduire une fille adolescente à vouloir garder un bébé ? À côté de raisons religieuses, les raisons morales sont évoquées : les adolescents ne sont pas du tout inconscients de la gravité de l'avortement, et contrairement à ce que l'on peut penser, ils sont souvent ceux qui ont les propos les plus violents contre l'IVG. Il n'est pas rare de les entendre dire que « l'avortement, c'est tuer un enfant », nous y reviendrons. Il est utile alors de pondérer ces propos, en expliquant qu'au stade de l'IVG, l'embryon est encore minuscule, et qu'un embryon n'est pas un bébé achevé, mais, comme le définit la loi, un « potentiel de vie ».

Il n'empêche que si une fille souhaite poursuivre une grossesse malgré tout, chacun s'accorde à reconnaître qu'elle peut avoir bien des raisons pour cela : elle peut vouloir garder un enfant d'un garçon qu'elle aime, elle peut désirer un enfant, elle peut aussi ne pas pouvoir accepter l'idée d'avorter, ne pas être capable d'enfreindre une loi morale ou religieuse essentielle pour elle... Et si Alice souhaite garder cet enfant-là, que peut faire Thibault ?

Les garçons, des pères potentiels

Confronter les garçons à l'arrivée d'un enfant les met dans un état de sidération très grande : ils n'ont jamais envisagé qu'une telle situation puisse leur arriver. Beaucoup se sentent incapables de savoir ce qu'ils feraient, car ils ne parviennent même pas à se représenter dans ce cas. Tous disent qu'il leur serait très difficile d'en parler à leurs parents. Trois positions se dessinent généralement :

• certains se disent prêts à aider leur copine pour un avortement, mais considèrent que « si elle ne veut pas le faire, c'est son affaire, puisque l'avortement, ça existe ». Ainsi, « si elle veut garder le bébé, elle n'a qu'à se débrouiller ». En revanche, ils ne veulent rien savoir de l'enfant et de la suite de l'histoire. Cette position fait souvent l'objet de discussions tendues entre adolescents, les filles traitant les garçons de lâches qui ne sont là que pour le plaisir, incapables d'assumer les conséquences de leurs actes… ;

- d'autres disent que même s'ils ne voulaient pas un enfant, ils ont tout de même une responsabilité dans cette histoire ; l'enfant à venir, lui « n'a rien demandé », et ils se sentent bien les pères de ces enfants-là. Ils disent qu'ils essaieront de jouer un rôle de père auprès d'eux et sont prêts à aider matériellement les mères autant qu'ils le peuvent. En revanche, ils n'envisagent pas une vie de couple ou de famille.
- Rares sont ceux qui disent qu'ils seraient contents d'être papa et qu'ils assumeraient ce rôle aujourd'hui. Cependant, certains garçons sont capables de se projeter avec plaisir dans une vie de famille avec leur compagne actuelle.

Il nous faut revenir à ceux qui disent « qu'ils ne veulent rien savoir », en leur demandant comment ils vivraient le fait que, quelque part dans le monde, il y ait un enfant dont ils seraient le père, et qu'ils ne connaîtront jamais ? Les visages de ces garçons, tout d'abord agressifs et hostiles, changent totalement, tout comme leur discours de départ. Ils expriment combien cette paternité non assumée resterait pour eux une blessure à vie, une culpabilité à tout jamais présente, et montrent bien qu'ils porteraient toujours dans leur tête ces enfants non reconnus…

Les possibilités contraceptives des garçons

C'est alors que la discussion peut être orientée sur les possibilités contraceptives des garçons :

- Si les garçons ne veulent pas être victimes de la fertilité des filles, sont-ils sans ressources ? Ne peuvent-ils donc rien faire, que subir ce pouvoir des filles ?
- Et que peuvent-ils bien faire, eux, s'ils ne veulent pas d'enfant ? N'ont-ils aucune possibilité contraceptive ?
- Dépendent-ils vraiment de la prise de pilule des filles ?

Cette façon de réintroduire le préservatif est essentielle. Elle permet de sortir de la représentation négative préservatifs-maladie, préservatifs-sida, pour l'envisager cette fois-ci de façon positive, comme un moyen de différer son pouvoir reproducteur et de conserver intact son pouvoir de décision sur le fait de devenir père un jour. Avoir la possibilité de ne pas être père aujourd'hui dans cette relation-ci, c'est avoir la possibilité d'affirmer son désir de vouloir être père demain dans une autre relation. Cette notion est essentielle pour les adultes que ces adolescents deviendront, et pour leurs enfants.

En effet, si aujourd'hui les femmes ont la maîtrise de la contraception, elles ont aussi le sentiment de porter la responsabilité de la conception. Ce sont souvent elles qui parlent en premier de bébé dans une relation, horloge biologique oblige. Le mieux qu'elles puissent s'entendre dire, c'est « si tu veux, arrête la pilule », alors qu'elles souhaiteraient tellement entendre « je veux un enfant de toi ». Si les hommes reprennent une responsabilité contraceptrice, on peut espérer qu'ils puissent à nouveau exprimer leur désir d'être père. Redonner une place au père dans le désir d'enfant et dans la décision de conception est bien un enjeu essentiel dans notre société. Caroline Eliacheff et Nathalie Heinich[1] soulignent à cet égard le travail du juriste Pierre Legendre, qui a centré une grande partie de sa réflexion sur « l'articulation des dimensions indissociablement psychique et juridique de cette fonction du tiers, sur la dénonciation de ses carences et sur l'analyse des effets pervers produits par la raréfaction du père [...] qui dans nos sociétés produit des immatures et pour les deux sexes, le collage à la mère. Au-delà de l'immaturité, et pour ainsi dire son achèvement : la décharge pulsionnelle sur les enfants[2]. »

---

1. ELIACHEFF C., HEINICH N., *Mères-filles, une relation à trois*, LGF, 2003.
2. LEGENDRE P., *Le crime du caporal Lortie. Traité sur le père*, Flammarion, 2000.

Chapitre 13

Les grosses et leur devenir à l'adolescence

L'IVG, si elle représente le choix de trois quarts des adolescentes enceintes, est loin d'être l'apanage des adolescentes, puisque le taux d'IVG à l'adolescence représente environ 5 % de l'ensemble des avortements. C'est dire que la décision d'avorter n'est pas un choix immature ou irresponsable lié à l'adolescence. Le plus souvent, elle correspond à un choix de femme, prise dans des enjeux et des paradoxes complexes, qui ne tiennent pas à un manque d'information ou d'expérience contraceptive.

Reconnaître aux adolescentes leur désir d'enfant

La capacité de reproduction est un nouveau pouvoir dont les adolescents sont conscients, mais de façon tout à fait abstraite. Ils savent qu'en théorie, ils le peuvent, mais en même temps, ils n'en ont pas la possibilité. Si notre société leur permet (voire leur « impose ») d'avoir des relations sexuelles, elle leur impose implicitement un nouvel interdit : ils n'ont pas le droit d'avoir des enfants. La dissociation sexualité/procréation n'est donc pas seulement liée aux moyens contraceptifs, elle est aussi le fruit de représentations sociales qui pèsent notamment sur les adolescents. « Tu peux/dois faire l'amour, mais tu ne dois pas avoir un enfant », tel est le message implicite de la liberté sexuelle offerte aux adolescents. Penser que la seule information contraceptive et la diffusion des moyens de contraception puissent parvenir à ce but, c'est ne pas voir tous les enjeux psychiques de ce nouveau pouvoir à l'adolescence.

Ainsi, il est illusoire de penser qu'un clivage aussi radical puisse exister : il suffit de se rappeler comment, lorsque nous sommes amoureux et que nous faisons l'amour, nous pouvons penser à un « bébé de l'amour ». De ce point de vue, les grossesses des adolescentes ne sont pas toutes « des ratés », l'exemple d'Émilie suffirait à le démontrer.

Émilie vit une adolescence difficile : alors qu'elle est en pleine métamorphose pubertaire, ses parents se séparent. « Tout change et tout fout le camp en même temps », comme elle le dit justement. Ses parents, pris dans une séparation houleuse, ne voient d'ailleurs pas ce que leur fille est en train de vivre. Celle-ci doit non seulement se débrouiller seule, mais aussi protéger ses parents dont elle a bien perçu la vulnérabilité. Elle sort avec de nombreux garçons, avec lesquels elle reste très peu de temps. Au début, elle valorise plutôt ce type de relation, qu'elle affirme vouloir et choisir. Elle ne fait aucune association entre sa vie familiale et sa vie sexuelle. Elle a toujours des relations protégées, et malgré la vie chaotique qu'elle mène, elle arrive à tenir bon et à imposer des moyens de protection. Puis vient le temps où elle commence à aller mal ; elle se sent très dévalorisée et dit avoir été victime des garçons « Il n'y a que ça qui les intéresse. » Elle se met alors à les mépriser (ceci pourrait illustrer encore une fois le fait qu'on ne fait pas impunément n'importe quoi de son corps). Après plusieurs mois de « galère », elle finit par accepter une psychothérapie. Quand elle commence à aller mieux, elle tombe très amoureuse d'un garçon, dont elle se sent aimée, et c'est alors qu'elle « tombe » enceinte. Pour elle, l'IVG sera vécue d'autant plus douloureusement qu'elle avait fait un « bébé d'amour ».

On ne peut pas s'attendre à ce qu'un clivage parfait soit réalisé entre la sexualité et la reproduction, à l'adolescence comme à d'autres moments de la vie d'une femme. Peut-on aujourd'hui affirmer qu'on devrait s'en réjouir ? Dans la mesure où un clivage parfait se retrouve dans la psychose, les femmes qui ne le réalisent pas sont heureusement encore dans la normalité et le désir. Si les adolescents vivent leur sexualité, il faut accepter le fait qu'il y aura nécessairement des grossesses.

Le désir de grossesse à l'adolescence

« Suis-je fertile ? »

« Puis-je faire un bébé ? Suis-je fertile ? » sont des questions qui reviennent dans de nombreuses consultations d'adolescentes. Pour les garçons, ce n'est pas un sujet d'inquiétude, car s'ils éjaculent, ils pensent qu'ils sont fertiles. En revanche, pour les filles, leur fertilité est une abstraction. Certaines adolescentes, notamment si elles ont été inquiétées sur leur fertilité par une maladie chronique, par des propos médicaux maladroits ou par une histoire maternelle de stérilité, sont très préoccupées par cette question. « Tomber » enceintes peut alors constituer pour elles la seule façon de vérifier qu'elles sont fertiles. Sauf cas exceptionnels de stérilité avérée, il faut absolument éviter tous les propos inquiétants vis-à-vis de la fertilité d'une adolescente, sous peine d'inciter à la survenue de ce type de grossesses. Il est essentiel de rassurer les filles sur la normalité de leur développement pubertaire et sur l'état de l'utérus « prêt à accueillir une grossesse » lors des consultations médicales, et notamment lors d'un examen gynécologique.

Enfin, la survenue d'une grossesse non prévue est aussi le moment de souligner qu'elles sont fertiles : c'est au moins une chose positive qu'elles peuvent retirer de cette histoire. Par ailleurs, on peut leur expliquer que l'avortement ne va pas laisser de séquelles médicales, et que les femmes qui ont eu un avortement sont potentiellement plus fertiles que les autres, ce que démontrent les statistiques.

Une histoire entre mère et fille

Ce qui se joue sur ce terrain se situe entre les deux pôles d'une relation mère/fille que sont la rivalité et la transmission. L'adolescente peut avoir envie de montrer à sa mère son nouveau pouvoir et devenir son égale. Cette rivalité est si bien perçue par les mères, que certaines « renvoient l'ascenseur » en tombant enceintes en retour, une façon de montrer qu'elles conservent encore ce pouvoir-là, et qu'il n'y a qu'elles pour avoir un enfant de leur mari, le père de leur fille.

En effet, il y a bien souvent un fantasme œdipien à l'œuvre dans les grossesses d'adolescentes : leur copain, le père de l'enfant qu'elles portent, leur importe peu, à tel point qu'elles peuvent même l'exclure totalement de leur grossesse. Nombre de jeunes filles ne disent pas à leur petit ami qu'elles sont enceintes, et rompent avec eux au moment où elles l'apprennent. Elles peuvent alors déplacer les enjeux et reconstruire après-coup une histoire dans laquelle les garçons, boucs émissaires idéaux de ces grossesses, sont les seuls responsables de leur état ; elles reprennent à leur compte les propos tellement médiatisés aujourd'hui, qui font des filles les victimes de la sexualité des garçons. Il est tout à fait important d'inciter les adolescentes à informer leurs copains de leur grossesse : pour que les garçons se sentent impliqués dans les grossesses, encore faut-il qu'ils soient au courant !

Être enceinte pour des adolescentes est aussi une façon de montrer qu'elles sont devenues femmes et adultes : elles montrent à leur mère que celle-ci a perdu sa petite fille. L'avortement peut être également une façon de tuer « l'enfant en soi », d'en finir avec l'enfant qu'on était pour devenir adulte, ce que l'on peut entendre au travers des paroles d'adolescentes comme « l'avortement, c'est tuer un enfant ».

On peut dire, comme Pierre Lachcar, que l'avortement joue souvent aujourd'hui le rôle d'un rite de passage[1]. Toutefois, pour avoir ce rôle, les conditions du passage doivent être réunies : il faut un adulte passeur pour qui le passage fasse sens. C'est à la mère que cette grossesse est dédiée, c'est elle qui peut faire passer de l'état d'enfant à l'état d'adulte, de l'état de fille à l'état de femme reconnue aux yeux de sa mère. Toutefois, pour ce faire, encore faut-il qu'elle en soit informée.

Nombreux sont les parents qui ont du mal à faire avec l'agressivité de leurs enfants : ils ne s'y attendent jamais, même s'ils savent en théorie que l'adolescence est un âge de conflit. S'ils s'y attendent, ils n'y sont cependant jamais préparés, car l'agressivité explose souvent à un moment imprévu. Il est certain que dans ces grossesses non prévues, il y a de l'agressivité : comme le dit D. Winnicott, « grandir est un acte agressif ».

Les grossesses « passages à l'acte » et les grossesses « punitions »

Chez les adolescentes qui vont mal psychologiquement et qui ont des comportements à risque, la grossesse est une situation fréquente. Elle peut permettre un moment d'arrêt dans l'escalade des prises de risques, dans la mesure où elle ouvre à nouveau une possibilité de prise en charge globale de la jeune fille, lors d'une situation qui la touche souvent très

---

1. LACHCAR P., « IVG chez l'adolescente : aspects épidémiologiques, médicaux et psychologiques », *L'adolescente enceinte*, actes du 6ᵉ colloque sur la relation précoce parents-enfants, Médecine et Hygiène, 1993.

profondément. Ce moment d'émotion peut permettre une rencontre nouvelle avec des professionnels qui, s'ils savent ne pas s'arrêter à traiter l'urgence, mais prendre en compte le contexte, peuvent aider à modifier une dynamique auto-destructrice.

Ici, les possibilités d'une prévention primaire sont très limitées. En revanche, un travail envers le groupe de pairs, qui peut ainsi devenir plus compréhensif, moins rejetant et moins stigmatisant, est très important pour ces jeunes filles. Elles sont en effet souvent tenues pour des inconscientes dès lors que leur IVG vient à être connue de leur entourage.

Comment en parler ?

Thème

La grossesse stigmatisante.

Scénario

Jennifer, 15 ans, est dans une situation très difficile. N'ayant jamais connu son père, elle est élevée par sa mère qui est très malade. Elle a une petite sœur dont elle doit s'occuper, puisque sa mère est souvent à l'hôpital, ou qu'elle est fatiguée et peu disponible quand elle est à la maison. À l'école, cela se passe très mal ; Jennifer est déjà très en retard, puisqu'elle a redoublé deux classes. Elle a des notes catastrophiques et ne s'entend pas bien avec les élèves de sa classe qui sont beaucoup plus jeunes qu'elles. Elle est en conflit avec ses professeurs : c'est une « mauvaise élève » qui, a beaucoup de mal à rester en place et à se concentrer et qui perturbe souvent l'activité de la classe. Hors de l'école, Jennifer traîne avec des copains plus âgés qu'elle, qui ont une mauvaise réputation dans la cité.

Un jour, elle se retrouve enceinte et décide d'avorter. Dans un moment de grande solitude, elle en parle à Aline, une fille de sa classe dont elle est un peu plus proche. Aline raconte à d'autres copines que Jennifer s'est fait avorter. Les copines le racontent à d'autres copines... et tout le collège est au courant. Jennifer devient l'objet de regards et de paroles très agressives, au sujet de son avortement.

Un scénario comme celui-ci permet aux adolescents de réfléchir aux réputations qu'ils construisent et aux situations de marginalisation qu'ils induisent.

Questions pour le débat

- Que peut-on penser de la situation de Jennifer ?
- Qu'est-ce qui la conduit à « tomber » enceinte (on peut d'ailleurs en profiter pour réfléchir au sens de « tomber ») ? Quelle est sa responsabilité dans cette histoire ?
- Quel est son espace de liberté ? Peut-on la juger ?
- Que penser du garçon dont Jennifer est enceinte ?
- Que penser des adolescents qui révèlent les histoires dont ils sont les dépositaires ? Qu'est-ce qu'une réputation ? Comment se construit-elle ? Que penser des adolescents de la classe de Jennifer ?
- Si personne n'aide Jennifer, que pourrait-il lui arriver ? A-t-on envie d'aider Jennifer ? Qu'est-ce qui pourrait l'aider ?

Il est essentiel que les adolescents réalisent le rôle destructeur qu'ils peuvent jouer auprès de jeunes en situation de fragilité, et la manière dont ils engagent leur responsabilité individuelle dans un jugement de groupe.

L'avortement : un rite de passage avorté

Compte tenu des modifications récentes de la loi, l'adolescente n'est plus tenue d'avoir l'autorisation de l'un de ses parents pour avorter. La présentation de cette modification législative aux adolescentes est délicate. En effet, en leur disant que la loi leur permet de ne pas informer leurs parents d'une IVG, et qu'il leur faut simplement être accompagnée d'un adulte de leur choix, nous avons là un propos démagogique, qui ne respecte pas l'esprit de la loi ni leurs besoins d'adolescentes. De façon paradoxale, alors que les carences des parents sont de plus en plus stigmatisées[1], la loi tend à les exclure dans les situations où leurs enfants pourraient avoir besoin d'eux. Si la liberté d'avorter est essentielle, reconnaître aux adolescents un statut d'adolescents, c'est-à-dire d'adultes en devenir, qui ont encore besoin de leurs parents pour finir de grandir, est également primordial.

La liberté d'avorter est un droit ; le fait d'être protégé par ses parents en est un autre. Il faut donc tenter autant que faire se peut de concilier ces deux impératifs[2]. En conséquence, il est important d'inciter les adolescents à faire part à leurs parents de leur situation quand le contexte familial le permet, ce qui est le cas pour une grande majorité d'entre eux. De même, il est essentiel d'informer celles qui ne peuvent rien dire de la nécessité de trouver un adulte référent suffisamment intime pour leur permettre de traverser cette épreuve.

Et de fait, quand on demande aux jeunes quelles sont les personnes les plus proches d'eux, celles dont ils ont le plus besoin quand un événement grave les concerne, ils pensent à leurs parents dans la très grande majorité des cas. Ils savent bien que, sauf exception, ils peuvent compter sur eux dans les coups durs. Une fois cette certitude acquise et posée, on peut travailler sur l'annonce d'une grossesse à sa mère.

« Je suis enceinte » : l'annonce de la grossesse

La première pensée qui vient aux adolescents est : « Je ne peux pas le dire, je vais me faire tuer » (encore un « meurtre d'enfant », après les propos des adolescents sur l'avortement). En faisant réfléchir sur le cas

---

1. *Cf.* Gavarini L., Testard J., *La passion de l'enfant*, Denoël, 2004.
2. *Cf.* Théry I., « Nouveaux droits de l'enfant, la potion magique », *Esprit,* mars-avril 1992.

d'une jeune fille annonçant sa grossesse à sa mère, on peut démonter le mécanisme de la violence, lié à l'effet de surprise qui, comme le disent les jeunes, est un effet de « poupée russe » (les poupées qui contiennent des poupées…).

Les mères apprennent souvent d'un coup :

- que leur fille a une sexualité (elle n'est plus seulement la petite fille de leur imaginaire) ;
- qu'elle n'a pas pris de précaution, malgré tout ce qu'on leur a enseigné ;
- qu'elles-mêmes peuvent devenir grands-mères.

Avouons-le, il y a de quoi être un peu secoué et répondre de façon violente dans un premier temps, face à la violence de la surprise. Dans un deuxième temps, leur position est plus réfléchie. En démontant les mécanismes de la surprise et la violence qu'elle engendre, on permet aux adolescentes de dépasser leurs peurs et de pouvoir faire appel à celles dont elles ont réellement besoin dans cette histoire – et sur lesquelles elles peuvent heureusement le plus souvent compter.

Cependant, la raison essentielle qui conduit les adolescentes à ne pas dire qu'elles sont enceintes est la crainte de décevoir leurs parents. Cette peur de décevoir peut être un frein réel pour demander une aide, même si elles savent qu'elles en ont besoin ou du moins qu'elles aimeraient en avoir. Il est important d'analyser avec elles ce qui décevrait le plus leurs parents : n'est-ce pas plutôt qu'elles ne fassent pas appel à eux quand elles en ont besoin ? Cette question peut être étudiée en envisageant le cas d'une mère qui apprendrait, après-coup, que sa fille a vécu seule une IVG :

- Comment réagirait-elle ?
- Quels seraient ses sentiments ?

C'est souvent à l'occasion d'une IVG que pourront s'échanger des histoires de femmes, de mère à fille. L'IVG peut être ainsi l'occasion pour les mères de parler de leurs propres expériences d'IVG avec leurs filles, c'est le temps du soutien et de la transmission. Il peut parfois être utile de se faire accompagner par un médecin ou une conseillère conjugale, qui peut accomplir là un rôle important de médiateur et aider à dépasser l'émotion et la violence.

L'IVG, un choix personnel réfléchi

Pour qu'une adolescente grandisse à travers un IVG, elle doit être accompagnée, mais aussi pouvoir décider de son choix. Aussi est-il essentiel pour une jeune fille de prendre un temps de réflexion pour peser les alternatives possibles avant de prendre sa décision. Le témoignage de Véronique peut nous en convaincre. Véronique est une jeune fille qui avait à cœur de parler de son expérience lors d'un espace de parole consacré à la grossesse et à l'avortement à l'adolescence. Son témoignage a beaucoup ému le groupe, et le faire partager à d'autres est une façon de respecter cette parole et d'en faire une expérience utile, ce qu'elle souhaitait.

—— Comment en parler ? ——

Thème

Les enjeux de la décision d'avorter à l'adolescence.

Scénario (l'histoire de Véronique)

Véronique a un copain avec lequel elle sort depuis plusieurs mois, quand, lors d'une période de fêtes, elle oublie sa pilule en tout début de plaquette. Pensant qu'il ne peut rien lui arriver parce que c'était en début de plaquette, donc pas très loin de ses règles, et à distance du fameux quatorzième jour, elle ne prend pas d'autre précaution que de rattraper la pilule oubliée le lendemain. À la fin de sa plaquette, elle n'a pas ses règles, mais ne peut pas croire qu'elle est enceinte. Elle attend...

Ses règles ne venant toujours pas, Véronique décide de faire un test de grossesse, qui est positif. Elle est complètement effondrée, et dans la panique, en parle immédiatement à son copain et à sa mère, en qui elle a confiance. Son copain et sa mère, paniqués eux aussi, lui disent qu'elle doit avorter sans plus tarder, et organisent l'avortement, pensant l'aider au mieux.

L'IVG se déroule dans de bonnes conditions, mais après-coup, Véronique se sent très triste et très mal. Elle réalise alors qu'elle était tellement abasourdie après le test de grossesse qu'elle n'a pas eu le temps de se poser pour réfléchir et prendre sa décision : tout s'est passé comme si sa mère et son copain avaient décidé pour elle. Elle se dit aujourd'hui que cette décision importante aurait dû lui appartenir. Son copain et sa mère ont sans doute voulu la protéger en organisant rapidement l'IVG, mais du coup, elle s'est sentie dépossédée d'un choix qui aurait dû être le sien, même s'il était difficile. Elle aurait préféré pouvoir penser aux deux possibilités (poursuivre ou non cette grossesse), avant de prendre sa décision. Du coup, maintenant, même si elle croit qu'elle aurait probablement fait le choix de l'avortement, elle pense à cet enfant qu'elle aurait pu avoir et qui grandit dans sa tête.

Déroulement de la discussion

Objectif 1 : Reprendre des informations pratiques en les remettant dans un contexte affectif, dans lequel les enjeux dépassent largement la question de la contraception, est une façon de les présenter pour qu'elles soient mieux comprises.

Ici, il faut souligner les fausses croyances du quatorzième jour, et la nécessité de prendre une pilule du lendemain et d'utiliser des préservatifs la semaine qui suit un oubli, quelle que soit la période de l'oubli. Il faut d'ailleurs insister sur les risques accrus en début ou en fin de plaquette.

Objectif 2 : Donner des informations pratiques sur la loi, les délais légaux d'IVG (qui sont maintenant de quatorze semaines d'aménorrhée, soit douze semaines de grossesse), et les techniques d'IVG (aspiration, médicaments).

À ce propos, l'IVG médicamenteuse ne doit pas être banalisée : ce n'est pas parce qu'elle est précoce, et sans geste chirurgical qu'elle est moins traumatique. Une IVG médicamenteuse est une fausse couche induite, qui peut être douloureuse et aussi difficile à vivre qu'une interruption de grossesse par aspiration. Il n'est pas souhaitable de transmettre trop d'informations techniques sur l'acte d'IVG, car elles risquent de générer des phobies plutôt que de jouer un rôle rassurant. Il est nécessaire de signifier aux adolescents que l'embryon n'est pas « un bébé dans la poubelle », comme ils le pensent trop souvent, mais simplement, et de façon très abstraite, un peu de sang dans un bocal.

Objectif 3 : S'il est important de signifier qu'il ne faut pas trop tarder, il est aussi primordial de souligner la nécessité d'un temps de réflexion. Ce n'est pas tant l'acte d'IVG, mais bien le processus de prise de décision dont elle s'est sentie exclue que Véronique a mal vécu.

- Quels rôles peut jouer le petit copain ou un parent vis-à-vis d'une fille enceinte ?
- Que leur demande-t-elle ?
- Qui doit décider d'un avortement ?

L'entretien pré-IVG est un moment privilégié durant lequel les adolescentes doivent avoir un temps pour s'exprimer seule et affirmer leur choix. Il est important de soutenir l'intérêt de ce lieu et de ce temps de parole.

Objectif 4 : Il est aussi essentiel de signifier aux adolescents que, comme pour Véronique, quelle que soit la façon dont l'IVG s'est passée, les suites ne sont pas toujours prévisibles. Une fille peut tout à fait intégrer cet événement dans son histoire, sans grande culpabilité ni souffrance psychique importante, et ce souvent d'autant plus qu'elle aura été bien accompagnée. Elle peut aussi déprimer gravement, de façon inattendue. Dans ces situations, elle doit pouvoir demander de l'aide et en trouver, c'est dire aussi aux médecins qui s'occupent d'adolescents l'importance d'un suivi médical attentif post-IVG.

© Groupe Eyrolles

Les grossesses poursuivies

Il est important de souligner que dans certaines situations culturelles et familiales, les grossesses précoces sont habituelles. Par exemple, certaines adolescentes africaines peuvent souhaiter une grossesse qui s'inscrit dans un *habitus* de mariage ou de fiançailles précoces, agréé par les familles. Ces grossesses et ces maternités ne posent pas de problème notable si ces jeunes filles sont bien accompagnées médicalement. Cependant, les situations de précarité de ces jeunes familles sont fréquentes, et un soutien social doit être mis en place. Il n'y a pas lieu ici d'envisager un travail de prévention de la grossesse, puisque la grossesse est souhaitée. Cependant, il faut souligner que les filles qui se trouvent confrontées à des situations de mariages contraints, arrangés par les familles – souvent dans le but d'obtenir des papiers pour le conjoint –, peuvent trouver de l'aide auprès de femmes qui ont connu les mêmes difficultés qu'elles et qui travaillent aujourd'hui dans des associations pour leur venir en aide.

Certaines jeunes filles aux enfances carencées sont également très demandeuses d'enfant pour pouvoir donner l'amour qu'elles n'ont jamais reçu. Souvent en échec scolaire, elles supportent très mal le milieu scolaire et ne voient pas d'issue professionnelle qui les satisfasse à la suite du cursus dans lequel elles sont engagées. Elles aimeraient pouvoir trouver une place d'adulte dans la société.

Comment en parler ?

Thème

La grossesse poursuivie par manque d'amour et désintérêt scolaire.

Scénario

Marcelline, 15 ans, d'origine africaine, a été envoyée à l'âge de 8 ans en France par sa mère qui l'a confiée à l'une de ses sœurs vivant à Paris.

Marcelline ne s'entend pas bien avec sa tante, qui la considère comme bonne à tout faire. Elle subit une agression sexuelle incestueuse de la part du mari de sa tante, qui la conduit à se plaindre à l'infirmière de l'école. Suite au signalement effectué, Marcelline est placée en foyer et voit sa tante de temps en temps, qui lui donne des nouvelles de sa mère.

Marcelline est dans un apprentissage professionnel de cartonnage qui ne l'intéresse pas, et elle n'a aucune vision d'un avenir professionnel possible avec cette formation. Elle aime bien voir ses copines à l'école, mais pour le reste, elle s'y ennuie beaucoup. Elle a un copain, qu'elle aime bien, mais sans plus. Elle a des relations sexuelles avec lui, mais ne prend pas de précautions. Lui ne met pas de préservatifs, et après en avoir parlé une fois avec lui au début, elle ne dit plus rien à ce sujet. Marcelline ne prend pas la pilule : elle dit qu'elle a essayé quelques semaines, mais que ça l'a fait grossir, alors elle l'a arrêtée. Elle se retrouve enceinte quelques mois plus tard et décide de poursuivre sa grossesse.

Questions pour le débat

- Que souhaitait Marcelline ? Elle ne paraît pas très motivée pour utiliser une contraception.
- Quels arguments emploie-t-elle pour ne pas en utiliser ?

Ces premières questions vont conduire à discuter de la pilule et de la prise de poids :

- Qu'en est-il en réalité ? Marcelline souhaitait-elle être enceinte ? Que peut-elle rechercher dans une grossesse ?
- Que va-t-elle faire si elle est enceinte : va-t-elle poursuivre ou arrêter sa scolarité ? Le fait d'être enceinte et d'avoir un enfant est-il incompatible avec la poursuite d'une scolarité ?
- Si Marcelline voulait changer d'orientation ou arrêter l'école, était-ce nécessaire pour elle d'avoir un enfant ?
- Comment Marcelline pourra-t-elle vivre si elle poursuit sa grossesse et comment pourra-t-elle élever son enfant ?
- Comment pourrait-elle être aidée, et par qui ?

Toutes ces questions font l'objet de débats très passionnés, notamment lorsqu'on s'adresse aux groupes de filles concernées.

Les raisons de poursuivre une grossesse sont très différentes d'une fille à l'autre, si pour certaines, l'histoire et les conditions sociales jouent un rôle majeur ; pour d'autres, c'est l'IVG en soi qui constitue un acte impossible à réaliser.

Comment en parler ?

Thème

La grossesse poursuivie pour raisons religieuses et morales.

Objectif

Réaliser qu'une grossesse est possible, qu'on peut être dépassé dans certaines situations, et qu'un avortement n'est pas toujours envisageable.

Scénario

Marion 15 ans, sort avec Jonathan, qui a le même âge qu'elle. C'est la première fois qu'elle est vraiment très amoureuse d'un garçon. Ils sortent ensemble depuis quelques mois. Vierges tous les deux, ils vont avoir une relation sexuelle complète, presque sans s'en apercevoir, un jour où leur flirt est un peu plus poussé que d'habitude. Jonathan le lui dit, mais Marion se demande s'il y a eu pénétration complète. Elle ne réalise pas très bien ce qui s'est passé ; elle s'est sentie dépassée par une situation qu'elle n'avait pas prévue. Elle ne pense absolument pas qu'elle peut être enceinte et ne prend pas de contraception d'urgence. Alors que ses règles n'arrivent pas, elle commence à se poser des questions... Le fait qu'elle puisse être enceinte lui paraît tellement impossible qu'elle n'en parle pas et laisse filer les jours. Finalement, elle fait part de ce retard à Jonathan, qui très inquiet, insiste pour qu'elle fasse un test de grossesse. Marion est enceinte, elle n'arrive pas y croire.

Elle pense à l'avortement, mais ayant été élevée religieusement, elle réalise qu'elle ne sera absolument pas capable de l'assumer moralement (même si elle peut comprendre et accepter que d'autres femmes le fassent). Elle se sent dans l'impossibilité d'avorter et en fait part à Jonathan, qui est complètement effondré. Elle s'en ouvre alors auprès de sa mère et lui explique son choix. Les parents de Marion sont, eux aussi, complètement atterrés. Puis, devant la volonté et la détermination de Marion, ils se font néanmoins à cette idée, tout comme Jonathan. Marion poursuit alors sa grossesse avec le soutien de ses parents et de son copain.

Questions pour le débat

- Qu'est-il arrivé à Marion et à Jonathan, alors qu'ils étaient parfaitement informés des moyens de protection ? Comment comprendre qu'ils n'en aient pas utilisé ?
- Y a-t-il des situations dans lesquelles on peut se sentir complètement dépassé ? Qu'est-ce qui a pu les dépasser ?
- Peut-on ne pas se rendre compte qu'il y a eu une pénétration complète ?
- Une grossesse est-elle possible dès le premier rapport ?
- Peut-on comprendre qu'une fille ne puisse pas avorter ? Qui peut décider et qui doit décider du sort d'une grossesse ? Qu'est-ce que son copain peut dire ? Qu'est-ce que ses parents peuvent dire ? Que peuvent-ils décider ?
- Peut-on débattre à propos de positions ou de valeurs morales personnelles ? Comment s'édifient ces jugements ? Peut-on les modifier ?

Ouvrir des espaces de parole qui permettent aux jeunes de comprendre leur « mode d'assujettissement », afin de le reprendre ou non à leur compte, c'est leur ouvrir des espaces de liberté dans lequel ils peuvent prendre pleinement conscience de leurs choix et les assumer.

- Comment les parents peuvent-ils aider ? Comment les copains de Marion et de Jonathan pourront-ils les aider ?
- Marion pourra-t-elle poursuivre ses études ? Que deviendront Marion, Jonathan et leur enfant ?

En conclusion, dès lors qu'il existe une sexualité « mise en actes » à l'adolescence, il y aura toujours un nombre incompressible de grossesses non prévues. Certaines aboutiront à une naissance, d'autres – les plus nombreuses – à un avortement, et ce quels que soient les efforts de prévention pour améliorer la diffusion et l'accessibilité de la contraception.

Une contraception est d'autant moins utilisée et d'autant moins bien tolérée physiquement qu'elle n'est pas acceptée psychiquement. Il faut bien entendu proposer la palette de méthodes contraceptives la plus large possible, afin de répondre aux besoins de filles différentes. Cependant, il faut aussi prendre en compte les préalables psychiques nécessaires pour se protéger. Pour assurer une contraception, il faut en premier lieu assumer l'idée de sa sexualité. Quand des interdits familiaux s'opposent à une sexualité vécue hors du mariage, il est indispensable d'aider les jeunes qui le souhaitent à assumer leur sexualité sans se mettre en opposition vis-à-vis de leurs valeurs familiales. Par ailleurs, rassurer les jeunes filles sur leur fertilité est aussi une tâche essentielle. Enfin, tenter de trouver d'autres moyens pour permettre aux adolescentes de devenir adulte et femme est également nécessaire : ce n'est pas si simple dans une société qui n'a plus de rites de passage…

Chapitre 14

Pornographie et performances sexuelles

Comme nous le savons, la pornographie fait aujourd'hui l'objet d'une très large diffusion. Qu'il s'agisse d'images pornographiques, omniprésentes dans la publicité, de scénarios pornographiques qui animent de nombreux clips, ou de films véritablement classés X, diffusés à la télévision, en cassettes vidéo ou sur Internet, la pornographie a envahi notre quotidien. Elle fait partie des représentations de la sexualité intégrées par les adolescents, sans qu'ils aient de distance vis-à-vis du contenu implicite et des valeurs qui y sont véhiculées. Plus les adolescents sont jeunes, moins ils ont d'expérience propre, moins ils peuvent avoir de recul par rapport à ces images. De même, plus ils sont culturellement défavorisés, plus ils adhèrent aux stéréotypes de virilité qui y circulent. Enfin, pour tous, les performances sexuelles qui y sont montrées deviennent des nouvelles normes de comportements, de plus en plus contraignantes.

La prolifération d'images, et pas seulement sexuelles, transforme en profondeur les mentalités et joue un rôle sur la construction d'une identité.

La structuration même de l'individu est altérée par ces images[1]. En effet, « la condition de téléspectateur modifie considérablement et à leur insu les réactions et les capacités de jugement […] du fait de 1) la déréalisation par l'imagination (mise en branle par les images) 2) la fascination affective par le pathétique (l'image est destinée à susciter des émotions, des sentiments) et la passivité du récepteur d'impressions qu'il éprouve sans mettre en œuvre sa faculté de juger, d'abstraire et de réfléchir ». De plus « on privilégie les jugements de valeur subjectifs (ça me gonfle, j'ai la flemme, c'est naze, ça me fait gerber, c'est archi-nul […] toutes expressions relevant d'un rapport au sujet individuel) au détriment de l'effort de détermination objective de l'utilité ou de l'intérêt intrinsèque d'une conduite ou d'un objet ». La pauvreté du vocabulaire et la multiplication de « mots-valises », censés tout exprimer, ont pour conséquence une diminution du « pouvoir de penser », car pour *penser*, il faut pouvoir *dire*. Enfin, quand sont présentées de façon indistincte des images qui appellent à la prolifération des désirs, sans aucune « distinction entre les désirs nécessaires et ceux qui ne le sont pas[2] », et quand tout se passe comme s'il nous était donné le droit de faire tout ce qu'on veut, il est bien difficile de pouvoir se construire.

En conséquence, si le décryptage de la pornographie représente bien un nouvel enjeu, nous pouvons réaliser combien nos efforts pour déconstruire les valeurs de la pornographie vont à contre-courant du monde médiatique omniprésent, tout-puissant. Il ne s'agit pas seulement de la sollicitation d'une excitation sexuelle, mais d'une façon de construire une image de soi, de percevoir le monde et ses relations à l'autre.

1. *Cf.* BLONDEL E., *Le problème moral*, PUF, 2000.
2. PLATON, *La république*, Flammarion, 2002.

Comment traiter de la pornographie ?

Le travail sur la pornographie ne peut pas être effectué avec de très jeunes adolescents ; sont concernés les adolescents de 15 ans et plus, et garçons et filles doivent y participer.

Les images pornographiques publicitaires

Les adolescents ont parfaitement bien compris l'intérêt commercial de ces images, qui misent sur le désir et sur le fantasme sexuel pour mieux vendre. Cependant, ce n'est pas parce qu'ils ont repéré les enjeux commerciaux qu'ils en sont moins excités. On peut ainsi discuter des publicités qu'ils ont remarquées récemment :

- Quelles images ont-ils repérées, qu'est-ce qui a conduit des publicitaires à les choisir ? Qu'est-ce qui peut retenir l'attention ?
- Y a-t-il un contenu implicite à ces images ?
- Quels rêves, quels fantasmes sollicitent-ils chez les voyeurs que nous sommes ?
- Ont-ils trouvé certaines images choquantes ? Qu'est-ce qui a pu les choquer ?

Il faut qu'ils puissent réaliser à quel point ils sont soumis à des sollicitations sexuelles permanentes, et réfléchir à l'impact qu'elles peuvent avoir sur eux. Tenter de penser les effets de cette excitation constitue bien une question à débattre avec eux.

La jeunesse comme modèle privilégié de la sexualité

Les mannequins choisis par la publicité et mis en situation d'offre sexuelle sont de plus en plus jeunes. Les adolescents ne peuvent manquer de s'identifier à ces modèles. Ainsi, même les très jeunes doivent se sentir concernés par la sexualité, et le message implicite est bien celui d'une nouvelle norme de sexualité « vécue » obligatoire pour les plus jeunes. Tout se passe comme si les parents n'étaient plus concernés par la sexualité : ce sont les enfants qui deviennent les modèles à imiter pour être sexuellement attractifs. Il est donc intéressant de discuter des modèles sexuels présentés par la publicité :

- Quel âge ont les top-modèles ?
- À quels stéréotypes féminins et masculins correspondent-ils ?
- Quelle vision de la sexualité donnent-ils à voir ?

En effet, si les modèles sont choisis non seulement pour leur beauté, mais surtout pour leur jeunesse, et mis en permanence dans des situations d'offre sexuelle, nous devons discuter de l'impact de ces images :

- Peuvent-elles avoir un rôle incitateur, jouer un rôle de pression sociale sur l'engagement du corps dans une relation quand on est adolescent ?
- Est-il facile de résister à ces pressions ?

Analyser le contenu des films pornographiques

Les adolescents identifient parfaitement les raisons qui conduisent à voir des films « porno » : la curiosité, le besoin d'informations sur la sexualité, la volonté de transgression des interdits parentaux, et enfin le désir d'être excité, en vue notamment de se masturber plus agréablement.

Que mettent en scène les films pornographiques et à qui s'adressent-ils ?

À travers la discussion initiée par ces questions, il faut montrer en quoi un film « porno » diffère de la réalité : il n'y a pas d'histoire, pas de moment de séduction ; les acteurs sont réduits à un pénis en érection, et les actrices à un « trou ».

Par ailleurs, différentes questions peuvent être abordées avec eux, sur lesquelles nous reviendrons par la suite :

- Comment les acteurs de films porno sont-ils choisis, pour leur jeu d'acteur ou pour autre chose ? Les adolescents s'amusent beaucoup à dire que les acteurs sont choisis pour la longueur de leur pénis et les actrices pour le volume de leurs seins.
- La jouissance montrée dans les films porno est-elle réelle ? Les actrices jouissent-elles à la mesure de leurs cris ?
- Lorsque les hommes éjaculent, éjaculent-ils des litres de sperme ?

Qu'est-ce qu'un fantasme ?

Dans les films porno, tout est permis, tout est possible ; les fantasmes les plus violents sont réalisés. Patrick Baudry[1] montre bien comment ces films deviennent de plus en plus violents, et font preuve de surenchère dans le « trash » : comment aller toujours plus loin pour être encore attractifs et vendre ? On peut débattre avec les adolescents de la différence entre les fantasmes et la réalité :

- Qu'est-ce qu'un fantasme ?
- Quelle est sa fonction ?
- Les fantasmes doivent-ils être mis en actes ?

Ces questions essentielles soulèvent des discussions passionnées : les adolescents sont aujourd'hui nombreux à penser que les fantasmes sont faits pour être vécus... Comment expliquer, sans paraître « ringard » et être déconsidéré, que les fantasmes ne sont en majorité pas faits pour être vécus : ils ont essentiellement pour fonction d'alimenter la vie imaginaire et constituent de puissants moteurs de désir et d'excitation. De nombreux cliniciens constatent aujourd'hui les difficultés dramatiques

---

1. BAUDRY P., *La pornographie et ses images*, Pocket, 2001.

que vivent de jeunes adultes ayant été très loin dans des comportements sexuels transgressifs, qui deviennent incapables de se contenter d'une vie sexuelle « banale » lorsqu'ils nouent une relation affective stable. Tout se passe comme s'il leur fallait toujours aller plus loin, de façon parallèle à la surenchère « trash » des films porno. Le problème est que lorsqu'on a tout essayé, on n'a plus de goût à rien et on ne peut plus revenir en arrière : une hémorragie de l'imaginaire s'est produite, et cette perte vitale est souvent irrémédiable.

Pour qui sont faits ces films ?

À cette question, les adolescents repèrent immédiatement que les films porno sont majoritairement faits pour des hommes et mettent en scène des fantasmes masculins. Le fantasme masculin le plus classique est celui d'un homme jouissant de deux femmes totalement soumises à ses désirs. Les filles ont souvent plus de difficultés à faire état de leurs fantasmes, qui intéressent pourtant au plus haut point les garçons : les fantasmes féminins les plus classiques sont représentés par des lieux de relation sexuelle inhabituels (l'ascenseur, le grand magasin, les toilettes d'un train…) avec un inconnu, des relations homosexuelles entre deux femmes, ou une femme entre deux hommes qui lui seraient totalement soumis. Nous pouvons discuter alors de l'intérêt à vivre de telles situations :

• Si elles excitent le désir, sont-elles possibles, souhaitables, dangereuses ?

• Quel est le statut de la personne avec laquelle on vit ces situations ? Est-elle considérée comme une personne ou comme un objet sexuel ?

L'image de la femme et de l'homme dans les films porno

Les filles en particulier sont bien conscientes de l'image d'objet sexuel auquel sont réduites les femmes dans ces films : femmes soumises, acceptant passivement le désir de l'homme, réduites à la fonction de

« trou à jouir » (pas pour leur plaisir, mais pour donner du plaisir aux hommes) ; femmes caricaturées, avec tous les attributs du féminin portés à l'extrême, comme peuvent vouloir les exhiber les transsexuels.

Les adolescents identifient bien les éléments constitutifs des stéréotypes proposés par les films « porno ». Il est donc possible de discuter avec eux de la distance entre ces stéréotypes et les filles réelles, qui sont ou seront leurs compagnes.

Les performances sexuelles

La problématique des performances sexuelles dans laquelle sont em-bourbés les adolescents est notamment liée aux représentations de l'acte sexuel offertes par la pornographie. Là encore, il faut travailler sur la distance entre fiction pornographique et réalité.

Nous avons vu avec eux que la taille du pénis des acteurs du « porno » est le critère de leur sélection (et donc qu'elle ne représente pas une moyenne). Il est aussi important qu'ils comprennent que la jouissance des femmes dans ces films est fictive.

La jouissance féminine

Un exemple amusant permet de sortir des représentations « tradi-tionnelles » de jouissance auxquelles certaines filles peuvent se sentir obligées.

───── **Comment en parler ?** ─────────────

Thème

Les représentations de la jouissance féminine.

Scénario (le film Quand Harry rencontre Sally)[1]

Harry et Sally sont amis. Ils déjeunent au restaurant et discutent de leurs prouesses sexuelles. Harry raconte à Sally comment ses copines « prennent un pied » fantastique au lit avec lui. Sally lui demande comment il le sait. Il lui répond qu'il ne peut pas lui raconter, car c'est trop intime, mais que les filles prennent vraiment « un pied terrible » avec lui. Sally commence à s'énerver. Ayant envie de remettre à sa place cette graine de macho, elle mime en plein restaurant une scène de jouissance comme on nous en montre toujours dans les films. Harry est un peu ennuyé d'attirer sur lui l'attention de toute la salle de restaurant. Un serveur passe et une vieille dame assise à côté du jeune couple lui demande le même dessert que celui qu'a commandé Sally.

Questions pour le débat

Cette histoire permet de discuter des critères permettant de savoir qu'une fille jouit :

- A-t-elle obligatoirement besoin de pousser les cris de Jane dans la jungle pour être crédible ?
- Peut-elle être plus discrète et jouir ?
- Un garçon peut-il accepter une fille discrète dans sa jouissance sans se sentir remis en cause dans sa capacité à la faire jouir ?
- Que faut-il préférer : des démonstrations très audibles ou de l'authenticité ?
- Si on doit faire semblant pour faire plaisir à l'autre, que reste-t-il de l'authenticité de la relation ?

---

1. *Quand Harry rencontre Sally*, film américain de Rob Reiner, 1989.

© Groupe Eyrolles

La durée de l'acte, la quantité de sperme éjaculé et les érections répétées

Dans les films « porno », les pénétrations donnent l'impression de durer très longtemps. Aussi peut-on s'intéresser à la manière dont se fabrique un film : les adolescents savent bien que ce sont de petites séquences collées les unes aux autres, et que la durée d'une érection est bien sûr limitée. Après l'éjaculation, un garçon débande nécessairement. Dans la physiologie de l'érection, un temps de récupération est indispensable pour pouvoir bander à nouveau, et une nouvelle érection ne survient pas toujours après une relation sexuelle, parce que d'autres besoins peuvent aussi se faire sentir, comme celui de dormir par exemple…

Par ailleurs, la quantité de sperme éjaculée dans les films porno n'a rien à voir avec la réalité. Il faut rappeler que le volume d'un éjaculat correspond au contenu d'une petite cuillère. C'est dire que les litres de sperme qui jaillissent comme du champagne dans les films « porno », notamment lors des éjaculations faciales, sont nécessairement factices, à rapprocher du sang qui jaillit dans les films d'horreur.

Les positions

Compte tenu de leurs connaissances théoriques, les adolescents aimeraient montrer leur savoir en mettant en pratique des positions élaborées. Cependant, ils sont souvent tellement concentrés sur la réussite de la position que la relation à l'autre est oubliée, et parfois la jouissance. À être tellement attentif à ce qu'il faut faire, on rate l'essentiel, c'est-à-dire ce qui se passe entre deux êtres. La liberté et l'ouverture nécessaires à la survenue de la jouissance s'enfuient. C'est exactement comme dans l'histoire de Henri James, *La bête dans la jungle*[1] : à tellement attendre qu'elle arrive, on ne la voit pas passer.

---

1. JAMES H., *La bête dans la jungle*, LGF, 2004.

Sexuellement, faut-il tout accepter ?

Les adolescentes se demandent et questionnent les adultes sur ce qu'elles doivent aujourd'hui accepter comme pratiques sexuelles, et ce qu'elles pourraient légitimement refuser sans être taxées de « filles coincées », image négative suprême qu'elles ont repris à leur compte, alors qu'il s'agissait auparavant de commentaires de garçons :

- Faut-il accepter de faire une fellation ?
- Est-on obligé d'avaler le sperme ?
- Faut-il accepter une sodomie ?

Le problème du *sens* doit être introduit dans ces questions :

- Pour qui le fait-on ? Pourquoi le fait-on ?
- Est-il légitime de refuser ?
- Que signifie « être coincé » ? Est-ce une injure ?
- Peut-on être coincé par une fausse idée de liberté ? Que signifie se contraindre à accepter des pratiques que l'on redoute ou dont on n'a pas envie ?
- Quelles conséquences la contrainte peut-elle exercer sur le plaisir et sur le devenir de la vie sexuelle ?
- À quelle image veut-on correspondre ?

Par exemple, à la question d'avaler ou de recracher le sperme, les adolescentes disent parfois craindre que le rejet du sperme ne soit assimilé au rejet du copain.

- Le copain est-il réduit alors à son sperme ?
- Qu'est-ce qui peut conduire à ne pas vouloir avaler le sperme : le dégoût, le fait que l'on n'apprécie pas la saveur du sperme ?
- Quant aux garçons qui disent vouloir que leurs copines avalent le sperme, y ont-ils déjà goûté et si oui, pensent-ils que tout le monde aime ça ?

Chacun a le droit d'aimer les fraises et de détester le chocolat...

- Si une fille n'aime pas le sperme, mais ne souhaite pas que son copain se sente rejeté, que peut-elle faire ?

- Si un garçon ne souhaite pas faire un cunnilingus à une fille sans qu'elle se sente rejetée, que peut-il faire ?

Les adolescents prennent alors conscience qu'il est important que ces choses puissent se dire. Tout se passe comme si aujourd'hui tout devait se faire, mais rien ne devait se dire... Nous devons les aider à sortir de ces histoires sans paroles, et de ces questions qui les envahissent tellement au moment de l'acte qu'ils ne sont plus avec l'autre, mais enfermés dans un monologue intérieur, terriblement angoissant, qui se résume à « que va-t-il penser de moi si... ». Pouvoir parler des pratiques sexuelles, c'est aussi pouvoir pour aborder la question du préservatif : comment l'évoquer en effet si l'on est incapable d'avoir une parole un peu libre sur l'acte sexuel ?

La sodomie

La sodomie est une pratique qui demande réflexion avant d'en discuter avec des adolescents. En effet, les intervenants pourraient vouloir la présenter comme une pratique à banaliser, dans la mesure où les deux partenaires sont d'accord.

Cependant, les enjeux de cette pratique apparaissent plus complexes :

- Les filles redoutent souvent la sodomie : elles ont peur d'avoir mal, et n'y voient pas nécessairement un plaisir associé, alors que les garçons la souhaitent souvent.

- Par ailleurs, en quoi la sodomie peut-elle être une pratique plus satis-faisante pour les garçons et quels fantasmes peuvent-ils y associer ? Les adolescents réalisent tout à fait que la composante homosexuelle de cette pratique ne peut être niée.

- Pour un garçon, la sodomie constitue souvent un test qui lui permet de savoir jusqu'où sa copine est capable d'aller pour lui, ce qu'elle est capable d'accepter. Et les filles le savent si bien qu'elles acceptent des pratiques redoutées et sans plaisir pour elle, pour garder leur copain. Dans ce cas, le consentement de la fille est-il réel ?

- Pour certaines filles qui veulent préserver leur virginité et éviter une grossesse, la sodomie représente une stratégie qui leur permet de vivre une sexualité et de garder leur copain, tout en évitant de toucher à leur hymen. Dans ce cas, leur consentement est-il libre ?

- Que peut vivre une jeune fille qui entre dans la sexualité par la sodomie ? Qu'en est-il du plaisir dans ces situations ?

Nous voyons bien à travers ces exemples pourquoi il ne serait pas souhaitable de banaliser la sodomie pour en faire une pratique comme les autres, « si les deux partenaires sont d'accord ». Les enjeux sont complexes et inégalitaires, et certains consentements sont en réalité contraints. Par ailleurs, sur le plan de la prévention, il ne faut pas oublier que la sodomie est la pratique la plus à risque quand elle n'est pas protégée : en faire une pratique banale, alors qu'elle était jusqu'à présent limitée et concernait moins de 20 % des adolescents, c'est aller à contre-courant des enjeux de prévention des IST.

Les filles n'ont pas toujours envie

Dans les films « porno » – et dans la société aujourd'hui, dans la mesure ont une contraception efficace existe –, les filles seraient dans une disponibilité sexuelle permanente. Aussi se sentent-elles coupables quand elles n'ont pas de désir, et associent-elles le fait de ne pas désirer tout le temps à une frigidité. Nous l'avons vu, nombre de mycoses récidivantes et de dyspareunies (douleurs aux rapports) s'observent aujourd'hui et peuvent être interprétées à la lumière de cette obligation nouvelle faite aux femmes d'une disponibilité sexuelle permanente. Quand la tête ne peut plus s'autoriser à dire « non », c'est le corps qui le dit. Il est essentiel de pouvoir rassurer les adolescentes sur le fait qu'elles ne sont pas nécessairement toujours disponibles, qu'elles peuvent ne pas avoir envie, ce qui ne signifie en rien qu'elles sont coincées ou frigides. C'est aussi une façon de dire que deux partenaires ne sont pas toujours en phase en même temps.

- Dans ces conditions, que peut-on faire ?
- Est-on obligé d'avoir un rapport non désiré ?

La différence entre plaisir et jouissance

Les performances sexuelles mobilisent tellement l'attention des adolescents que tout se passe comme si la relation sexuelle concernait deux êtres solitaires, travaillant côte à côte à la réalisation obsédante d'une jouissance abstraite qu'il faudrait parvenir à atteindre pour satisfaire les objectifs de l'acte. On est ici bien loin d'un plaisir partagé. En conséquence, les plaintes de frigidité se multiplient chez les filles : pourtant, elles jouissent parfaitement lors de la masturbation, et la frigidité ne se manifeste que lors de la pénétration. Nombreuses sont celles qui expliquent qu'elles sont tellement attentives à ce qui se passe et à ce qu'elles pensent devoir faire qu'elles réalisent bien qu'elles ne sont plus disponibles pour que la jouissance advienne.

Nous devons déconstruire cette hypervalorisation de la jouissance, comme plaisir ultime à atteindre nécessairement dans une vision se réduisant à la pénétration (voir dans le chapitre 8 les représentations de la jouissance féminine).

Il y a bien d'autres plaisirs dans la vie, et bien d'autres plaisirs que la pénétration quand on est deux. Les adolescents sont tout à fait capables de citer ce qu'on peut faire à deux pour avoir du plaisir : échanger des choses intimes, être aimé, être important pour quelqu'un, rire ensemble, se regarder, se toucher, faire des choses ensemble, partager une émotion, se caresser…

Cette réintroduction de l'autre, qui est nécessaire pour qu'il existe une relation qui ne se résume pas à un échange sexuel limité à la pénétration, rejoint bien les enjeux de prévention et permet de valoriser les pratiques de *safer sex*.

Chapitre 15

IST et préservatifs

D'après l'enquête ACSJ, plus de 75 % des filles utilisent le préservatif lors des premiers rapports, moins de 20 % utilisent la pilule et seules 10 % des adolescentes n'utilisent aucune contraception. Toujours d'après cette enquête, 72,5 % des garçons et 51 % des filles disent avoir utilisé un préservatif lors de leurs derniers rapports. Parmi les filles qui utilisent la pilule, seules 19 % continuent d'utiliser un préservatif, alors que 79 % de celles qui n'utilisent pas la pilule utilisent des préservatifs. Nous avons vu aussi que l'utilisation du préservatif au premier rapport a largement progressé[1], puisqu'elle est d'environ 85 % en 2000.

L'efficacité des préservatifs en matière de protection vis-à-vis des IST est bien démontrée. Le CDC américain (Center for disease control and prevention[2]) recommande le préservatif pour la prévention des infections suivantes : VIH/sida, herpès, gonococcie, hépatite B, syphilis, trichomonas, chlamydiae.

---

1. Enquête Baromètre santé jeunes.
2. Centre d'épidémiologie des États-Unis.

Le préservatif n'apporte pas de protection de la région vulvaire et de ce fait, on peut observer la transmission de petites verrues même quand le préservatif est utilisé régulièrement. La protection vis-à-vis de l'herpès reste également imparfaite pour les mêmes raisons. La protection contre les stérilités dues à des trompes bouchées est démontrée, puisque les utilisatrices de préservatifs ont un risque relatif divisé de moitié comparée à celles qui utilisent une contraception orale. Concernant la protection contre le virus VIH, il est démontré que l'efficacité du préservatif est quasi absolue : il n'y a eu aucune séroconversion[1] avec l'utilisation d'un préservatif s'il n'y a pas eu de rupture.

La mise en doute de l'efficacité du préservatif est souvent imputée au risque de rupture élevé. Nous avons vu qu'il n'en est rien (se rapporter au chapitre 12 sur les moyens contraceptifs).

Les infections sexuellement transmissibles (IST)

Nous ne saurions détailler toutes les IST et leur tableau clinique. Soulignons la grande fréquence des infections génitales chez les adolescents, qu'il s'agisse d'IST ou d'infections liées à des germes non spécifiquement transmis, qui constituent les deux tiers des infections génitales basses (infections qui concernent la vulve, le vagin et le col de l'utérus). Certaines infections sont asymptomatiques, ce qui les rend difficiles à dépister.

Le risque accru d'IST est lié d'une part aux comportements sexuels des adolescents (partenaires différents à la suite) et d'autre part à une fragilité accrue de la muqueuse du col de l'utérus à l'adolescence. Les infections à chlamydiae, les poussées d'herpès et les condylomes sont les IST les plus

---

1. Passage à la séropositivité.

fréquentes. Les infections à chlamydiae et les infections à HPV (virus du papillome humain) peuvent avoir des conséquences néfastes importantes sur la santé, les premières par leur rôle dans la stérilité, les secondes par leur rôle dans la genèse du cancer du col de l'utérus.

Les infections à chlamydiae trachomatis

Elles étaient autrefois fréquentes à l'adolescence et le plus souvent asymptomatiques. Leur prévalence[1] était de 15 % dans la consultation d'adolescents de l'hôpital Bicêtre en 1988. Actuellement, cette prévalence a considérablement diminué, du fait de l'extension du dépistage et du traitement des infections repérées, de l'accroissement de l'utilisation des préservatifs et de l'utilisation très large des cyclines comme traitement de l'acné dans la population adolescente. Dans une consultation pré-IVG dans le même hôpital, soit une situation qui témoigne de la non-utilisation de protection, la prévalence chez les adolescentes était inférieure à 5 % en 1995.

Parmi les facteurs de risque d'infection à chlamydiae, certains sont bien établis : la précocité des premiers rapports, un nombre élevé de partenaires sexuels, un nouveau partenaire sexuel, l'existence d'une autre IST. La protection contre la transmission du *chlamydia* assurée par le préservatif est parfaitement bien démontrée.

Les signes cliniques sont inconstants et non spécifiques. Cependant, certains doivent éveiller l'attention : les saignements anormaux, les douleurs abdominales et les douleurs aux rapports d'installation récente, les cystites récidivantes. Plus de 50 % des infections sont néanmoins totalement asymptomatiques. Ce portage asymptomatique peut être prolongé, chez les filles comme chez les garçons.

---

1. Proportion de gens infectés sur une population donnée.

Le risque de développer une infection des trompes ou de l'utérus quand on est porteur d'une infection basse n'est pas bien déterminé. Seule une étude s'est attachée à effectuer des cœlioscopies devant une infection cervicale : elle rapporte que 8 % des filles porteuses de *chlamydia* présentaient une salpingite (infection des trompes). La baisse du nombre de salpingites et de stérilités tubaires observée aujourd'hui corrobore bien la baisse de la prévalence des infections à chlamydiae, alors qu'elles représentaient le germe le plus fréquent et le plus agressif en termes de risque de stérilité tubaire dans les années quatre-vingt.

Une extension des infections à papillomavirus (HPV)

Elles sont fréquemment asymptomatiques et comportent le risque de participer à l'induction d'une transformation cellulaire appelée dysplasie, qui explique la nécessité des frottis de dépistage chez les adolescentes sexuellement actives. Les infections à HPV sont très répandues chez les jeunes, mais dans la majorité des cas, elles régressent spontanément. La prévalence diminue avec l'âge et moins de 10 % des femmes de plus de quarante ans sont encore porteuses de virus HPV. C'est en majorité dans cette population que vont s'observer les cancers du col. Si l'on effectuait un dépistage HPV chez toutes les adolescentes et les jeunes adultes, on trouverait au moins une fois un virus HPV chez toutes celles qui sont sexuellement actives, alors que seules 0,5/1 000 de celles qui sont HPV positives développeront un jour un cancer du col.

Les infections associées, fréquentes, accroissent le risque cellulaire et nécessitent d'être dépistées et traitées. Le risque d'infection virale est accru chez les filles en situation d'immunodépression, que celle-ci soit liée à la prise de certains médicaments (corticothérapie, immuno-suppresseurs) ou pathologique (VIH). Dans ces conditions, les frottis doivent être très réguliers.

La découverte d'une infection à HPV implique l'examen du partenaire sexuel : 35 % des partenaires sont retrouvés porteurs de condylomes. Chez les filles jeunes, dont il faut préserver le potentiel reproductif, il faut éviter d'entreprendre des traitements agressifs et le plus souvent inutiles, puisque la majorité des lésions vont disparaître spontanément. Chez elles, le constat d'anomalies cytologiques peu graves ne devrait conduire qu'à une surveillance médicale. Des espoirs prometteurs sont à attendre de la vaccination anti-HPV, dont les expérimentations sont déjà bien avancées.

La prévalence des infections génitales au virus herpès

Elle est difficile à établir, compte tenu de la fréquence des formes asymptomatiques. Il existe deux types de virus : le HSV2, qui est une IST, responsable des localisations sexuelles, et le HSV1, non spécifiquement sexuellement transmis, qui est le virus le plus répandu, responsable des « boutons de fièvre » sur les lèvres ou d'autres localisations. Ce dernier virus peut aussi donner lieu à des lésions génitales, et ce, de plus en plus fréquemment, du fait entre autres de l'extension des pratiques sexuelles oro-génitales (entre la bouche et le sexe).

Une infection herpétique se traduit par la présence de lésions vésiculeuses ou ulcérées, qui donnent des sensations de brûlures sur la vulve ou le pénis. La prévalence des infections herpétiques s'élève avec l'âge. Une étude dans un collège américain a montré qu'elle y était de 1 à 4 %. La majorité des personnes infectées par le HSV n'ont pas d'histoire clinique d'infection génitale herpétique. Cependant, un herpès génital peut être diagnostiqué chez la moitié des personnes qui ne se savaient pas atteintes et ont contaminé leur partenaire : des symptômes *a minima*, souvent négligés, ou des formes atypiques sont ici en cause. En outre, un portage asymptomatique est responsable de la transmission génitale dans 50 % des cas.

Le traitement antiviral permet de réduire l'intensité et la durée des épisodes herpétiques, mais il ne permet pas l'éradication du virus, qui reste à l'état quiescent (présent même s'il est inactif) après la première poussée.

Si dans la majorité des cas, l'infection herpétique est sans gravité et se limite aux lésions génitales, elle peut être dangereuse chez des patients immunodéprimés. Par ailleurs, le risque de transmission verticale de la mère à l'enfant lors de l'accouchement et la gravité de l'infection herpétique néonatale nécessitent des mesures préventives, notamment en cas de primo-infection herpétique en période d'accouchement. En dehors de ce dernier cas, qui est exceptionnel, les risques de transmission verticale sont très faibles, ce qui permet de rassurer les jeunes filles et les jeunes femmes porteuses de ce virus, qui sont très préoccupées par les risques encourus par leurs futurs enfants. Par ailleurs, l'herpès constitue un facteur de risque dans la transmission de l'infection au VIH.

Les hépatites

Seule l'hépatite B peut être considérée comme sexuellement transmissible, même si d'autres modes de contamination existent pour ce germe. La vaccination contre l'hépatite B doit être systématiquement proposée à tous les adolescents, les propos alarmistes autour de cette vaccination ayant été clairement infirmés.

Les autres hépatites ne sont pas sexuellement transmissibles, en particulier l'hépatite C, qui est largement répandue, et dont la transmission s'effectue pour l'essentiel par le sang. Les adolescents connaissent souvent les risques encourus lors des pratiques de tatouage et de piercing, qu'ils sont nombreux à effectuer. Cela étant, ces risques sont maintenant quasi nuls dans les lieux où les actes sont effectués avec du matériel stérile, ce dont ils doivent s'informer. Ils doivent également connaître les risques liés aux pratiques d'inhalation de drogue avec partage de paille, qui est un facteur démontré de contamination, alors qu'ils pensent souvent que seules les injections de drogues sont à risques. Il faut bien sûr insister sur les risques majeurs de contamination par les drogues injectables (et pas seulement par le partage des seringues, mais aussi par le partage du produit d'injection, voire par le coton, qui peut contenir le virus). Si le risque d'infection VIH a largement décru chez les utilisateurs de drogues intraveineuses, les risques de contamination par l'hépatite C restent en revanche majeurs, puisque cette infection concerne presque les trois quarts des utilisateurs.

IST et VIH

Les comportements sexuels jouent un rôle essentiel dans la diffusion des IST, mais l'extension de ces infections est également liée à l'existence ou non d'agents anti-infectieux efficaces. Ainsi, la prévalence des infections syphilitiques ou gonococciques, infections contre lesquelles un traitement efficace existe, a beaucoup décru (la recrudescence récente des infections syphilitiques signalée en région parisienne est liée à des comportements sexuels à risque élevés, concernant en majorité les homosexuels séropositifs).

En revanche, dans les situations pour lesquelles on ne possède pas d'agents anti-infectieux capables de détruire les germes en cause, ce qui est actuellement le cas pour les papillomavirus, l'herpès et le VIH, la prévalence de ces infections reste élevée, voire augmente. Seule la modification des comportements de prévention peut jouer un rôle sur la limitation de leur diffusion. Cela étant, la prise en charge des IST « traditionnelles » est essentielle et d'autant plus importante que de nombreux arguments, tant épidémiologiques que biologiques, démontrent le rôle favorisant de ces maladies dans la transmission du VIH. En effet, à côté des infections sexuellement transmises, dont le dépistage et le traitement peuvent et doivent être réalisés, le problème crucial est celui de la prévention de l'infection à VIH.

L'infection à VIH

À l'opposé des germes précédemment cités, la prévalence du virus VIH dans la population adolescente est très faible, mais prévenir sa contamination est essentielle. Les adolescents séropositifs connus, qui sont les plus nombreux, ont acquis leur contamination par transmission materno-fœtale ou par traitement sanguin (hémophiles). Quant aux contaminations sexuelles à l'adolescence, les moins de 18 ans représentent d'après les derniers chiffres 3 % de l'ensemble des séropositivités nouvellement déclarées (données du ministère de la Santé). Ces contaminations sont pour deux tiers hétérosexuelles (pour moitié des cas féminins et pour moitié des cas masculins) et pour un tiers homosexuelles.

Concernant les jeunes utilisateurs de drogues, l'utilisation de drogues injectables a considérablement décru, et la diffusion des programmes de prévention sur le « shoot » propre et l'accès aux programmes méthadone ont été des facteurs importants dans la baisse notable de la séropositivité au VIH observée dans cette population. Il faut aujourd'hui insister sur la transmission sexuelle, qui constitue un risque majeur pour ces jeunes, car l'utilisation de produits psycho-actifs modifie la vigilance et peut conduire à des relations sexuelles non protégées, alors que la transmission du VIH par injection est devenue pratiquement nulle.

Les groupes vulnérables à l'infection

Un groupe très vulnérable à l'adolescence est celui des jeunes garçons qui s'orientent vers l'homosexualité. La conduite de prises de risque peut être d'autant plus grande que l'homosexualité débutante est vécue dans une grande culpabilité, et que les connaissances de ces jeunes garçons sur les pratiques de *safer sex* ne sont pas comparables à celles de leurs aînés. Insistons sur le rôle que peuvent avoir les intervenants en prévention pour aider ces jeunes en souffrance, qui sont les plus menacés par les risques infectieux.

Un autre groupe très vulnérable est celui des jeunes Africains. Parmi les jeunes Africains contaminés par le VIH, on distingue les jeunes contaminés pendant la vie fœtale et lors de l'accouchement, qui sont les plus nombreux, et les jeunes qui ont été contaminés par voie sexuelle et qui ne sont pas rares. En effet, d'une part le taux d'infection à VIH est élevé dans les populations africaines qui vivent en France ; d'autre part, les sujets contaminés tiennent secrète leur séropositivité pour ne pas être exclus de leur communauté. Enfin, les représentations attachées au préservatif restent très négatives, ce qui ne favorise pas les comportements de prévention. Tous ces facteurs concourent à la diffusion de l'épidémie dans cette communauté, et le travail des associations communautaires doit être soutenu, car ce sont elles qui peuvent au mieux jouer un rôle dans la prévention.

Le test de dépistage du VIH

Toutes les instances officielles internationales, dont l'éminent CDC (Center for disease control and prevention[1]), continuent de conseiller un délai de trois mois après un rapport à risque pour effectuer un test. Cependant, ces dernières années, avec les tests de dépistage actuels (sans parler de la *charge virale* ou d'autres tests, qui ne sauraient prendre la place des tests de dépistage, car ils sont trop onéreux et inadaptés), il a été montré que la réponse à un mois permet de dépister près de 99 % des personnes infectées récemment par le virus du VIH. Nous savons aussi que, dans de rares cas, les tests peuvent n'être positifs que plus tardivement. Quelle information transmettre alors, et notamment aux jeunes ?

Il faut différencier les pratiques prônées dans les lieux de consultation après une prise de risque et les messages de prévention. En effet, quand

---

1. *Ibid.*

on a en face de soi un adolescent très inquiet qui a pris récemment des risques, on va tout faire pour lui donner la réponse la plus rapide possible afin de le rassurer. Dans ces conditions, faire un test à trois semaines ou un mois de la prise de risques prend tout son intérêt. Par ailleurs, il faut garder à l'esprit l'importance de dépister les sujets en séroconversion pour diminuer les risques d'évolutivité de la maladie (le traitement joue un rôle important durant cette période), et minimiser les risques de transmission sexuelle, élevés à ce moment de l'histoire de l'infection. Or, actuellement, la quasi-totalité des séropositivités sont découvertes à distance des séroconversions, d'où l'intérêt d'inciter à la réalisation d'un test précoce. La réponse du test à un mois est fiable pour la quasi-totalité des sujets, mais il est important de signifier la nécessité de refaire un contrôle à trois mois pour s'assurer de sa séronégativité.

Quand on a devant soi des adolescents, qui sollicitent le plus souvent un test pour abandonner le préservatif, la situation est bien différente. Le message des trois mois d'attente avec usage de préservatifs paraît ici d'autant plus important à maintenir :

• d'une part, il existe d'autres IST plus fréquentes que le VIH dans cette population, et le maintien du préservatif est aussi utile pour ces autres germes ;

• d'autre part, trois mois est un temps d'attente qui permet de mieux évaluer l'avenir d'une relation et l'intérêt d'abandonner le préservatif.

Trop souvent encore, l'infection au VIH est découverte au stade sida par le diagnostic d'une maladie opportuniste qui aurait pu être évitée. Les populations précarisées sont les moins susceptibles d'être dépistées précocement. C'est vers elles que l'incitation au dépistage doit être spécifiquement réalisée. Les adolescents issus de la migration africaine qui sont scolarisés peuvent être de bons relais vis-à-vis de leurs parents, s'ils sont bien informés sans être stigmatisés, et s'ils sont valorisés dans leur rôle de porteur de savoir et de médiateur de la connaissance dans leur famille. Cependant, on voit aussi de jeunes patients, notamment homosexuels issus d'un milieu social favorisé, qui adoptent une attitude de déni jusqu'à l'apparition des premiers symptômes de la maladie. S'il est difficile d'agir sur les résistances plus ou moins conscientes qui s'opposent à la connaissance de son statut dans ces situations, il est important de faire savoir que le pronostic de l'infection est bien meilleur quand celle-ci est prise en charge précocement, avant l'apparition de la maladie.

La prévention des IST

Le préservatif masculin

Un moyen de protection largement diffusé

Nombreux sont les adolescents qui disent ne pas avoir de difficultés avec les préservatifs et qui les utilisent régulièrement. Nombreuses sont les filles qui arrivent à imposer le fait qu'elles n'auront pas de relations si le garçon ne veut pas en utiliser. Il y a donc *a priori* une grande acceptation du préservatif dans la population adolescente, qui correspond bien à la large diffusion du préservatif dans cette population. Reste que si cette utilisation est massive aux premiers rapports, elle devient moins fréquente par la suite, notamment quand une fille utilise la pilule. Elles sont moins de 20 % à rapporter l'utilisation conjointe de la pilule et des préservatifs. La stratégie habituellement observée consiste à abandonner l'utilisation de préservatif quand un copain devient régulier, en arguant de la confiance. Cette notion de confiance doit être respectée : comment réagirions-nous nous-mêmes si quelqu'un venait mettre en doute le comportement de notre compagnon ? En revanche, il faut travailler sur des situations spécifiques qui permettent de discuter les limites de cette stratégie de protection.

Le préservatif féminin

Nous l'avons vu, l'acceptation sociale du préservatif féminin passera par notre capacité d'en finir avec les réserves dont il est l'objet : nous ne pourrons promouvoir qu'un outil dont nous sommes convaincus. Seuls ceux qui se sont appropriés ce nouveau mode de protection sauront convaincre les adolescents de les utiliser.

Les avantages du préservatif féminin

Ils sont multiples :

• La fille n'est pas dépendante du garçon pour l'utiliser : cet argument est de poids pour celles qui ont des difficultés de négociation, notamment les nombreuses femmes africaines, dont les partenaires refusent le préservatif ;

• il peut être mis à distance du rapport : il n'y a ainsi plus d'interférence avec la gestuelle sexuelle ;

• il permet une bonne diffusion de la chaleur ;

• il entraîne une augmentation de la jouissance des femmes ;

• il n'a pas de retentissement sur l'érection des garçons (pour ceux qui débandent lors de la pose du préservatif).

Tous ces arguments pèsent lourd en faveur de cet outil de protection, et les adolescents y sont tout à fait sensibles. C'est aussi une bonne occasion pour les adolescentes de faire connaissance avec leur corps.

Les inconvénients du préservatif féminin

Le coût élevé du préservatif féminin est un frein, notamment pour les jeunes. La possibilité d'en obtenir gratuitement dans un certain nombre de lieux doit être connue, c'est le cas des centres de planification familiale et des CDAG (centres de dépistage anonyme et gratuit). Il serait

© Groupe Eyrolles

souhaitable que les préservatifs féminins puissent être aussi accessibles aux jeunes en milieu scolaire.

L'utilisation d'un préservatif féminin demande à être validée par un médecin la première fois, comme on le faisait autrefois avec le diaphragme, pour vérifier que la pose s'est déroulée correctement, ce qui est la condition nécessaire à son efficacité.

Les bruits lors du rapport sont atténués par la mise en place du préservatif bien avant l'acte, ce qui lui permet de prendre une forme qui épouse au mieux celle du vagin.

Anticiper un rapport sexuel n'est bien sûr pas toujours envisageable, mais nombreuses sont les filles qui font une toilette avant l'acte sexuel, ce qui leur permet une mise en place discrète et solitaire.

Même s'il ne demande pas de négociation avec le garçon, celui-ci s'apercevra de la présence du préservatif. Cependant, un garçon qui constaterait sa présence demanderait-il à une jeune fille de l'ôter ? Par ailleurs, une jeune fille qui a mis un préservatif féminin sera-t-elle d'accord pour l'ôter ?

Comment en parler ?

Thème

Le préservatif et la fidélité.

Scénario

Hélène a un copain depuis plusieurs mois, Antoine. Ils s'aiment beaucoup et pensent qu'ils sont partis pour une relation qui va durer. Ils décident d'abandonner le préservatif puisque Hélène prend la pilule. Antoine et Hélène ont aussi décidé d'aller faire ensemble un test de dépistage du VIH. Pendant les vacances, ils sont séparés : Hélène part en Bretagne avec ses parents et rencontre un groupe de copains dans lequel elle fait la rencontre d'un garçon qui lui plaît beaucoup. Visiblement, c'est réciproque. C'est l'été, il fait beau, Hélène et Pierre passent beaucoup de temps ensemble...

Questions pour le débat

- Que peut-il se passer ?
- Que va dire Hélène à Antoine à la rentrée ?
- Comment peut-elle se débrouiller avec les moyens de protection dans cette histoire ?

Les adolescents peuvent ainsi réfléchir aux différentes stratégies à mettre en œuvre. Si pratiquement, tous vont reconnaître la nécessité d'utiliser des préservatifs pour les rapports occasionnels, et c'est effectivement ce que l'on observe souvent, la discussion est en revanche souvent tendue entre ceux qui sont partisans de dire la vérité et ceux qui préfèrent la taire. Tous conviennent cependant qu'il est indispensable de protéger leur copain ou leur copine de ce qu'ils peuvent faire en dehors.

Cette discussion amène bien entendu à discuter de la fidélité. Au départ, la fidélité consiste toujours pour les adolescents à ne pas avoir de rapports sexuels en dehors d'un couple.

- Cependant, dans la situation précédente, si on a un copain ou une copine pendant les vacances, mais qu'on aime toujours le copain dont on est transitoirement séparé, est-on infidèle ?
- La fidélité est-elle une fidélité de cœur, une fidélité de sexe, ou les deux ?
- En même temps, si l'on accepte l'idée d'une fidélité de cœur, souffrira-t-on moins si l'on apprend que son copain a eu une histoire sexuelle ailleurs ?
- Existe-t-il une place pour un préservatif féminin dans cette histoire ?

On voit bien dans cet exemple comment s'articulent les problèmes affectifs, moraux et sexuels qui peuvent interférer sur la protection.

Les prétextes pour ne pas en utiliser

La non-utilisation de préservatif liée à un contexte de différence d'âge est une situation très fréquente.

—— Comment en parler ? ——

Thème

Imposer le préservatif masculin à un garçon plus âgé.

Scénario

Agnès a 14 ans, mais elle en paraît plus. Cette jolie jeune fille a tous les attraits d'une femme, et souhaite en jouer. Elle est invitée à une soirée organisée par le frère aîné de sa copine. Ce soir-là, elle flirte avec un garçon plus âgé qu'elle, peut-être vieux de 19 ans (elle se garde bien de lui avouer son âge). Le flirt est assez poussé et Agnès est plutôt fière de pouvoir sortir avec ce garçon et faire des expériences que sa copine, qui paraît plus jeune qu'elle, ne vit pas. Elle le revoit, et rapidement, il lui propose d'avoir des relations sexuelles. Elle ne sait pas bien que faire, mais décide de continuer à jouer le jeu de la grande et accepte. Alors qu'elle est parfaitement informée des moyens de protection et toujours la première à dire qu'il faut en mettre, elle se retrouve avec ce garçon plus âgé qu'elle, qui n'en parle pas, et qui ne va pas en utiliser. Comme il est le « grand » de cette histoire, donc celui qui est censé savoir ce qu'il fait, elle n'ose rien lui demander. Elle n'ose même pas lui dire qu'elle est vierge.

Questions pour le débat

- Comment Agnès peut-elle se sentir après cette histoire ? Sera-t-elle capable d'aller chercher une pilule d'urgence ?
- Qu'est-ce qui conduit Agnès à ne pas exiger de préservatif, alors qu'elle dit toujours qu'il faut en mettre ?
- Y a-t-il d'autres situations dans lesquelles une fille peut se sentir « inférieure » et ne pas être capable d'exiger le port d'un préservatif ?

- Si vous étiez son amie, comment pourriez-vous l'aider ?
- Que penser de l'attitude du garçon ? À qui revient de proposer le préservatif : la fille ? Le garçon ?
- Existe-t-il une place pour un préservatif féminin dans cette histoire ?

Quand une fille est, ou se sent très jeune, c'est-à-dire qu'elle se voit comme trop jeune pour avoir une relation sexuelle, elle vit l'acte sexuel comme une transgression. La culpabilité occupe psychiquement toute la place et la rend difficilement capable d'imposer des moyens de protection. Elle peut même aller jusqu'à se mettre en situation de risque pour « expier » sa culpabilité, c'est-à-dire risquer d'être punie par une grossesse ou par une IST, et ce d'autant qu'à cet âge, elle peut avoir l'impression d'être protégée de façon magique : « Ça ne peut pas m'arriver à moi. » Enfin, elle se sent en infériorité vis-à-vis d'un partenaire plus âgé, donc plus expérimenté, et elle peut être incapable de négocier, et encore moins d'imposer une protection.

Non rares sont les garçons que les préservatifs font débander ; il faut alors envisager avec eux toutes les stratégies de protection qu'ils peuvent mettre en place dans cette situation :

- s'habituer à utiliser un préservatif quand ils sont seuls afin d'être plus à l'aise avec l'objet ;
- essayer d'intégrer le préservatif dans des jeux érotiques, en demandant à la fille de participer à sa mise en place, ce qui peut être une façon de faire sortir les filles de leur rôle passif dans cette situation ;
- demander aux filles d'utiliser des préservatifs féminins ;
- attendre d'avoir fait un test de dépistage avant d'avoir des relations avec pénétration sans préservatif (c'est la stratégie que les adolescents vont souvent adopter).

Les autres facteurs évoqués pour ne pas utiliser les préservatifs sont les suivantes :

- l'imprévoyance : « On n'en avait pas. » Que peut-on faire dans ce cas ? Comment faire pour en avoir toujours sur soi ?

- le manque d'habitude : « On ne l'avait pas utilisé la première fois, alors après, on ne l'a plus utilisé. » Il faut expliquer aux adolescents que si une personne est porteuse d'une IST, on court d'autant plus de risques de l'attraper qu'on multiplie les risques, c'est-à-dire les relations non protégées. On n'attrape pas toujours une IST la première fois, et c'est parfois la multiplication des contacts infectés qui conduisent à l'infection ;

- le manque de « confort » : « Je ne l'utilise pas parce que je n'aime pas faire l'amour sous cellophane. » Ce sont souvent des paroles de garçons, mais aussi parfois de filles qui reprennent à leur compte les valeurs des garçons pour avoir l'air « libérées ». Qu'est-ce qui est véritablement gênant avec le préservatif ? Qu'est-ce qui change dans les sensations du garçon, de la fille ? Ils expriment souvent ainsi leur désir de ne pas avoir de barrière entre eux. Il reste alors à aborder cette notion de barrières dans une relation : de quelle nature sont-elles ? Ne peut-on être proche avec un préservatif ?

Comment en parler ?

Thème

Le préservatif et la confiance.

Scénario

Dorothée vient d'être recalée à son CAP coiffure. Elle est très triste et se pose beaucoup de questions sur ce qu'elle va devenir. Par manque de chance, son copain est absent pour le week-end. Dorothée se retrouve seule et ses copines lui proposent de sortir et de faire la fête pour oublier. Ce soir-là, Dorothée boit beaucoup, et elle sort avec un garçon qu'elle ne connaît pas. Elle va avoir une relation sexuelle avec lui, et le lendemain, quand elle est un peu dégrisée, elle s'aperçoit qu'ils n'ont pas utilisé de préservatif et qu'elle a oublié de prendre sa pilule.

Questions pour le débat

- Que peut-elle faire ?
- Que doit-elle dire à son copain ?

Si tout le monde est immédiatement d'accord sur la nécessité de prendre une pilule d'urgence, pour le reste, la situation est difficile. La majorité des adolescents va se montrer compréhensive envers Dorothée, et admettre qu'il y a des moments dans la vie où l'on ne fait pas ce qu'on devrait faire, où l'on est dépassé. On fait parfois des « bêtises », et l'on ne s'en rend compte qu'ensuite. En même temps, ils reconnaissent que pour le copain, cela va être dur d'encaisser l'infidélité de Dorothée, même si elle a des circonstances atténuantes.

- Faut-il le lui dire ? Et que lui dire ?
- Pourra-t-il comprendre ? Pourra-t-il accepter ? Pourra-t-il pardonner ? Quelle différence y a-t-il entre ces trois termes : comprendre, accepter et pardonner ?
- Est-ce que cet aveu peut jouer un rôle sur le devenir de la relation ?
- Comment se débrouiller avec le risque d'IST et de VIH ?
- Peuvent-ils envisager d'utiliser un préservatif à nouveau, le temps que Dorothée fasse un test ?
- Dorothée peut-elle revoir le garçon avec lequel elle a eu des relations pour évaluer les risques qu'elle a courus ?...

La consultation d'urgence pour une trithérapie d'urgence post-exposition

Que dire à ce propos dans les animations de prévention, par rapport à ces situations qui sont fréquentes ? Si, compte tenu de la très faible séroprévalence dans la population adolescente, les risques d'une contamination au VIH sont minimes, le sida est une maladie grave qui ampute l'avenir d'un jeune, aussi les risques ne peuvent-ils pas être négligés. Les adolescents doivent être informés de la possibilité de consulter en urgence après un rapport à risques pour obtenir un avis sur l'intérêt d'un traitement post-exposition. Celui-ci doit être mis en route au mieux dans les premières quarante-huit heures (soixante-douze heures au plus tard).

En cas de rapport hétérosexuel non protégé avec un partenaire non connu, ce qui est souvent le cas après une utilisation de produits licites ou illicites diminuant les inhibitions et la vigilance, les indications de traitement post-exposition sont rares à l'adolescence. Elles concernent essentiellement les jeunes homosexuels qui ont pris des risques. Le fait d'essayer de retrouver le partenaire d'un soir est la première chose demandée dans ces consultations, et l'adolescent y parvient généralement, même s'il s'agit d'une personne qu'il n'a pas envie de revoir. Si le partenaire est testé séronégatif – le résultat s'obtient en quelques heures –, le traitement, onéreux et non sans effet secondaire, pourra être évité.

De toute façon, il ne faut pas banaliser l'accès à un traitement anti-rétroviral post-exposition. Les indications, très codifiées, sont limitées le plus souvent aux situations suivantes :

- une exposition professionnelle avérée ;
- un rapport non protégé avec un partenaire séropositif connu (sont ici essentiellement concernés des couples séro-différents – un des deux partenaires séropositif – qui ont eu un accident de préservatif) ;
- un viol ou une agression à la seringue par un toxicomane.

Promouvoir la diffusion du préservatif, masculin et féminin, reste une tâche essentielle.

L'information sur les IST doit être négociée avec tact, parce qu'elle va susciter des inquiétudes et des doutes chez l'adolescent. Les propos alarmistes qui attisent les peurs, notamment les prophéties de stérilité ou de cancer, n'ont souvent pas d'autres résultats que de provoquer des attitudes de déni et de fuite, voire des grossesses pour vérifier sa fertilité… S'il nous faut amener un adolescent à percevoir la réalité des risques contre lesquels il se sent souvent magiquement protégés, et l'inviter à réfléchir sur ses comportements et à envisager les modifications qu'il pourrait y apporter, il nous faut aussi lui permettre d'entrer dans la sexualité sans être assailli de craintes et de peurs.

Conclusion

Penser et travailler la prévention aujourd'hui ne peut être dissocié d'une éducation à la sexualité et d'une aide à la maturation psychosexuelle. Tel est l'objectif que nous avons eu à cœur de démontrer dans cet ouvrage.

Nous avons vu que les parents jouent un rôle majeur dans l'éducation à la sexualité de leurs enfants, mais qu'à l'adolescence, leur rôle devenait plus difficile. Par ailleurs, l'éducation à la sexualité en milieu scolaire, mise en place depuis de nombreuses années de façon anarchique, tend à se structurer. Pensée dès le plus jeune âge, elle doit se poursuivre durant tout le cursus scolaire, ce dont on ne peut que se féliciter. Cependant, pour ce faire, la formation des intervenants de prévention doit être assurée ; leur fonction est essentielle à l'adolescence, car ils représentent des référents adultes non parentaux qui peuvent jouer un rôle éducatif majeur. Comme le souligne si justement Marie-Paule Desaulniers, « Si l'école doit apprendre à penser, elle doit aussi apprendre à penser sa vie sexuelle [...] elle doit permettre de réfléchir à ce que la sexualité a signifié et continue de signifier pour l'humanité. Elle doit prendre en compte les créations culturelles qui expriment la sexualité humaine et le large éventail de sentiments qui y sont pris[1]. » La pédagogie de l'éducation sexuelle peut être définie comme « le travail d'éduquer un être sexué[2] » ; il s'agit d'entreprendre avec les jeunes une réflexion qui

---

1. DESAULNIERS M.-P., *Faire l'éducation sexuelle à l'école*, Éditions nouvelles, 1995.
2. *Ibid.*

leur permet d'apprendre à penser leur vie relationnelle, affective et sexuelle et autant que faire possible de prendre conscience des enjeux qui la traversent. En ce sens, « l'éducation à la sexualité ne peut être considérée comme une discipline scolaire nouvelle et pose des problèmes différents d'une simple transmission du savoir scolaire traditionnel[1] ».

En effet, il ne s'agit pas seulement d'un savoir, et les connaissances ne peuvent se résumer à des éléments biologiques ou physiologiques, même si nous ne visions comme seule finalité qu'une simple transmission de connaissances. « La sexualité n'est pas un objet en dehors du sujet, mais une dimension du sujet qui s'apprend[2]. » Cette phrase que nous avions citée en préambule à cet ouvrage en a constitué le fil conducteur. Pour parvenir à cet apprentissage, des espaces de paroles, ouverts à partir d'outils divers, de scénarios, de films, de jeu de rôle... permettent aux jeunes de réfléchir sur les enjeux de leur entrée dans la sexualité, d'affirmer leurs valeurs tout en acceptant que celles des autres soient différentes, et de trouver les stratégies de protection qu'ils peuvent mettre en acte.

L'éducation à la sexualité fait partie prenante de ce qu'on appelle l'*éducation à la vie*, et aucun programme ne saurait l'envisager en totalité, ni remplacer le rôle éducatif des parents, qui accompagnent les enfants durant toute leur vie. Le rôle parental et celui de l'école devraient être complémentaires, puisqu'ils ont pour but de faire de nos enfants des jeunes épanouis qui vivront de façon aussi libre et aussi responsable que possible leur entrée dans la sexualité quand ils se sentiront prêts.

Nous avons montré comment il est possible d'aider les adolescents à penser[3] leur vie et leur sexualité aujourd'hui, dans un monde où « le sexe fait partie de la mode, de cette feinte libéralisation qui nous est fournie,

---

1. *Ibid.*
2. *Ibid.*
3. *Ibid.*

302

comme un bien accordé d'en haut, par une soi-disant société permissive »
(Jacques Lacan), où pour une majorité d'individus, les valeurs religieuses
se sont effondrées, mais où pour d'autres, elles servent encore de repère
identitaire majeur. Ce travail n'est pas simple pour des jeunes envahis par
leurs pulsions sexuelles, qui vivent dans un climat social d'excitation.
Celui-ci peut en effet renforcer les passages à l'acte et les comportements
impulsifs. De plus, le sexe étant devenu un objet de consommation
comme les autres ne crée plus beaucoup de lien. C'est de plus en plus
souvent dans une solitude sans paroles que des échanges sexuels ont lieu.
Ils ont pour but de créer des sensations, de la jouissance, mais pas du lien.
Et pourtant, il y a bien là un enjeu essentiel : les aider à faire le lien entre
le sexe et la personne, pour sortir de la solitude et du morcellement qui
les menacent.

Adresses utiles

DÉNOMINATION	NUMÉRO DE L'APPEL	SITE INTERNET ASSOCIÉ	MISSION	PILOTAGE
Santé des jeunes				
Fil Santé Jeunes	0 800 235 236 appel gratuit.	www.filsantejeune.com ou www.filsantejeunes.com	Écoute, information, orientation des jeunes en matière de santé physique, psychique et sociale.	École des parents et des éducateurs (Epe) d'Île-de-France, association reconnue d'utilité publique.
Service national d'accueil téléphonique pour l'enfance maltraitée – Service public dit Allô enfance maltraitée	119 appel gratuit.	www.allo119.gouv.fr	Écoute, assistance, information et orientation des personnes confrontées à des situations de maltraitance à enfants ; transmission de dossiers aux autorités concernées.	119-Allô enfance maltraitée, groupement d'intérêt public.
Sexualité, contraception				
Écoute Sexualité Contraception	01 48 07 29 10, puis orientation vers des numéros vers locaux (exemple : 0 800 803 803 pour Paris, 0 800 105 105 pour Marseille et une partie du sud de la France).	www.planning-familial.org	Information, conseil ou réponses à des problèmes liés à la sexualité.	Mouvement français pour le planning familial, association reconnue d'utilité publique.

Ligne Azur	0 810 20 30 40 coût d'une communication locale.	www.ligneazur.org/index.php3	Prévention des conduites à risques relatives au VIH/sida, aux hépatites et aux infections sexuellement transmissibles, auprès des jeunes s'interrogeant sur leur orientation ou leur identité sexuelle ou ayant des difficultés à la vivre.	Association Sida Info Service.
Droit des malades				
Droit des malades Info	0 810 51 51 51 coût d'une communication locale.	www.sida-info-service.org	Information sur le droit des malades.	Association Sida Info Service.
Sida Info Droits	0 810 636 636 coût d'une communication locale.	www.sida-info-service.org	Réponse à toutes les questions juridiques ou sociales liées au sida.	Association Sida Info Service.
VIH Info Soignants	0 810 630 515 coût d'une communication locale.	www.vih-info-soignants.org	Centre ressource pour les professionnels de la santé confrontés à des accidents d'exposition au sang. Accompagnement dans leur pratique quotidienne concernant le VIH et les hépatites.	Association Sida Info Service.
Service d'information téléphonique sur l'herpès	0 825 800 808 0,15 euros/min.	www.herpes.asso.fr	Information et prévention sur l'herpès.	Association Herpès.

DÉNOMINATION	NUMÉRO DE L'APPEL	SITE INTERNET ASSOCIÉ	MISSION	PILOTAGE
Santé mentale				
Autisme France	0 810 179 179 coût d'une communication locale	www.autisme.France.free.fr	Soutien et orientation des parents d'enfants autistes.	Association Autisme France, reconnue d'utilité publique.
Écoute-famille	0 42 63 03 03	www.aunafam.org	Information, orientation et soutien psychologique de personnes confrontées aux troubles psychiques d'un proche.	Union nationale des amis et familles de malades psychiques (Unafam), association reconnue d'utilité publique.
Suicide Écoute	01 45 39 40 00	www.suicide.ecoute.free.fr	Écoute des personnes confrontées à la problématique du suicide.	Association Suicide Écoute.
Croix-Rouge Écoute	0 800 858 858 appel gratuit.	www.croix-rouge.fr	Écoute généraliste et soutien psychologique de toutes les personnes en souffrance.	Croix-Rouge française, association reconnue d'utilité publique.
Violence envers les femmes				
SOS viols femmes informations	0 800 05 95 95 appel gratuit.	www.cfcv.asso.fr	Écoute, information, soutien des personnes ayant subi des violences sexuelles.	Collectif féministe contre le viol.
Femmes Info Service	01 40 33 80 60		Écoute, soutien et orientation des femmes victimes de violences conjugales.	Fédération nationale solidarité femmes.

Bibliographie

ALDEEB ABU-SAHLIEH S., *Circoncision féminine et masculine*, L'Harmattan, 2001.

ALVIN P., MARCELLI D., *Médecine de l'adolescent pour le praticien*, Masson, 2005.

BAJOS N., FERRAND M. *et al.*, *De la contraception à l'avortement : sociologie des grossesses non prévues*, Inserm, 2002.

Baromètre santé 2000, Les comportements des 12-25 ans, coll. sous la direction de GUILBERT P., GAUTIER A., BAUDIER F., TRUGEON A., CFES, 2001.

BAUDELOT C., ESTABLET R., *Allez les filles*, Le Seuil, 1998.

BAUDRY P., *La pornographie et ses images*, Pocket, 2001.

BENGHOZI P., *Adolescence et sexualité : liens et maillage réseau*, L'Harmattan, 1999.

BIRRAUX A., *L'adolescent face à son corps*, Bayard, 1994.

BLOCK J., Robins R. W., « A Longitudinal Study of Consistency and Change in Self-esteem from Early Adolescence to Early Adulthood », *Child Development*, n° 64, pp. 909-923, juin 1993.

BLONDEL E., *Le problème moral*, PUF, 2000.

BORIS J.-M., « Ce qu'il faut savoir des effets pervers des diètes chez les adolescentes », *Quotidien du médecin*, n° 6362, 1998.

BOURDIEU P., « La domination masculine », *Actes de la recherche en sciences sociales*, n° 84, septembre 1990.

BOZON M., « Orientations intimes et constructions de soi », in *Les cadres sociaux de la sexualité, Sociétés contemporaines n° 41/42*, L'Harmattan, 2001.

BROQUA C., LERT F., SOUTEYRAND Y., *Homosexualités au temps du sida*, ANRS, 2003.

CHILAND C., « La construction de l'identité sexuée », *Filles et garçons*, n° 3, Érès, 1998.

CHOUDEY M., *Nervure journal de psychiatrie*, mars 2004.

DERRIDA J., *Fichus,* Galilée, 2002.

DESAULNIERS M.-P., *Faire l'éducation sexuelle à l'école*, Éditions nouvelles, 1995.

DURET P., *Les jeunes et l'identité masculine*, PUF, 1999.

ELIACHEFF C., HEINICH N., *Mères-filles, une relation à trois*, LGF, 2005.

FOUCAULT M.

Histoire de la sexualité, t. I La volonté de savoir, Gallimard, 1994.

Histoire de la sexualité, t. II L'usage des plaisirs, Gallimard, 1998.

Histoire de la sexualité, t. IIII Le souci de soi, Gallimard, 1997.

FRANCEQUIN G., RENARD L., « Semblables, différents, égaux », *Enfance et psy*, n° 3, Érès, 1998.

GAVARINI L., TESTARD J., *La passion de l'enfant*, Denoël, 2004.

LACAN J., « Entretien avec Granzotto E. », *Magazine littéraire*, n° 428, février 2004.

LACHCAR P., « IVG chez l'adolescente : aspects épidémiologiques, médicaux et psychologiques », *L'adolescente enceinte*, actes du 6ᵉ colloque sur la relation précoce parents-enfants, Médecine et Hygiène, 1993.

LAGRANGE H., LHOMOND B., *L'entrée dans la sexualité : le comportement des jeunes dans le contexte du sida*, La Découverte, 1997.

LAPLANCHE J. et PONTALIS J.-B., *Vocabulaire de la psychanalyse*, PUF, 2004.

© Groupe Eyrolles

LEGENDRE P., *Le crime du caporal Lortie. Traité sur le père*, Flammarion, 2000.

PIERRAT E., *Le sexe et la loi*, La Musardine, 2002.

Les professionnels face à la sexualité des adolescents, coll. sous la direction de HUERRE P. et LAURU D., Érès, 2001.

ROCHEFORT C., *La porte du fond*, LGF, 1990.

RUFFIOT A., *L'éducation sexuelle au temps du sida*, Bordas, 1993.

THÉRY I., « Nouveaux droits de l'enfant, la potion magique », *Esprit*, mars-avril 1992.

TSVETAEVA M., *Neuf lettres avec une dixième retenue et une onzième reçue*, Clémence Hiver, 1991.

VESSEY M., LAWLESS M., YEATES D., « Efficacy of Different Contraceptive Methods », *The Lancet*, pp. 841-842, 1982.

WELTZER-LANG D., DUTEY P., DORAIS M., *La peur de l'autre en soi, du sexisme à l'homophobie*, Vlb, 1995.

WINNICOTT D. W., *De la pédiatrie à la psychanalyse*, Payot, 1989.

YOURCENAR M., *Anna Soror*, Gallimard, 1991.

ZAIDMANN C., « Jeux de filles, jeux de garçons », *Enfance et Psy* n° 3, Érès, 1998.

Composé par Sandrine Rénier

Dépôt légal : octobre 2009
N° d'éditeur : 3330
IMPRIMÉ EN FRANCE

Achevé d'imprimer le 13 octobre 2009
sur les presses de l'imprimerie « La Source d'Or »
63039 Clermont-Ferrand
Imprimeur n° 12484

Dans le cadre de sa politique de développement durable,
La Source d'Or a été référencée IMPRIM'VERT® par son organisme consulaire de tutelle.
Cet ouvrage est imprimé - pour l'intérieur - sur papier offset « Amber Graphic » 90 g
provenant de la gestion durable des forêts, des papeteries Arctic Paper,
dont les usines ont obtenu les certifications environnementales ISO 14001 et E.M.A.S.